박문각

브랜드만족
1위
박문각

근거자료
별면표기

2025

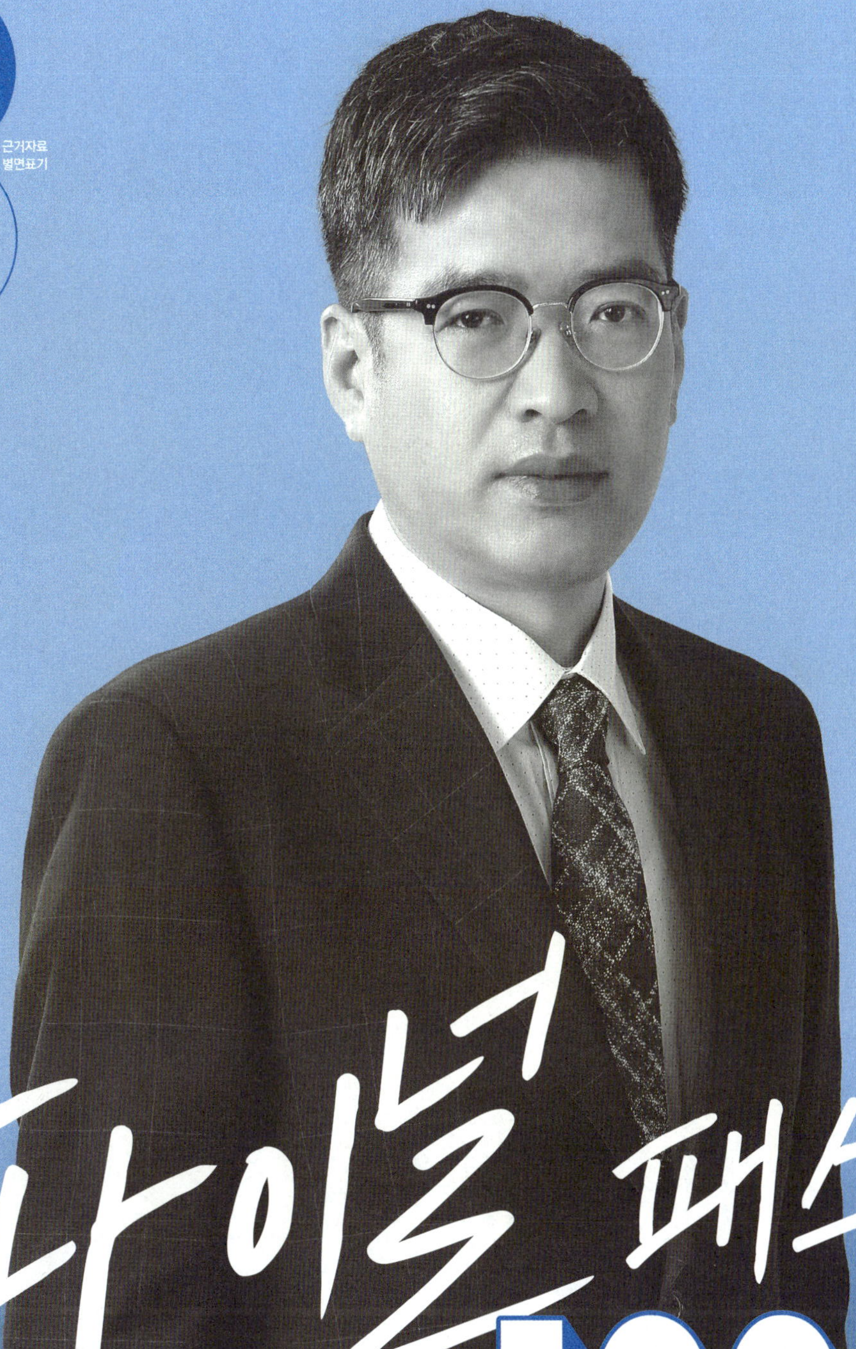

# 파이널 패스

# 핵심이론 + 100선

## 박문각 공인중개사

김민권 1차

민법·민사특별법

박문각 공인중개사

# CONTENTS

## 이 책의 차례

**PART 01** 족집게 문제 100선 ···· 6

**PART 02** 쟁점 비교정리 ···· 58

**PART 03** 핵심쟁점 20선 ···· 68

**부 록** 01 복습문제 ···· 98
       02 복습문제 ···· 123
       03 복습문제 ···· 148
      **정 답** ···· 173

박문각 공인중개사

PART 01

족집게 문제 100선

## KEY POINT — 민법총론

**1. 법률행위의 효력에 관한 설명으로 틀린 것은?**

① 개업공인중개사가 임대인으로서 직접 중개의뢰인과 체결한 주택임대차계약은 유효하다.
② 공인중개사 자격이 없는 자가 우연히 1회성으로 행한 중개행위에 대한 적정한 수준의 수수료약정은 유효하다.
③ 부동산등기 특별조치법을 위반한 중간생략등기 약정은 무효이다.
④ 주택법의 전매행위제한을 위반하여 한 전매약정은 유효하다.
⑤ 개업공인중개사가 공인중개사법상 한도를 초과하여 중개보수를 지급받기로 하는 약정은 무효이다.

### ▶ 확인지문

**정답》** ③ 중간생략등기는 단속규정이므로 이를 위반한 계약도 유효하다.

#### ▲ 법률행위의 종류
① 계약해제는 상대방 없는 단독행위이다. (×)
② 공유지분의 포기는 상대방 있는 단독행위이다.
③ 취득시효 이익의 포기는 상대방 있는 단독행위이다.
④ 재단법인의 설립행위는 상대방 없는 단독행위이다.
⑤ 손자에 대한 부동산의 유증은 상대방 없는 단독행위이다.
⑥ 소유권포기는 상대방 없는 단독행위이다.
⑦ 지명채권의 양도는 처분행위(준물권행위)이다.

#### ▲ 법률행위의 효력발생요건
① 대리행위에서 대리권의 존재는 법률행위의 특별효력요건이다.
② 조건부 법률행위에서 조건의 성취는 법률행위의 특별효력요건이다.
③ 기한부 법률행위에서 기한의 도래는 법률행위의 특별효력이다.
④ 농지거래계약에서 농지취득자격증명은 농지매매의 특별효력요건이 아니다.
⑤ 관할관청의 허가 없이 한 학교법인의 기본재산처분은 무효이다.

## KEY POINT — 민법총론

**2. 다음 중 반사회질서 법률행위에 해당하지 않는 것은?**

① 수사기관에서 허위진술의 대가로 급부를 제공받기로 한 약정
② 공무원의 직무에 관하여 특별한 청탁을 하게 하고 그 대가로 돈을 지급하기로 한 약정
③ 다수의 보험계약을 통하여 보험금을 부정 취득할 목적으로 보험계약을 체결한 경우
④ 강제집행을 면할 목적으로 부동산에 허위의 근저당권설정등기를 경료한 행위
⑤ 도박채무를 변제하기 위해 채권자와 체결한 토지양도계약

### ▶ 확인지문

**정답》** ④ 통정허위표시에 해당하여 무효일 뿐 반사회질서 법률행위에 해당하지는 않는다.

#### ▲ 반사회질서 법률행위에 해당하는 경우
① 소송에서 사실대로 증언해 줄 것을 조건으로 통상적으로 용인될 수 있는 수준을 초과하는 급부를 제공받기로 한 약정
② 형사사건에서의 성공보수약정
③ 과도한 위약벌의 약정
④ 절대로 혼인(이혼)하지 않겠다는 각서
⑤ 표시되거나 상대방에 알려진 동기가 반사회질서적인 경우

#### ▲ 반사회질서 법률행위에 해당하지 않는 경우
① 법령회피의 목적으로 명의신탁을 하는 경우
② 양도소득세를 회피할 목적으로 실제 거래대금보다 낮은 금액으로 계약서를 작성하여 매매계약을 체결한 행위
③ 법률행위의 성립과정에 강박이 개입된 경우
④ 도박채무자가 도박채권자에게 도박 빚을 청산하기 위해 부동산처분의 대리권을 수여한 행위
⑤ 해외 파견된 근로자가 귀국일로부터 일정기간 소속회사에 근무해야 한다는 약정
⑥ 비자금을 은닉하기 위하여 이루어진 임치계약
⑦ 산모가 우연한 사고로 인한 태아의 상해에 대비하기 위하여 자신을 보험수익자로, 태아를 피보험자로 하여 체결한 보험계약

## KEY POINT 　　민법총론

**3. 甲은 자신의 X토지를 乙에게 매도하고 중도금을 수령한 후, 다시 丙에게 매도하고 소유권이전등기를 경료해 주었다. 다음 설명 중 옳은 것은?**

① 특별한 사정이 없는 한 乙은 최고 없이도 甲과의 매매계약을 해제할 수 있다.
② 丙이 甲의 乙에 대한 배임행위에 적극 가담한 경우, 乙은 丙을 상대로 등기말소를 청구할 수 있다.
③ 丙이 토지를 점유하고 있는 乙에게 X토지의 반환을 청구한 경우, 乙은 甲에 대한 손해배상청구권을 피담보채권으로 하여 X토지에 대하여 유치권을 행사할 수 있다.
④ 甲과 丙의 계약이 반사회질서 법률행위로 무효인 경우에도 丙으로부터 X토지를 전득한 선의의 丁은 제2매매의 유효를 주장할 수 있다.
⑤ 乙은 채권자취소권을 행사하여 甲과 丙의 계약을 취소할 수 있다.

### ▶ 확인지문

**정답 》** ① 이행불능이므로 최고 없이 해제할 수 있다.
② 乙은 채권자에 불과하므로 丙에게 직접 등기말소를 청구할 수는 없고, 채권자대위권의 행사만 가능하다.
③ 사람의 배신행위에 따른 손해배상청구권은 견련성이 없다.
④ 반사회질서 법률행위는 절대적 무효이므로 선의의 제3자도 보호되지 않는다.
⑤ 이중매매는 채권자취소권이 허용되지 않지만, 통정허위표시는 채권자취소권이 허용된다.

### 🔺 이중매매

① 이중매매가 무효인 경우에도 乙은 丙에게 채무불이행에 따른 손해배상은 청구할 수 없으나, 불법행위에 따른 손해배상은 청구할 수 있다.
② 부동산이 매된 사실을 알면서 저당권설정을 요청하여 등기를 하는 것은 반사회질서 법률행위로 무효이다.
③ 부동산 이중매매의 법리는 이중으로 부동산 임대차계약이 체결되는 경우에도 적용될 수 있다.
④ 중도금을 수수한 甲은 계약금 배액을 상환하고 乙과 체결한 매매계약을 해제할 수 없다.
⑤ 이중매매의 경우, 특별한 사정이 없는 한 등기를 경료한 제2매수인 丙이 토지의 소유권을 취득한다.

## KEY POINT 　　민법총론

**4. 불공정한 법률행위에 관한 설명으로 틀린 것은?**

① 종중총회결의에도 불공정한 법률행위에 관한 규정이 적용될 수 있다.
② 대리인에 의한 법률행위가 이루어진 경우, 궁박상태는 본인을 기준으로 판단한다.
③ 급부와 반대급부의 현저한 불균형 판단에 있어서는 특별한 사정이 없는 한 피해자의 궁박, 경솔, 무경험의 정도 등은 고려되지 않는다.
④ 법률행위 성립 당시 불공정한 법률행위가 아니라면 사후에 외부적 환경의 급격한 변화로 불공정한 결과가 발생하더라도 불공정한 법률행위에 해당하지 않는다.
⑤ 법률행위가 현저하게 공정을 잃었다고 하여 곧 그것이 궁박, 경솔, 또는 무경험으로 이루어진 것으로 추정되지 않는다.

### ▶ 확인지문

**정답 》** ③ 급부와 반대급부의 현저한 불균형은 거래상의 객관적 가치에 의하여 판단되어야 하나, 피해자의 궁박, 경솔, 무경험의 정도 등도 고려되어야 한다.

### 🔺 불공정한 법률행위

① 증여(기부, 무상행위)와 경매의 경우에는 불공정한 법률행위 규정이 적용되지 않는다.
② 궁박은 경제적 원인에 한하지 않고, 정신적·심리적 원인에 의해서도 인정될 수 있다.
③ 무경험은 어느 특정영역에서의 경험부족이 아니라 거래일반에 대한 경험부족을 뜻한다.
④ 폭리자가 피해자가 궁박상태에 있다는 것을 인식하였다는 사정만으로는 불공정한 법률행위가 성립하지 않는다.
⑤ 대리인에 의해 법률행위가 이루어진 경우, 궁박은 본인을 기준으로 경솔과 무경험은 대리인을 기준으로 판단한다.
⑥ 무효주장자(피해자) 측에서 모든 요건을 증명하여야 한다.
⑦ 불공정한 법률행위에도 무효행위의 전환의 법리가 적용될 수 있다.
⑧ 계약이 불공정한 법률행위로 무효라면 부제소 합의 역시 특별한 사정이 없으면 무효이다.

| KEY POINT 　民법총론 |

**5. 甲이 증여의 의사 없이 乙에게 자신의 X토지를 증여하였다. 다음 설명 중 틀린 것은?**

① 乙이 통상인의 주의만 기울였어도 甲이 증여의 의사가 없음을 알 수 있었다면, 乙은 X토지의 소유권을 취득할 수 없다.
② 乙이 甲의 진의가 아님을 알았을 경우, 甲은 진의 아닌 의사표시를 취소할 수 있다.
③ 甲의 증여의 의사표시는 乙이 선의·무과실인 경우에 한하여 유효하다.
④ 甲이 乙의 악의나 과실을 증명하지 못하면 乙이 X토지의 소유권을 취득한다.
⑤ 甲의 의사표시가 무효라도 乙로부터 X토지를 전득한 선의의 丙은 X토지의 소유권을 취득한다.

### 확인지문

**정답》** ② 진의 아닌 의사표시는 유·무효가 문제될 뿐 취소는 인정될 여지가 없다.
① 통상인의 주의를 기울이지 않은 것은 과실이므로 乙은 X토지의 소유권을 취득할 수 없다.

#### 진의 아닌 의사표시
① 진의 아닌 의사표시는 상대방과 통정이 없다는 점에서 통정허위표시와 구별되고, 착오와는 공통된다.
② 진의란 특정한 의사표시를 하고자 하는 표의자의 생각을 말하는 것이지 표의자가 진정으로 마음속에서 바라는 사항을 뜻하는 것이 아니다.
③ 상대방이 표의자의 진의 아님을 알았다는 것은 무효를 주장하는 자가 증명하여야 한다.
④ 비진의표시 규정은 대리권 남용의 경우에도 유추적용될 수 있다.

#### 통정허위표시
① 표의자가 진의와 다른 의사표시를 한다는 것을 상대방이 알았다면 통정허위표시가 성립한다. (×)
② 채권의 가장양도에 있어 변제 전 채무자, 제3자를 위한 계약의 수익자, 계약의 인수인, 대리행위에서 본인과 대리인은 보호되는 제3자에 포함되지 않는다.

| KEY POINT 　민법총론 |

**6. 채권자 A의 강제집행을 면탈하기 위하여 甲은 친구 乙과 통모하여 자신의 X부동산을 가장매매하고 乙에게 소유권이전등기를 경료하였다. 다음 설명 중 틀린 것은?**

① 甲은 언제든지 乙에게 진정명의회복을 위한 소유권이전등기를 청구할 수 있다.
② 선의의 丙이 乙로부터 X부동산을 취득한 경우, 甲은 丙에게 등기말소를 청구할 수 없다.
③ ②의 경우, 丙이 선의라도 과실이 있으면 X부동산의 소유권을 취득할 수 없다.
④ 丙이 X부동산의 소유권을 취득한 경우, 甲은 乙에게 매매대금 상당의 부당이득반환청구나 불법행위에 따른 손해배상을 청구할 수 있다.
⑤ 甲의 가장채권을 선의로 가압류한 가압류채권자도 보호되는 제3자에 포함된다.

### 확인지문

**정답》** ③ 제3자는 선의라면 과실이 있는 경우에도 보호된다.

③ 파산관재인, 가장전세권에 선의로 (근)저당권을 설정받은 자, 가장채무를 보증하고 그 보증채무를 이행한 보증인, 가장소비대차에 따른 대여금 채권의 선의의 양수인, 통정허위표시에 의한 채권을 선의로 가압류한 자는 선의의 제3자에 포함된다.
④ 파산관재인의 선의·악의는 파산관재인 개인이 아니라 총파산채권자를 기준으로 판단한다.
⑤ 선의의 제3자에 대해서는 어느 누구도 통정허위표시의 무효를 주장할 수 없다.
⑥ 악의의 제3자 丙이 선의의 丁에게 가장매매된 부동산을 매도하고 소유권이전등기를 해 주더라도 丁은 소유권을 취득하지 못한다. (×)
⑦ 가장매매는 무효이나 은닉행위는 유효하다.
⑧ 은닉행위에 기초하여 가장매수인에게 부동산을 매수한 제3자는 선·악, 과실 유무를 불문하고 소유권을 취득한다.

## KEY POINT 　민법총론

**7. 착오에 관한 설명으로 틀린 것은?**

① 동기의 착오가 상대방에 의하여 유발된 경우에는 표시되지 않더라도 중요부분의 착오가 될 수 있다.
② 표의자가 착오를 이유로 법률행위를 취소한 경우, 상대방은 표의자에게 불법행위에 따른 손해배상을 청구할 수 없다.
③ 상대방이 표의자의 착오를 알면서 이용한 경우에는 중과실이 있는 표의자도 의사표시를 취소할 수 있다.
④ 매도인이 매매계약을 적법하게 해제한 경우에도 매수인은 착오를 이유로 매매계약을 취소할 수 있다.
⑤ 매도인의 하자담보책임이 성립하면 매수인은 착오를 이유로 매매계약을 취소할 수 없다.

### 확인지문

**정답 ▶▶** ⑤ 하자담보책임이 성립하는 경우에도 착오취소가 허용된다.

#### 착오에 의한 의사표시
① 상대방이 표의자의 진의에 동의한 경우에는 착오취소가 허용되지 않는다.
② 당사자가 착오를 이유로 법률행위를 취소할 수 없음을 약정한 경우, 착오취소는 허용되지 않는다.
③ 토지소유자가 공무원의 법령오해에 따른 설명으로 착오에 빠져 토지를 국가에 증여한 경우, 증여계약을 취소할 수 있다.
④ 표의자가 경제적인 불이익을 입은 것이 아니라면 이를 중요부분의 착오라고 할 수 없다.
⑤ 표의자의 중대한 과실 유무는 착오에 의한 의사표시의 효력발생을 주장하는 자가 증명해야 한다.
⑥ 과실로 착오에 빠진 자도 착오를 이유로 법률행위를 취소할 수 있다.
⑦ 당사자가 합의한 매매목적물의 지번에 관하여 착오를 일으켜 계약서상 목적물의 지번을 잘못 표시한 경우, 그 계약을 취소할 수 없다.

## KEY POINT 　민법총론

**8. 사기·강박에 의한 의사표시에 관한 설명으로 틀린 것은?**

① 교환계약의 일방당사자가 자신의 목적물의 시가를 허위로 시가보다 높은 가액을 고지한 경우 이는 기망행위에 해당하지 않는다.
② 강박에 의하여 의사결정의 자유가 완전히 박탈되어 그 외형만 있는 법률행위는 무효이다.
③ 상대방 있는 의사표시에 관하여 제3자가 사기나 강박을 한 경우, 상대방이 그 사실을 알았을 경우에 한하여 그 의사표시를 취소할 수 있다.
④ 대리인의 기망행위에 의해 계약이 체결된 경우, 상대방은 본인이 선의라도 계약을 취소할 수 있다.
⑤ 제3자의 기망으로 계약을 체결한 경우, 제3자에게 불법행위에 따른 손해배상을 청구하기 위해서는 먼저 계약을 취소할 필요는 없다.

### 확인지문

**정답 ▶▶** ③ 알 수 있었을 경우에도 취소할 수 있다(제110조 제2항).

#### 사기·강박에 의한 의사표시
① 상대방의 대리인 등 상대방과 동일시할 수 있는 자의 사기나 강박은 제3자의 사기·강박에 해당하지 않는다.
② 단순히 상대방의 피용자이거나 상대방이 사용자책임을 져야 할 관계에 있는 자는 제3자에 해당한다.
③ 아파트 분양자가 아파트 단지 인근에 대규모 공동묘지가 조성되어 있다는 사실을 알면서 수분양자에게 고지하지 않은 경우, 이는 기망행위에 해당한다.
④ 해악의 고지 없이 단순히 각서에 서명·날인할 것을 강력히 요구한 것만으로는 강박에 해당하지 않는다.
⑤ 상가를 분양하면서 다소의 과장·허위 광고를 하는 것은 사기에 해당하지 않는다.
⑥ 소송행위는 사기를 이유로 취소할 수 없다.
⑦ 상대방 없는 의사표시에 관하여 제3자가 사기나 강박을 한 경우, 표의자는 제척기간 내라면 언제든지 의사표시를 취소할 수 있다.

## KEY POINT 　민법총론

**9. 의사표시의 효력발생에 관한 설명으로 틀린 것은?**

① 표의자가 매매의 청약을 발송한 후 사망하여도 그 청약의 효력에는 아무런 영향을 미치지 않는다.
② 의사표시자는 의사표시가 도달하기 전에는 그 의사표시를 철회할 수 있다.
③ 상대방이 정당한 사유 없이 수령을 거절한 경우에도 그가 통지의 내용을 알 수 있는 객관적 상태에 놓인 때에 의사표시의 효력이 생긴다.
④ 우편물이 내용증명의 방법으로 발송되고 반송되지 않았다면 특별한 사정이 없는 한 상대방에게 도달하였다고 봄이 상당하다.
⑤ 표의자가 그 통지를 발송한 후 제한능력자가 된 경우, 그 법정대리인이 통지 사실을 알기 전에는 의사표시의 효력이 없다.

### 확인지문

**정답 »** ⑤ 발송시에 능력이 있었다면 발송 후 사망하거나 행위능력을 상실하여도 의사표시의 효력에는 아무런 영향이 없다(제111조 제2항).

#### 의사표시의 효력발생시기

① 상대방 있는 의사표시는 특별한 사정이 없으면 상대방에게 도달한 때에 그 효력이 생긴다.
② 의사표시의 도달이란 사회관념상 상대방이 그 내용을 알 수 있는 객관적 상태에 있음을 뜻한다.
③ 상대방 乙이 표의자 甲의 해제의 의사표시를 실제로 알아야 해제의 효력이 발생하는 것은 아니다.
④ 표의자 甲의 의사표시가 등기우편의 방법으로 발송된 경우, 상당한 기간 내에 도달하였다고 추정할 수 없다. (×)
⑤ 甲의 내용증명우편이 乙에게 도달한 후 乙이 성년후견개시의 심판을 받은 경우, 甲의 해제의 의사표시는 그 효력을 잃지 않는다.
⑥ 청약의 상대방이 제한능력자인 경우, 그 법정대리인이 청약의 도달사실을 알았다면 청약자는 상대방에게 그 청약으로써 대항할 수 있다.
⑦ 표의자가 과실 없이 상대방이나 상대방의 소재를 알지 못하는 경우, 의사표시는 민사소송법의 공시송달 규정에 의하여 송달할 수 있다.

## KEY POINT 　민법총론

**10. 의사표시에 관한 설명으로 틀린 것은?**

① 진의 아닌 의사표시는 상대방과 통정이 없다는 점에서 통정허위표시와 구별된다.
② 甲에 대한 대출한도를 회피하기 위하여 乙을 형식상의 주채무자로 내세우고 은행도 이를 양해한 경우, 乙은 대출금에 대해서 책임을 지지 않는다.
③ 甲이 자신의 X토지를 乙에게 증여하면서 세금을 탈루하기 위하여 매매로 가장하여 乙에게 이전등기를 하였고, 악의의 丙이 乙로부터 토지를 매수하여 이전등기를 하면 丙은 X토지의 소유권을 취득한다.
④ 비진의표시는 상대방과 통정이 없다는 점에서 착오와 구분된다.
⑤ 채무자의 동일성에 관한 물상보증인의 착오는 중요부분의 착오이다.

### 확인지문

**정답 »** ④ 비진의표시와 착오는 통정이 없다는 점에서 공통된다.

#### 권리의 변동

① 저당권설정은 이전적 승계이다. (×)
② 무주물의 선점은 원시취득이다.
③ 부동산의 점유취득시효완성으로 인한 소유권 취득은 원시취득이다.
④ 매매는 특정(특별)승계이다.
⑤ 청약자가 하는 승낙연착의 통지는 관념의 통지(준법률행위)이다.
⑥ 무권대리에서 추인 여부에 대한 확답의 최고는 의사의 통지이다.
⑦ 채무이행의 최고는 준법률행위이다.
⑧ 청약자가 하는 승낙연착의 통지는 관념의 통지이다.

| KEY POINT　　Q 민법총론 |

**11. 대리권의 범위와 제한에 관한 설명으로 틀린 것은?**

① 대리권의 범위를 정하지 않은 대리인은 보존행위만을 할 수 있다.
② 대리인에 대한 금전채무가 기한이 도래한 경우 대리인은 본인의 허락이 없어도 그 채무를 변제할 수 있다.
③ 대리인이 수인인 경우에도 각자대리가 원칙이다.
④ 부동산의 매도권한을 부여받은 대리인은 특별한 사정이 없는 한 중도금과 잔금을 수령할 권한도 있다.
⑤ 대리인은 본인의 허락이 있으면 자기계약을 할 수 있다.

> 확인지문

**정답**» ① 성질이 변하지 않는 범위에서 이용·개량행위도 할 수 있다.
② 다툼이 없는 채무의 이행

▲ 대리권의 발생·범위
① 수권행위는 불요식행위로서 묵시적인 방법에 의해서도 가능하다.
② 수권행위는 언제든지 철회할 수 있다.
③ 금전소비대차 내지 그를 위한 담보권설정계약을 체결할 권한을 수여받은 대리인에게 본래의 계약관계를 해제할 대리권까지 있다고 볼 수 없다.
④ 어떤 계약의 체결에 관해서만 대리인이 계약을 체결하면 상대방의 (해제)의사를 수령할 권한은 없다.
⑤ 대리권의 범위를 정하지 않은 경우, 대리인은 보존행위를 할 수 있다.
⑥ 임의대리인이 본인의 특별수권이 없어도 본인 소유의 미등기부동산의 보존등기를 할 수 있다.
⑦ 수권행위로 권한을 정하지 않은 경우, 대리인은 대리의 목적인 물건이나 권리의 성질이 변하지 않는 범위에서 그 이용행위를 할 수 있다.

▲ 대리권의 제한·남용·소멸
① 대리인은 본인의 허락이 있으면 당사자 쌍방을 대리할 수 있다.
② 대리인 乙은 본인 甲의 허락이 있으면 甲을 대리하여 甲의 토지를 매수하는 계약을 체결할 수 있다.

| KEY POINT　　Q 민법총론 |

**12. 대리에 관한 설명으로 틀린 것은?**

① 대리인의 한정후견개시는 대리권 소멸사유가 아니다.
② 대리인이 대리권한 내에서 자기의 이익을 위하여 대리행위를 한 경우에는 특별한 사정이 없는 한 본인은 그 대리인의 행위에 대하여 책임이 없다.
③ 매매계약의 체결과 이행에 관하여 포괄적인 대리권을 수여받은 대리인은 매매대금지급기일을 연기해 줄 권한도 있다.
④ 본인의 허락이 없는 자기계약이라도 본인이 추인하면 유효한 대리행위로 될 수 있다.
⑤ 상대방이 대리인을 기망하지 않은 한 본인이 기망을 당했다고 하더라도 대리행위를 취소할 수는 없다.

> 확인지문

**정답**» ② 대리권 남용사례이다. 원칙적으로 본인이 책임을 진다. 다만 상대방이 대리권 남용 사실을 알았거나 알 수 있었을 경우에는 책임을 지지 않는다(비진의표시 유추적용설).

▲ 대리권의 제한·남용·소멸
③ 대리인이 자기의 이익을 위한 배임적 의사표시를 하였고 상대방도 이를 안 경우, 본인은 그 대리인의 행위에 대하여 책임이 없다.
④ 대리권남용이론은 법정대리에도 적용된다.
⑤ 대리인에 대하여 성년후견이 개시되면 대리권은 소멸한다.
⑥ 대리인이 파산선고를 받으면 그의 대리권은 소멸한다.
⑦ 본인의 사망, 성년후견의 개시, 파산은 대리권의 소멸사유이다. (×)
⑧ 대리인 乙이 사망하면 특별한 사정이 없는 한 乙의 상속인에게 대리권이 승계된다. (×)
⑨ 원인된 법률관계가 종료하기 전에는 본인은 수권행위를 철회하여 대리권을 소멸시킬 수 없다. (×)
⑩ 원인된 법률관계의 종료는 임의대리와 법정대리의 공통된 소멸사유이다. (×)

| KEY POINT | 민법총론 |

**13. 甲의 대리인 乙은 甲 소유의 부동산을 丙에게 매도하기로 하였다. 다음 설명 중 옳은 것은?**

① 甲이 계약의 중요부분에 관하여 착오가 있는 경우에는 착오를 이유로 대리행위를 취소할 수 있다.
② 乙이 丙의 기망행위로 매매계약을 체결한 경우, 乙은 매매계약을 취소할 수 있다.
③ 만일 乙이 미성년자인 경우, 乙의 법정대리인은 乙이 제한능력자임을 이유로 대리행위를 취소할 수 있다.
④ 丙이 매매계약을 적법하게 해제한 경우, 丙은 乙에게 손해배상을 청구할 수 없다.
⑤ 乙이 매매계약을 체결하면서 甲을 위한 것임을 표시하지 않은 경우, 특별한 사정이 없으면 그 의사표시는 자기를 위한 것으로 추정한다.

### 확인지문

**정답》** ④ 본인 甲에게 손해배상을 청구하여야 한다.
① 착오여부는 대리인을 기준으로 판단한다(제116조 제1항).
② 취소권은 본인 甲에게 귀속한다.
③ 대리인은 행위능력자임을 요하지 않으므로(제117조) 대리행위는 제한능력을 이유로 취소할 수 없다.
⑤ 추정이 아니라 간주이다(제115조).

🔺 **대리행위의 하자, 대리인의 능력**
① 대리인 乙이 상대방 丙에게 본인 甲의 위임장을 제시하고 계약을 체결하면서 계약서상 매도인을 乙로 기재한 경우, 특별한 사정이 없는 한 甲에게 그 계약의 효력이 미치지 않는다. (×)
② 대리행위에 있어서 진의 아닌 의사표시인지 여부는 대리인을 표준으로 결정한다.
③ 甲의 대리인 乙이 매도인 丙이 丁에게 부동산을 매도한 사실을 알면서 이중매매를 요청하여 부동산을 매수한 후 甲 명의로 등기를 한 경우, 甲은 선의라도 소유권을 취득하지 못한다.
④ 특정한 법률행위를 위임한 경우에 대리인이 본인의 지시에 쫓아 그 행위를 한 때에는 본인은 자기가 안 사정에 관하여 대리인의 부지를 주장하지 못한다.
⑤ 대리인 乙이 미성년자인 경우, 본인 甲은 乙이 제한능력자임을 이유로 대리행위를 취소할 수 없다.

| KEY POINT | 민법총론 |

**14. 대리에 관한 설명으로 옳은 것은?**

① 임의대리인이 본인의 승낙을 얻어 복대리인을 선임한 경우에는 선임·감독에 관한 책임이 없다.
② 대리인의 능력에 따라 사업의 성공여부가 결정되는 사무에 관한 대리인은 본인의 명시적인 승낙이 없는 한 복대리인을 선임할 수 없다.
③ 복대리인은 그 권한 내에서 대리인의 이름으로 법률행위를 한다.
④ 복대리인은 대리인의 대리행위에 의하여 선임된 본인의 대리인이다.
⑤ 상대방이 대리인에게 대금을 지급해도 대리인이 본인에게 전달하지 않는 한 상대방의 채무는 소멸하지 않는다.

### 확인지문

**정답》** ②
① 책임이 있다(양아치).
③ '본인'의 이름으로 법률행위를 한다.
④ 복임행위는 대리행위가 아니다.
⑤ 대리인이 본인에게 전달하지 않아도 채무는 소멸한다.

🔺 **대리의 효과, 복대리**
① 상대방의 채무불이행이 있는 경우, 대리인은 특별한 사정이 없는 한 계약을 해제할 수 없다.
② 상대방 丙이 매매계약을 적법하게 해제한 경우, 그 해제로 인한 원상회복의무는 본인 甲과 상대방 丙이 부담한다.
③ 복대리인은 그 권한 내에서 대리인을 대리한다. (×)
④ 임의대리인이 본인의 지명에 의하여 복대리인을 선임한 경우에는 그 불성실함을 알고 본인에 통지나 그 해임을 게을리 한 때가 아니면 책임이 없다.
⑤ 법률행위의 성질상 대리인 자신에 의한 처리가 필요하지 아니한 경우에는 복대리 금지의 의사를 명시하지 않는 한 복대리인 선임에 관하여 묵시적인 승낙이 있는 것으로 본다.
⑥ 대리권이 소멸하면 복대리권도 소멸한다.
⑦ 법정대리인이 부득이한 사유로 복대리인을 선임한 경우에는 본인에 대하여 선임·감독상의 책임만 있다.
⑧ 본인의 사망은 복대리권 소멸사유이다.
⑨ 복대리인은 본인에 대하여 대리인과 동일한 권리의무가 있다.

## KEY POINT 🔍 민법총론

**15. 대리권 없는 乙이 甲을 대리하여 丙에게 甲 소유의 토지를 매도하였다. 다음 설명 중 틀린 것은?**

① 甲이 乙에게 추인을 한 경우 丙이 추인이 있었다는 사실을 알지 못한 경우, 甲은 丙에게 추인의 효과를 주장하지 못한다.
② 甲이 일부에 대하여 추인한 경우에는 丙의 동의를 얻지 못하는 한 무효이다.
③ 乙이 미성년자인 경우, 甲이 추인을 거절하면 丙은 乙에게 계약의 이행을 청구할 수는 있지만 손해배상을 청구할 수는 없다.
④ 乙과 丙의 매매계약은 원칙적으로 甲에게 효력이 없다.
⑤ 乙이 甲을 단독상속한 경우, 본인 甲의 지위에서 추인을 거절할 수 없다.

### ▶ 확인지문

**정답 ▶▶** ③ 계약의 이행도 청구할 수 없다(제135조 제2항).

🔺 **무권대리행위의 본인에 대한 효과**

① 본인 甲의 추인은 그 무권대리행위가 있음을 알고 이를 추인하여야 그 행위의 효과가 甲에게 귀속된다.
② 무권대리행위의 추인의 의사표시는 본인이 상대방에게 하지 않으면, 상대방이 그 사실을 알았더라도 상대방에게 대항하지 못한다. (×)
③ 본인이 무권대리인에게 추인을 한 경우에는 상대방은 본인이 무권대리인에게 추인을 하였음을 주장할 수 있다.
④ 무권대리행위의 추인은 묵시적으로도 할 수 있다.
⑤ 무권대리행위에 대하여 본인이 이의를 제기하지 않고 상당기간 이를 방치한 경우에도 묵시적인 추인을 한 것이라고 볼 수 없다.
⑥ 본인 甲을 단독상속한 무권대리인도 추인을 할 수 있다.
⑦ 본인이 상대방에게 추인을 한 경우에는 상대방은 무권대리행위를 철회할 수 없다.
⑧ 무권리자 乙의 처분행위를 소유자 甲이 추인하면 소급하여 효력이 발생한다.
⑨ 무권대리인 乙이 본인 甲을 단독상속한 경우, 乙은 무권대리를 이유로 丙의 소유권이전등기의 말소를 청구할 수 없다.

## KEY POINT 🔍 민법총론

**16. 대리권 없는 乙이 甲을 대리하여 丙에게 甲 소유의 토지를 매도하였다. 다음 설명 중 옳은 것은?**

① 甲이 추인을 하면 추인을 한 때로부터 유권대리와 마찬가지의 효력이 생긴다.
② 丙이 甲에게 상당한 기간을 정하여 매매계약의 추인 여부의 확답을 최고하였으나, 甲의 확답이 없었던 경우, 甲이 이를 추인한 것으로 본다.
③ 丙은 계약 당시에 乙에게 대리권 없음을 안 경우에도 乙에게 계약의 이행을 청구할 수 있다.
④ 계약 당시에 乙에게 대리권이 없음을 안 丙은 甲에게 추인여부의 최고를 할 수 없다.
⑤ 乙이 甲을 단독상속한 경우, 丙 명의의 등기는 실체관계에 부합하여 유효가 된다.

### ▶ 확인지문

**정답 ▶▶** ⑤
① 무권대리 당시로 소급하여 유효가 된다(제133조).
② 거절한 것으로 본다(제131조).
③ 선의·무과실의 상대방만 무권대리인의 책임을 물을 수 있다(제135조).
④ 상대방은 선악을 불문하고 최고를 할 수 있다(제131조).

🔺 **무권대리행위의 본인에 대한 효과**

⑩ 본인 甲을 단독상속한 乙은 무권대리를 이유로 丙에게 그 부동산의 점유로 인한 부당이득반환을 청구할 수 없다.

🔺 **무권대리행위의 상대방에 대한 효과**

① 무권대리행위의 추인은 다른 의사표시가 없는 때에는 계약시에 소급하여 그 효력이 생기지만 제3자의 권리를 해하지 못한다.
② 상대방 丙이 계약 당시에 乙에게 대리권이 없음을 안 경우에는 甲의 추인 전이라도 매매계약을 철회할 수 없다(제134조).
③ 무권대리행위가 무권대리인의 과실 없이 제3자의 기망 등 위법행위로 야기된 경우, 특별한 사정이 없는 한 무권대리인은 상대방에게 책임을 지지 않는다. (×)
④ 상대방 丙이 대리인에게 대리권이 없음을 알았다는 점에 대한 주장·증명책임은 본인에게 있다.

## KEY POINT — 민법총론

**17. 무권대리에 관한 설명으로 틀린 것은?**

① 추인은 상대방, 무권대리인, 상대방의 승계인에 대해서도 할 수 있다.
② 상대방의 악의나 과실에 대해서는 무권대리인이 증명책임을 진다.
③ 본인이 상대방에게 추인을 한 경우에는 상대방은 무권대리행위를 철회할 수 없다.
④ 본인이 추인을 거절할 경우, 무권대리인은 자신의 선택에 따라 계약을 이행하거나 손해를 배상할 책임이 있다.
⑤ 상대방 없는 단독행위의 무권대리는 본인이 이를 추인하더라도 무효이다.

### 확인지문

**정답》** ④ 선택권은 상대방에게 있다.

🔺 **표현대리**

① 본인이 타인에게 대리권을 수여하지 않았지만 수여하였다고 상대방에 통보한 경우, 그 타인이 통보받은 상대방의 외의 자와 본인을 대리하여 행위를 한 때에는 민법 제125조의 대리권 수여표시에 의한 표현대리가 적용되지 않는다.
② 대리권 수여표시에 의한 표현대리는 법정대리에는 적용되지 않는다.
③ 기본적인 어떠한 대리권도 없는 자에게는 권한을 넘은 표현대리가 성립할 수 없다.
④ 권한을 넘은 표현대리의 기본대리권에는 대리인에 의하여 선임된 복대리인의 권한도 포함된다.
⑤ 법정대리권(일상가사대리권)도 권한을 넘은 표현대리의 기본대리권이 될 수 있다.
⑥ 대리인이 대리권 소멸 후에 복대리인을 선임하여 그 복대리인으로 하여금 상대방과 사이에 대리행위를 하도록 한 경우에도 대리권 소멸 후의 표현대리가 성립할 수 있다.
⑦ 대리권이 소멸되어 대리권 소멸 후의 표현대리로 인정되는 경우, 그 표현대리의 권한을 넘는 대리행위가 있을 때에는 권한을 넘은 표현대리가 성립할 수 있다.

## KEY POINT — 민법총론

**18. 권한을 넘은 표현대리에 관한 설명으로 틀린 것은?**

① 특별한 사정이 없는 한 소멸한 대리권을 기본대리권으로 하는 권한을 넘은 표현대리는 성립할 수 없다.
② 복대리인 선임권이 없는 대리인에 의하여 선임된 복대리인의 권한도 기본대리권이 될 수 있다.
③ 甲의 X토지에 대한 담보권설정의 대리권을 수여받은 乙이 X토지를 자신 앞으로 소유권이전등기를 하고 丙에게 처분한 경우, 표현대리가 성립할 여지가 없다.
④ 기본대리권과 월권행위는 동종·유사할 필요가 없다.
⑤ 대리행위가 강행규정 위반으로 무효가 된 경우에는 표현대리가 성립할 여지가 없다.

### 확인지문

**정답》** ① 소멸한 대리권도 권한을 넘은 표현대리의 기본대리권이 될 수 있다.

🔺 **표현대리**

⑧ 사술을 써서 대리행위의 표시를 하지 않고 단지 본인의 성명을 모용하여 법률행위를 한 경우에는 권한을 넘은 표현대리가 성립할 수 없다.
⑨ 공법상의 행위 중 등기신청에 관한 대리권도 기본대리권이 될 수 있다.
⑩ 매매계약이 토지거래허가제를 위반하여 확정적으로 무효이면 표현대리의 법리가 적용될 여지가 없다.
⑪ 정당한 이유의 유무는 대리행위 당시를 기준으로 하여 판단하는 것이 원칙이다.
⑫ 甲으로부터 X토지에 대한 담보권설정의 대리권만을 수여받은 乙이 X토지를 丙에게 매도하는 계약을 체결한 경우, 乙은 표현대리를 주장할 수 있다. (×)
   ⇨ 표현대리는 상대방이 주장하는 것이지 본인이나 무권대리인 측에서 표현대리를 주장할 수는 없다.

| KEY POINT   민법총론 |

19. 표현대리에 관한 설명으로 옳은 것은?
① 상대방의 유권대리의 주장에는 표현대리의 주장이 포함되어 있다.
② 대리권수여표시에 의한 표현대리에서 대리권수여표시는 대리권 또는 대리인이라는 표현을 사용한 경우에 한정된다.
③ 표현대리가 성립한 경우에도, 상대방은 대리행위를 철회할 수 있다.
④ 표현대리가 성립한 경우, 상대방에게 과실이 있으면 과실상계 규정을 준용하여 본인의 책임을 경감할 수 있다.
⑤ 대리권수여표시에 의한 표현대리가 성립하기 위해서는 본인과 무권대리인 사이에 기본적인 법률관계가 존재하여야 한다.

▶ 확인지문

**정답》** ③ 표현대리도 본질이 무권대리이므로 원칙적으로 무권대리의 규정이 적용된다. 즉 본인은 추인을 할 수 있고, 상대방은 최고와 철회를 할 수 있다.
① 표현대리는 무권대리이므로 유권대리의 주장 속에 표현대리의 주장이 포함되어 있다고 볼 수 없다.
② 대리권을 추단할 수 있는 명칭이나 직함 등의 사용을 승인한 경우에도 대리권수여표시로 볼 수 있다.
④ 표현대리에는 과실상계 규정이 준용될 수 없다.
⑤ 본인과 무권대리인 사이에 기본적인 법률관계가 없더라도 대리권수여표시에 의한 표현대리가 성립할 수 있다.

🔖 **무 효**
① 법률행위의 무효는 이를 주장할 이익이 있는 자는 누구든지 주장할 수 있다.
② 법률행위의 일부분이 무효일 때, 그 나머지 부분의 유효성을 판단함에 있어 나머지 부분을 유효로 하려는 당사자의 가정적 의사를 고려하여야 한다.
③ 甲이 토지거래허가구역 내 자신의 토지를 乙에게 매도한 경우, 甲은 乙의 계약상 채무불이행을 이유로 계약을 해제할 수 있다. (×)
④ 甲은 乙의 매매대금 이행제공이 없음을 이유로 토지거래허가 신청에 대한 협력의무의 이행을 거절할 수 없다.

| KEY POINT   민법총론 |

20. 법률행위의 무효에 관한 설명으로 틀린 것은?
① 비진의표시로 무효인 법률행위를 표의자가 무효임을 알고 추인한 때에는 처음부터 새로운 법률행위를 한 것으로 본다.
② 불법조건이 붙은 법률행위는 추인하여도 효력이 생기지 않는다.
③ 불공정한 법률행위로서 무효인 경우, 무효행위의 전환의 법리가 적용될 수 있다.
④ 폭리행위의 추인은 인정되지 않는다.
⑤ 묵시적 추인이 인정되기 위해서는 이전의 법률행위가 무효임을 알거나 적어도 의심하면서 후속행위를 하였음이 인정되어야 한다.

▶ 확인지문

**정답》** ① 무효행위의 추인은 소급효가 없다(제139조). 즉 처음부터가 아니라 추인한 때로부터 새로운 법률행위로 본다.

🔖 **무 효**
⑤ 토지거래허가구역 내의 계약의 경우, 현재 유동적 무효 상태라는 이유로 乙은 이미 지급한 계약금 등을 부당이득으로 반환청구 할 수 없다.
⑥ 계약금만 수수한 상태에서 토지거래허가를 받은 경우에도 계약금해제를 할 수 있다.
⑦ 토지거래계약이 유동적 무효인 상태에서 그 토지에 대한 토지거래허가구역 지정이 해제된 경우, 계약은 확정적 유효가 된다.
⑧ 토지거래허가구역 내의 매매에서 매도인의 채무가 이행불능임이 명백하고 매수인도 거래 존속을 원하지 않은 경우에는 확정적 무효가 된다.
⑨ 토지거래허가구역 내의 토지거래계약이 확정적으로 무효가 된 경우, 그 계약이 무효로 되는 데 책임 있는 사유가 있는 자도 무효를 주장할 수 있다.
⑩ 乙이 丙에게 X토지를 전매하고 丙이 자신과 甲을 매매 당사자로 하는 허가를 받아 甲으로부터 곧바로 등기를 이전받았다면 그 등기는 유효하다. (×)
⑪ 일정기간 내에 허가를 받기로 약정한 경우, 특별한 사정이 없는 한 허가를 받지 못하고 약정기간이 경과하였다는 사정만으로도 매매계약은 확정적 무효가 된다. (×)

| KEY POINT 　민법총론 |

**21. 법률행위의 무효에 관한 설명으로 틀린 것은?**

① 강행규정 위반의 법률행위는 유효한 행위로 전환될 수 없다.
② 처음부터 토지거래허가를 배제하거나 잠탈하기 위한 계약은 허가구역지정이 해제되더라도 확정적 무효이다.
③ 이전의 법률행위가 유효함을 전제로 후속행위를 하였다고 하여 묵시적 추인을 하였다고 단정할 수 없다.
④ 법률행위가 불가분인 경우에는 일부무효의 법리가 적용될 여지가 없다.
⑤ 무효인 법률행위에 따른 법률효과를 침해하는 것처럼 보이는 위법행위나 채무불이행이 있다고 하여도 손해배상을 청구할 수 없다.

### ▶ 확인지문

**정답 ▶** ① 강행규정(구 임대주택법) 위반의 법률행위는 추인은 인정되지 않지만 유효한 행위로 전환될 수는 있다.

### ▲ 무 효

⑫ 무효인 법률행위는 무효임을 안 날로부터 3년이 지나면 추인할 수 없다. (×)
⑬ 무효인 법률행위를 추인하면 특별한 사정이 없는 한 처음부터 새로운 법률행위를 한 것으로 본다. (×)
⑭ 매도인이 통정한 허위의 매매를 추인한 경우, 다른 약정이 없으면 계약을 체결한 때로부터 유효로 된다. (×)
⑮ 무효인 가등기를 유효한 등기로 전용하기로 약정하면 그 가등기는 소급하여 유효한 등기가 된다. (×)
⑯ 양도금지특약에 위반하여 무효인 채권양도에 대하여 양도대상이 된 채권의 채무자가 승낙하면 다른 약정이 없는 한 양도의 효과는 승낙시부터 발생한다.
⑰ 무효행위의 추인은 그 무효원인이 소멸한 후에 하여야 그 효력이 있다.

---

| KEY POINT 　민법총론 |

**22. 취소할 수 있는 법률행위에 관한 설명으로 틀린 것은?**

① 제한능력자는 취소할 수 있는 법률행위를 단독으로 취소할 수 있다.
② 임의대리인은 취소권에 대하여 따로 수권을 받지 않는 한 취소권을 행사할 수 없다.
③ 취소할 수 있는 법률행위의 상대방이 확정된 경우, 그 취소는 상대방에 대한 의사표시로 하여야 한다.
④ 법률행위의 취소를 당연한 전제로 한 소송상의 이행청구에는 취소의 의사표시가 포함되어 있다고 볼 수 있다.
⑤ 법률행위를 취소하면 그 법률행위는 취소한 때로부터 무효가 된다.

### ▶ 확인지문

**정답 ▶** ⑤ 소급하여(처음부터) 무효가 된다(제141조).

### ▲ 취 소

① 강박에 의하여 의사표시를 한 자는 강박상태를 벗어나기 전에도 이를 취소할 수 있다.
② 법정대리인은 취소원인 종료 전에도 추인할 수 있다.
③ 취소할 수 있는 법률행위를 추인한 후에는 취소하지 못한다.
④ 취소할 수 있는 법률행위는 추인할 수 있는 후에 취소권자의 이행청구가 있으면 이의를 보류하지 않는 한 추인한 것으로 본다.
⑤ 제한능력자가 취소의 원인이 소멸된 후에 이의를 보류하지 않고 채무 일부를 이행하면 추인한 것으로 본다.
⑥ 취소로 인하여 취득하게 될 권리를 처분하는 것은 법정추인사유가 아니다.
⑦ 취소할 수 있는 법률행위에 관하여 법정추인이 되려면 취소권자가 취소권의 존재를 인식해야 한다. (×)
⑧ 취소권은 추인할 수 있는 날부터 3년 내에, 법률행위를 한 날부터 10년 내에 행사하여야 한다.
⑨ 혼동은 취소할 수 있는 법률행위의 법정추인사유가 아니다.

| KEY POINT 　　민법총론

**23. 취소할 수 있는 법률행위에 관한 설명으로 옳은 것은?**

① 제한능력을 이유로 법률행위가 취소된 경우 악의의 제한능력자는 받은 이익에 이자를 붙여서 반환해야 한다.
② 미성년자 甲이 乙에게 매도한 부동산을 선의의 丙이 매수하여 이전등기를 한 후에 甲이 미성년자임을 이유로 매매계약을 취소한 경우에도 丙은 소유권을 취득한다.
③ 법정대리인의 추인은 취소의 원인이 소멸한 후에 하여야만 효력이 있다.
④ 추인 요건을 갖추면 취소로 무효가 된 법률행위의 추인도 허용된다.
⑤ 취소권자가 상대방으로부터 이행의 청구를 받는 경우에도 법정추인이 된다.

> 확인지문

**정답 》 ④**

① 제한능력자는 선악을 불문하고 현존이익만 반환하면 된다(제141조).
② 제한능력을 이유로 취소를 하면 선의의 제3자도 보호되지 않는다.
③ 법정대리인은 취소원인이 종료하지 않아도 추인할 수 있다(제144조 제2항).
⑤ 이행의 청구와 취소할 수 있는 행위로 취득한 권리의 전부나 일부의 양도는 취소권자가 하는 경우에만 법정추인이 된다(제145조 제2호, 제5호).

**조건과 기한**

① 과거의 사실은 법률행위의 부관으로서의 조건이 되지 못한다.
② 조건의사가 있더라도 외부에 표시되지 않으면 그것만으로는 조건이 되지 않는다.
③ 정지조건 있는 법률행위는 조건이 성취한 때로부터 그 효력을 잃는다. (×)
④ 정지조건부 권리는 조건이 성취되지 않은 동안 소멸시효가 진행되지 않는다.
⑤ 해제조건 있는 법률행위는 조건이 성취한 때로부터 그 효력이 발생한다. (×)
⑥ 동산의 소유권유보부 매매는 정지조건부 법률행위이다.

| KEY POINT 　　민법총론

**24. 법률행위의 조건과 기한에 관한 설명으로 틀린 것은?**

① 정지조건이 불성취로 확정되면 그 법률행위는 무효이다.
② 해제조건부 법률행위는 조건이 성취되지 않으면 효력이 소멸하지 않는다.
③ 조건을 붙일 수 없는 법률행위에 조건을 붙인 경우, 조건 없는 법률행위가 된다.
④ 불능조건을 해제조건으로 한 법률행위는 조건 없는 법률행위가 된다.
⑤ 기한의 도래가 미정인 권리·의무는 일반 규정에 의하여 처분, 상속, 보존, 담보로 할 수 있다.

> 확인지문

**정답 》 ③** 조건을 붙일 수 없는 법률행위에 조건을 붙인 경우, 조건뿐만 아니라 법률행위 전부가 무효가 된다. 조건 없는 법률행위는 유효를 의미한다.

**조건과 기한**

⑦ 법정조건은 법률행위의 부관으로서의 조건이 아니다.
⑧ 사회질서에 위반한 조건이 붙은 법률행위는 무효이다.
⑨ 사회질서에 반한 조건이 해제조건이면 조건 없는 법률행위가 된다. (×)
⑩ 부첩관계의 종료를 해제조건으로 하는 증여는 조건만이 무효가 아니라 법률행위 전부가 무효이다.
⑪ 조건이 법률행위 당시 이미 성취된 경우, 그 조건이 정지조건이면 법률행위는 무효가 된다. (×)
⑫ 기성조건을 정지조건으로 한 법률행위는 무효이다. (×)
⑬ 조건이 법률행위 당시 성취할 수 없는 것인 경우, 그 조건이 정지조건이면 그 법률행위는 무효로 한다.
⑭ 상계에는 시기를 붙이지 못한다.
⑮ 채무면제에는 조건을 붙일 수 있다.
⑯ 상대방이 동의하면 단독행위에도 조건을 붙일 수 있다.
⑰ 이행지체의 경우 채권자는 상당한 기간을 정한 최고와 함께 그 기간 내에 이행이 없을 것을 정지조건으로 하여 계약을 해제할 수 있다.
⑱ 신의성실에 반하는 방해로 말미암아 조건이 성취된 것으로 의제되는 경우, 성취의 의제시점은 그 방해가 없었다면 조건이 성취되었으리라고 추산되는 시점이다.

## KEY POINT  민법총론

**25. 법률행위의 조건과 기한에 관한 설명으로 옳은 것은?**

① 형성권적 기한이익 상실특약이 있는 경우, 기한이익상실사유가 발생해도 채권자의 의사표시가 있어야 이행기가 도래한다.
② 불확정한 사실이 발생한 때를 이행기한으로 정한 경우, 그 사실의 발생이 불가능하게 되었다고 하여 이행기한이 도래한 것으로 볼 수는 없다.
③ 기한이익상실의 특약은 특별한 사정이 없는 한 정지조건부 기한이익상실의 특약으로 추정한다.
④ 조건을 붙일 수 없는 법률행위에 조건을 붙인 경우, 다른 정함이 없으면 조건만 분리하여 무효로 할 수 있다.
⑤ 정지조건부 법률행위에서 조건이 성취되면 법률행위가 성립한 때로부터 효력이 발생한다.

### 확인지문

**정답 ▶▶** ①  이에 반해 정지조건부 기한이익 상실특약이 있는 경우에는 기한이익상실사유가 발생하면 채권자의 의사표시가 없어도 이행기가 도래한다.
② 불확정한 사실의 발생이 불가능하게 될 때에도 이행기한이 도래한 것으로 본다.
③ 형성권적 기한이익상실의 특약으로 추정한다.
④ 법률행위 전부가 무효가 된다.
⑤ 조건이 성취한 때로부터 효력이 발생한다.

#### 조건과 기한
⑲ 법률행위에 조건이 붙어 있다는 사실은 그 조건의 존재를 주장하는 자(효력발생을 다투는 자)가 증명해야 한다.
⑳ 정지조건의 경우에는 권리를 취득한 자가 조건성취에 대한 증명책임을 부담한다.
㉑ 당사자가 조건성취의 효력을 그 성취 전에 소급하게 할 의사를 표시한 때에는 그 의사에 의한다.
㉒ 정지조건과 이행기로서의 불확정기한은 표시된 사실이 발생하지 않는 것으로 확정된 때에 채무를 이행하여야 하는지 여부로 구별될 수 있다.
㉓ 기한은 채권자의 이익을 위한 것으로 추정하며, 기한의 이익은 포기할 수 있다. (×)

## KEY POINT  물권법

**26. 물권적 청구권에 관한 설명으로 옳은 것은?**

① 소유권에 기한 방해제거청구권은 현재 계속되고 있는 방해의 원인과 함께 방해결과의 제거를 내용으로 한다.
② 소유자는 물권적 청구권에 의하여 방해제거비용 또는 방해예방비용을 청구할 수 있다.
③ 유치권자가 점유를 침탈당한 경우, 유치권에 기한 반환청구권을 행사할 수 있다.
④ 저당권자는 저당권의 침해를 이유로 자신에게 저당목적물의 반환할 것을 청구할 수 있다.
⑤ 승역지의 점유가 침탈된 때에도 지역권자는 승역지의 반환을 청구할 수 없다.

### 확인지문

**정답 ▶▶** ⑤
① 방해결과의 제거는 손해의 범위에 속한다.
② 방해제거비용의 청구는 손해배상의 영역에 속한다.
③ 유치권에 기한 물권적 청구권은 인정되지 않는다.
④ 저당권과 지역권에는 '반환'청구권이 인정되지 않는다.

#### 물권법 서설
① 물권은 부동산등기규칙에 의하여 창설될 수 있다. (×)
② 온천에 관한 권리를 관습법상의 물권이라고 볼 수는 없다.
③ 1필의 토지 일부에 저당권을 설정할 수 없다.
④ 물건 이외의 재산권은 물권의 객체가 될 수 없다. (×)

#### 물권적 청구권
① 점유자가 점유의 방해를 받을 염려가 있는 때에는 그 방해의 예방 또는 손해배상의 담보를 청구할 수 있다.
② 소유권에 기한 물권적 청구권은 소멸시효에 걸리지 않는다.
③ 상대방의 귀책사유는 물권적 청구권의 행사요건이 아니다.
④ 소유권을 양도한 전소유자가 물권적 청구권만을 분리·유보하여 불법점유자에 대해 그 물권적 청구권에 의한 방해배제를 할 수 없다.
⑤ 매도인 甲이 신축한 무허가건물을 매수인 乙에게 등기 없이 점유만 이전되더라도 乙은 건물소유권을 취득한다. (×)

| KEY POINT    물권법 |

**27.** 甲의 X토지 위에 乙이 무단으로 Y건물을 신축하였다. 다음 설명 중 틀린 것은?

① 甲은 乙에게 Y건물에서의 퇴거를 청구할 수 없다.
② 乙이 Y건물을 丙에게 매도하고 소유권이전등기를 경료한 경우, 甲은 乙에게 건물철거를 청구할 수 없다.
③ 乙이 보존등기 없이 Y건물을 丙에게 매도하고 丙이 Y건물을 점유하고 있는 경우, 甲은 丙에게 건물의 철거를 청구할 수 없다.
④ 乙이 Y건물을 丙에게 임대차하고 丙이 대항요건을 갖춘 경우에도 甲은 丙에게 Y건물에서의 퇴거를 청구할 수 있다.
⑤ 甲이 X토지를 丙에게 매도하고, 소유권이전등기를 경료한 경우, 甲은 乙에게 건물의 철거를 청구할 수 없다.

> **확인지문**

**정답》** ③ 甲은 미등기건물의 매수인 丙에게 건물의 철거를 청구할 수 있다.

🔺 **물권적 청구권**
⑥ 미등기 건물의 양수인에게는 소유권에 준하는 관습법상 물권이 인정된다. (×)
⑦ 미등기건물의 매수인은 건물의 매매대금을 전부 지급한 경우에는 건물의 불법점유자에 대해 직접 소유물반환청구를 할 수 있다. (×)
⑧ 등기를 갖추지 않은 건물의 매수인은 건물의 점유를 방해하는 자에 대해 점유권에 기한 방해제거청구권을 행사할 수 있다.
⑨ 甲 소유의 건물에 乙 명의의 저당권설정등기가 불법으로 경료된 후 丙에게 저당권이전등기가 경료되었다면, 甲은 乙을 상대로 저당권설정등기의 말소를 청구할 수 없다.
⑩ 甲의 토지를 乙이 허무인 丙 앞으로 소유권이전등기를 경료한 경우, 甲은 乙에게 등기말소를 청구할 수 있다.
⑪ 임차인은 임차목적물에 관한 임대인의 소유권에 기한 물권적 청구권을 대위행사할 수 있다.
⑫ 간접점유자에게는 점유보호청구권이 인정되지 않는다. (×)

| KEY POINT    물권법 |

**28.** 甲은 자신의 X토지를 乙에게 매도하고 매매대금을 수령하고 점유를 이전하였으나, 소유권이전등기는 경료하지 않았다. 다음 설명 중 틀린 것은?

① X토지에서 발생하는 과실은 乙에게 귀속된다.
② 乙의 소유권이전등기청구권은 소멸시효에 걸리지 않는다.
③ 乙이 X토지를 丙에게 처분하고 점유를 이전해 준 경우에는 乙의 소유권이전등기청구권은 소멸시효가 진행한다.
④ 甲은 丙에게 소유권에 기한 토지반환을 청구할 수 없다.
⑤ 丙은 甲에게 직접 소유권이전등기를 청구할 수 없다.

> **확인지문**

**정답》** ③ 매수인이 부동산을 점유하고 있거나, 더 적극적인 권리행사로 부동산을 처분하고 점유를 승계해 준 경우에도 매수인의 소유권이전등기청구권은 소멸시효에 걸리지 않는다.

🔺 **물권적 청구권**
⑬ 소유자는 소유물을 불법점유한 사람의 특별승계인에 대하여는 그 반환을 청구하지 못한다. (×)
⑭ 점유자 甲이 乙의 사기(기망)로 인해 점유를 乙에게 이전한 경우, 乙에 대하여 점유물반환을 청구할 수 없다.
⑮ 직접점유자 乙이 간접점유자 甲의 의사에 반하여 점유물을 丙에게 인도한 경우, 甲은 丙에게 점유물반환청구권을 행사할 수 없다.
⑯ 점유회수청구권은 침탈을 당한 날로부터 1년 내에 행사하여야 하는데, 이는 출소기간이다.
⑰ 점유권에 기인한 소는 본권에 관한 이유로 재판할 수 없다.
⑱ 甲이 자신의 토지에 대하여 乙에게 전세권을 설정해 준 경우, 丙이 해당 토지를 불법점유한 경우, 甲도 물권청구권을 행사할 수 있다.
⑲ 타인의 점유를 침탈한 뒤 제3자에 의해 점유를 침탈당한 자는 점유물반환청구의 상대방이 될 수 있다. (×)

## KEY POINT 🔍 물권법

**29. 등기에 관한 설명으로 틀린 것은?**

① 甲의 X토지에 대한 등기가 불법말소된 경우, 甲이 회복기간 내에 회복등기를 하지 않으면 甲은 X토지에 대한 소유권을 상실한다.
② 甲 명의의 저당권등기가 불법말소된 후 후순위 저당권자 乙의 경매신청으로 X토지가 제3자에게 매각되면 甲은 저당권의 말소회복등기를 청구할 수 없다.
③ 물권에 관한 등기가 원인 없이 말소된 경우에도 그 물권의 효력에는 아무런 영향을 미치지 않는다.
④ 매매계약의 합의해제로 인한 매도인의 매수인에 대한 등기청구권은 물권적 청구권이다.
⑤ 기존 건물 멸실 후 건물이 신축된 경우, 기존 건물에 대한 등기는 신축건물에 대한 등기로서 효력이 없다.

> **확인지문**

**정답 ≫** ① 등기가 불법말소되거나 멸실된 경우에도 물권의 효력에는 아무런 영향이 없다. 회복등기 기간 내에 회복등기를 하지 않더라도 마찬가지이다.
② 등기의 불법말소만으로는 저당권이 소멸하지 않지만 경락인이 경락대금을 완납하면 불법말소된 저당권도 소멸한다.

🔺 **등기 일반**
① 점유취득시효에 의한 소유권이전등기청구권은 채권적 청구권이다.
② 진정명의회복을 원인으로 하는 소유권이전등기청구권은 물권적 청구권이다.
③ 원인 없이 부적법 말소된 등기에는 권리소멸의 추정력이 인정되지 않는다.
④ 무효등기의 유용은 이해관계 있는 제3자가 없는 경우에 한하여 허용된다.

🔺 **중간생략등기**
① 3자 합의가 인정되기 위해서는 최초매도인과 중간자, 그리고 중간자와 최종매수인의 합의 외에 최초매도인과 최종매수인 사이에도 합의가 있어야 한다.

## KEY POINT 🔍 물권법

**30. 乙은 甲 소유의 토지를 매수하여 다시 이를 丙에게 매도하였으며, 甲, 乙, 丙은 甲에서 丙으로 이전등기를 해 주기로 합의하였다. 다음 중 틀린 것은?**

① 乙에 甲에 대한 소유권이전등기청구권은 소멸하지 않는다.
② 丙은 甲에게 직접 소유권이전등기청구권을 행사할 수 있다.
③ 甲은 乙이 매매대금을 지급하지 않았음을 이유로 丙의 소유권이전등기청구를 거절할 수 있다.
④ 甲·乙 사이의 매매계약이 합의해제된 경우, 甲은 丙 명의로의 소유권이전등기의무의 이행을 거절할 수 있다.
⑤ 만약 乙이 丙에게 소유권이전등기청구권을 양도하고 그 사실을 甲에게 통지한 경우, 丙은 甲에게 직접 소유권이전등기를 청구할 수 있다.

> **확인지문**

**정답 ≫** ⑤ 통지만으로는 대항력이 인정되지 않고, 甲의 승낙 내지 동의가 필요하다.

🔺 **중간생략등기**
② 甲과 乙, 乙과 丙이 중간등기생략의 합의를 순차적으로 한 경우에도 丙은 甲의 동의가 없으면 甲을 상대로 중간생략등기청구를 할 수 없다.
③ 토지거래허가구역 내의 중간생략등기는 허가를 받아도 무효이다.
④ 토지거래허가구역 내에서 중간생략등기를 합의한 경우, 최종매수인은 丙은 최초매도인 甲에게 등기절차에 협력할 것을 청구할 수 없다.
⑤ 미등기건물의 원시취득자와 승계취득자의 합의에 의해 직접 승계취득자 명의로 한 소유권보존등기는 유효하다.
⑥ 중간생략등기에 관하여 3자합의가 있는 경우, 첫 매도인의 중간자에 대한 소유권이전의무가 소멸한다. (×)
⑦ 명의신탁자가 명의신탁해지에 따른 소유권이전등기청구권을 양도하고, 이를 명의수탁자에게 통지한 경우에도 양수인은 명의수탁자의 동의가 없는 한 명의수탁자에게 소유권이전등기를 청구할 수 없다.

## KEY POINT 🔍 물권법

**31. 등기의 추정력에 관한 설명으로 틀린 것은?**

① 등기명의인이 등기원인행위의 태양이나 과정을 다소 다르게 주장한다고 하여 그러한 사실만으로 추정력이 깨어지는 것이 아니다.
② 甲의 토지가 乙에 의하여 丙 앞으로 소유권이전등기가 경료된 경우, 乙에게 甲을 대리할 대리권한이 있다고 추정되지 않는다.
③ 소유권이전등기가 된 경우, 등기명의인은 전소유자에 대하여도 적법한 등기원인에 의하여 소유권을 취득한 것으로 추정된다.
④ 건물 소유권 보존등기의 명의인이 건물을 신축하지 않은 것으로 밝혀진 경우 등기의 추정력이 깨어진다.
⑤ 소유권이전청구권 보전을 위한 가등기가 있다고 하여, 소유권이전등기를 청구할 어떠한 법률관계가 있다고 추정되지 않는다.

### ▶ 확인지문

**정답 ▶▶** ② 제3자에 의하여 이전등기가 경료된 경우, 제3자에게 대리권이나 적법한 처분권한이 있었다고 추정된다.

### 🔺 등기의 추정력

① 소유권이전등기가 된 경우, 특별한 사정이 없는 한 이전등기에 필요한 적법한 절차를 거친 것으로 추정된다.
② 등기를 믿고 거래한 자는 선의·무과실의 매수인으로 추정된다.
③ 사망자 명의로 신청하여 이루어진 이전등기에는 특별한 사정이 없는 한 추정력이 인정되지 않는다.
④ 사망자 명의로 신청하여 이루어진 소유권이전등기라도 사망 전에 등기원인이 존재한다는 등의 사정이 있는 경우에는 추정력이 인정될 수 있다.
⑤ 보존등기 명의자가 이전의 소유자로부터 부동산을 양수한 것이라 주장하고, 전소유자는 양도사실을 부인하는 경우에는 보존등기의 추정력은 깨어진다.

## KEY POINT 🔍 물권법

**32. 甲 소유의 토지에 乙 명의로 소유권이전청구권 보전을 위한 가등기가 경료되어 있다. 다음 설명 중 옳은 것은?**

① 乙이 가등기에 기한 본등기를 하면 乙은 가등기를 경료한 때부터 토지에 대한 소유권을 취득한다.
② 甲이 토지에 대한 소유권을 丙에게 이전한 경우, 乙은 丙에게 본등기를 청구하여야 한다.
③ 丙에게 소유권이전등기가 경료된 경우, 乙은 가등기 상태에서 甲에게 丙의 등기를 말소해 줄 것을 청구할 수 있다.
④ 乙은 가등기된 소유권이전등기청구권을 가등기에 대한 부기등기의 방법으로 타인에게 양도할 수 없다.
⑤ 丙 앞으로 소유권이전등기가 경료된 후 乙의 가등기가 불법말소된 경우, 乙은 丙을 상대로 말소회복등기를 청구하여야 한다.

### ▶ 확인지문

**정답 ▶▶** ⑤ 말소회복등기는 말소 당시의 소유자에게 행사하여야 한다.
① 물권변동은 본등기시에 발생한다.
② 등기의무자인 甲에게 청구하여야 한다.
③ 가등기 자체로는 아무런 실체법상 효력이 없다.
④ 가등기된 권리의 양도도 허용된다.

### 🔺 가등기

① 시기부·정지조건부 청구권은 가등기를 할 수 있다.
② 가등기에 기한 본등기 전에 종전 소유자나 제3자가 해당 부동산을 점유·사용한 경우, 가등기권자는 이에 대하여 부당이득반환청구권을 행사할 수 없다.
③ 물권적 청구권을 보존하기 위한 가등기는 허용되지 않는다.

## KEY POINT 　물권법

**33. 등기가 있어야 부동산물권이 변동되는 경우는?**
① 존속기간 만료에 의한 지상권의 소멸
② 피담보채권의 소멸에 의한 저당권의 소멸
③ 법정지상권이 있는 건물이 매매된 경우, 매수인의 법정지상권 취득
④ 건물전세권이 법정갱신된 경우
⑤ 집합건물의 구분소유권을 취득하는 자의 공용부분에 대한 지분 취득

### ▶ 확인지문

**정답》** ③ 법정지상권이 있는 건물을 '경매'로 취득하는 경우에는 경락대금 완납시 등기가 없어도 건물소유권과 법정지상권을 취득하나, 법정지상권이 붙은 건물을 '매수'한 경우, 건물소유권이전등기 외에 지상권이전등기를 하여야 지상권을 취득한다.

### 🔺 등기를 요하는 경우
① 합유(공유)지분 등 부동산물권의 포기
② 점유취득시효에 의한 부동산물권 취득
③ 공유물의 현물분할합의에 의한 단독소유권의 취득(등기가 접수된 때)
④ 매매계약완결권 행사에 의한 부동산물권의 취득
⑤ 환매권 행사에 의한 부동산물권의 취득

## KEY POINT 　물권법

**34. 부동산물권변동에 관한 설명으로 틀린 것은?**
① 상속에 의하여 부동산물권을 취득하기 위해서는 등기가 필요 없다.
② 분묘기지권은 등기가 없더라도 시효취득을 할 수 있다.
③ 이행판결에 기한 부동산 물권의 변동시기는 판결확정시이다.
④ 등기된 입목에 대한 저당권취득은 등기가 필요하다.
⑤ 공유물분할의 소에서 협의로 조정이 성립한 경우 등기를 하여야 단독소유권을 취득한다.

### ▶ 확인지문

**정답》** ③ 형성판결은 등기가 필요 없으나 확인판결과 이행판결(소유권이전등기청구소송)은 등기가 필요하다. 따라서 이행판결의 경우에는 이전등기시에 물권이 변동된다.

### 🔺 등기를 요하지 않는 경우
① 공용징수
② 경매(경락대금 완납시)
③ 신축건물의 소유권 취득
④ 혼동에 의한 물권의 소멸
⑤ 관습상의 법정지상권의 취득
⑥ 법정저당권의 취득
⑦ 원인행위의 실효(취소, 해제, 합의해제)에 의한 물권의 복귀
⑧ 구조상·이용상의 독립성을 갖추고 구분행위로 구분소유권을 취득하는 경우
⑨ 법정지상권이 붙은 건물을 경매로 취득하는 경우의 법정지상권의 취득

## KEY POINT 　물권법

**35. 혼동에 관한 설명으로 틀린 것은?**

① 甲의 토지에 乙이 지상권을 취득한 후, 그 토지에 저당권을 취득한 丙이 그 토지의 소유권을 취득하더라도 丙의 저당권은 소멸하지 않는다.
② 甲의 토지 위에 乙이 1번 저당권, 丙이 2번 저당권을 가지고 있다가 乙이 토지소유권을 취득하면 1번 저당권은 소멸하지 않는다.
③ 乙이 甲의 토지 위에 지상권을 설정 받고 丙이 그 지상권 위에 저당권을 취득한 후, 乙이 그 토지의 소유권을 취득한 경우, 乙의 지상권은 소멸하지 않는다.
④ 甲의 토지를 乙이 점유하다가 乙이 이 토지의 소유권을 취득하더라도 乙의 점유권은 소멸하지 않는다.
⑤ 가등기에 기한 본등기 절차에 의하지 않고 별도로 본등기를 경료받은 경우, 제3자 명의로 중간처분의 등기가 있어도 가등기에 기한 본등기 절차의 이행을 구할 수 있다.

### 확인지문

**정답** ① 두 가지 권리를 취득한 丙 다음에 꼬리가 없으므로 저당권은 혼동으로 소멸한다.

#### 물권의 소멸·상린관계
① 토지가 포락되면 종전의 소유권은 영구적으로 소멸한다.
② 저당권자가 자신 또는 제3자의 이익을 위해 존속시킬 필요가 없는 저당권의 목적물에 대한 소유권을 취득한 경우, 저당권은 소멸한다.
③ 경계표를 설치하는 경우, 측량비용을 제외한 설치비용은 다른 관습이 없으면 쌍방이 토지면적에 비례하여 분담한다. (×)
④ 인접지의 뿌리가 경계를 넘은 때에는 임의로 제거할 수 있다.
⑤ 건물을 축조함에 있어서는 특별한 관습이 없으면 경계로부터 반미터 이상의 거리를 두어야 한다.
⑥ 반미터 이상의 거리를 두지 않고 건물을 축조한 때에도 공사착수 후 1년이 경과하거나 건물이 완성된 후에는 건물의 철거를 청구할 수 없다.

## KEY POINT 　물권법

**36. 점유에 관한 설명으로 틀린 것은?**

① 점유매개관계의 직접점유자는 타주점유이다.
② 점유매개관계를 발생시키는 법률행위가 무효라 하더라도 간접점유는 인정될 수 있다.
③ 甲이 乙로부터 임차한 건물을 乙의 동의 없이 丙에게 전대한 경우, 乙만이 간접점유자이다.
④ 점유물이 점유자의 책임 있는 사유로 멸실된 경우 소유의 의사가 없는 점유자는 선의라도 손해의 전부를 배상하여야 한다.
⑤ 선의의 점유자라도 본권에 관한 소에서 패소하면 소가 제기된 때부터 악의의 점유자로 본다.

### 확인지문

**정답** ③ 점유매개관계는 중첩적으로 존재할 수 있으므로 乙과 甲 모두 간접점유자이다.

#### 점 유
① 상속에 의하여 피상속인의 점유권은 상속인에게 이전된다.
② 점유자의 점유가 자주점유인지 타주점유인지의 여부는 점유자의 내심의 의사에 의하여 결정된다. (×)
③ 실제 면적이 등기된 면적을 상당히 초과하는 토지를 매수하여 인도받은 때에는 특별한 사정이 없으면 초과부분의 점유는 자주점유이다. (×)
④ 부동산에 대한 악의의 무단점유는 점유취득시효의 기초인 자주점유로 추정된다. (×)
⑤ 甲이 乙과의 명의신탁약정에 따라 자신의 부동산 소유권을 乙 명의로 등기한 경우, 乙의 점유는 자주점유이다. (×)
⑥ 계약명의신탁에서 매도인이 선의인 경우, 명의신탁자의 점유는 타주점유이다.
⑦ 점유자의 특정승계인은 자기의 점유와 전(前) 점유자의 점유를 아울러 주장할 수 있다.
⑧ 점유자의 특정승계인이 자기의 점유와 전(前)점유자의 점유를 아울러 주장하는 경우, 그 하자도 계승한다.
⑨ 취득시효에 있어서 점유자는 스스로 그 점유권원의 성질에 의하여 자주점유임을 입증할 책임이 있다. (×)

## KEY POINT — 물권법

**37. 점유에 관한 설명으로 틀린 것은?**

① 점유자가 매매 등의 자주점유의 권원을 주장하였으나 이것이 인정되지 않는다는 이유만으로 자주점유의 추정이 깨어지는 것이 아니다.
② 점유자는 소유의 의사로 과실 없이 점유한 것으로 추정된다.
③ 악의의 점유자에게도 비용상환청구권이 인정된다.
④ 점유자의 유익비상환청구에 대하여 법원이 상당한 상환기간을 허여하면 유치권은 성립하지 않는다.
⑤ 점유자가 점유물에 대하여 행사하는 권리는 적법하게 보유한 것으로 추정된다.

### ▶ 확인지문

**정답 ▶▶** ② 무과실은 추정되지 않는다(제197조 제1항).

### ▣ 점 유
⑩ 전후양시에 점유한 사실이 있는 때에는 그 점유는 계속한 것으로 추정한다.
⑪ 점유자의 권리적법 추정 규정은 특별한 사정이 없는 한 등기에 표상되어 있는 부동산물권에 대하여는 적용되지 않는다.

### ▣ 점유자와 회복자의 관계
① 이행지체로 인해 매매계약이 해제된 경우, 선의의 점유자인 매수인에게 과실취득권이 인정된다. (×)
② 매매계약이 무효·취소 된 경우, 선의의 점유자인 매수인에게 과실취득권이 인정된다.
③ 점유자가 소유자에게 점유물 반환 이외의 방법으로 점유자의 지위를 상실한 경우에는 소유자에 대하여 비용상환을 청구할 수 없다.
④ 선의의 점유자 乙은 회복자 甲에 대하여 점유·사용으로 인한 이익을 반환할 의무가 없다.
⑤ 악의의 점유자가 과실(過失)로 인하여 점유물의 과실(果實)을 수취하지 못한 경우 그 과실(果實)의 대가를 보상해야 한다.
⑥ 악의의 점유자는 받은 이익에 이자를 붙여 반환하고 그 이자의 이행지체로 인한 지연손해금까지 지급하여야 한다.

## KEY POINT — 물권법

**38. 점유자와 회복자에 관한 설명으로 틀린 것은?**

① 악의의 점유자가 과실 없이 과실을 수취하지 못한 경우에는 그 대가를 보상할 의무가 없다.
② 점유자가 과실을 수취한 경우에는 통상의 필요비는 청구하지 못한다.
③ 점유자는 필요비는 지출 즉시 그 상환을 청구할 수 있다.
④ 필요비상환청구에 대하여 회복자는 법원에 그 상환기간의 허여를 청구할 수 없다.
⑤ 유익비는 가액증가가 현존한 때에 한하여 회복자의 선택에 따라 그 상환을 청구할 수 있다.

### ▶ 확인지문

**정답 ▶▶** ③ 점유자와 회복자의 관계에서는 필요비든 유익비든 회복자에게 목적물을 반환할 때에 한하여 그 상환을 청구할 수 있다.

### ▣ 점유자와 회복자의 관계
⑦ 은비(隱秘)에 의한 점유자는 점유물의 과실을 수취할 권리가 없다.
⑧ 점유물의 전부가 점유자의 책임 있는 사유로 멸실된 경우, 선의의 자주점유자는 특별한 사정이 없는 한 이익이 현존하는 한도에서 배상하여야 한다.
⑨ 악의점유자는 그 귀책사유로 점유물이 멸실·훼손된 경우에 손해전부에 대한 책임을 진다.
⑩ 점유자가 과실을 수취한 경우에는 통상의 필요비는 청구하지 못한다는 규정은 악의의 점유자에게는 적용될 여지가 없다.
⑪ 점유자가 필요비를 지출한 경우, 그 가액의 증가가 현존한 경우에 한하여 상환을 청구할 수 있다. (×)
⑫ 甲의 토지에 점유자 乙이 비용을 투입한 후 토지가 丙에게 양도된 경우, 乙은 丙에게 비용상환을 청구할 수 있다.

### ▣ 상린관계
① 우물을 파는 경우에 경계로부터 2미터 이상의 거리를 두어야 하지만 당사자 사이에 이와 다른 특약이 있는 경우, 그 특약이 우선한다.
② 건물전세권자와 인지 소유자 사이에는 상린관계에 관한 규정이 준용되지 않는다. (×)

## KEY POINT 물권법

**39. 주위토지통행권에 관한 설명으로 틀린 것은?**

① 주위토지통행권의 성립에는 등기가 필요 없다.
② 통행지 소유자가 주위토지통행권에 기한 통행에 방해가 되는 축조물을 설치한 경우, 통행지 소유자가 그 철거의무를 부담한다.
③ 주위토지통행권자는 통행에 필요한 통로를 개설한 경우 그 통로개설이나 유지비용을 부담해야 한다.
④ 주위토지통행권이 인정되면 통행 시기나 횟수, 통행방법 등을 제한할 수는 없다.
⑤ 토지분할로 무상주위토지통행권을 취득한 분할토지의 소유자가 그 토지를 양도한 경우, 양수인에게는 무상의 주위토지통행권이 인정되지 않는다.

### 확인지문

**정답》** ④ 제한할 수 있다.

#### 주위토지통행권

① 기존의 통로가 있더라도 그것이 실제로 통로로서의 충분한 기능을 하지 못하는 경우에도 주위토지통행권이 인정된다.
② 이미 그 소유 토지의 용도에 필요한 통로가 있는 경우에는 그 통로를 사용하는 것보다 더 편리하다는 이유만으로 다른 장소로 통행할 권리를 인정할 수 없다.
③ 공로에 통할 수 있는 공유토지가 있는 경우에는 타인의 토지에 주위토지통행권을 주장할 수 없다.
④ 설령 그 공유토지가 구분소유적 공유관계에 있고, 공로에 접하는 부분을 다른 공유자가 배타적으로 점유·사용하고 있는 경우에도 주위토지통행권은 인정되지 않는다.
⑤ 주위토지통행권의 범위는 장차 건립될 아파트의 건축을 위한 이용상황까지 미리 대비하여 정할 수 있다. (×)
⑥ 주위토지통행권이 발생한 후 그 토지에 접하는 통로가 개설됨으로써 이를 인정할 필요성이 없어진 때에는 주위토지통행권이 소멸한다.
⑦ 주위토지통행권자가 손해를 보상하지 않더라도 통행권은 소멸하지 않는다.

## KEY POINT 물권법

**40. 甲의 X토지에 대하여 乙이 취득시효를 완성하였다. 다음 설명 중 틀린 것은?**

① 甲이 丙에게 X토지를 매도하고 소유권이전등기를 경료한 경우, 乙은 丙에게 취득시효완성을 주장할 수 없다.
② 甲이 시효완성 후 X토지에 대하여 丁에게 설정해 준 저당권의 피담보채무를 乙이 대위변제한 경우, 乙은 甲에게 구상권을 행사할 수 없다.
③ 乙이 점유를 상실하더라도 乙의 소유권이전등기청구권은 즉시 소멸하는 것은 아니다.
④ 乙이 甲에 대한 소유권이전등기청구권을 丁에게 양도하고 그 사실을 甲에게 통지한 경우에도 甲의 승낙이 없는 한 丁은 甲에게 직접 소유권이전등기를 청구할 수 없다.
⑤ 甲이 乙의 시효완성사실을 안 후 丙에게 X토지를 매도하고 소유권이전등기를 경료한 경우, 乙은 甲에게 채무불이행책임을 물을 수 없다.

### 확인지문

**정답》** ④ 취득시효의 경우에는 신뢰관계가 없으므로 통지만으로도 양수인이 소유권이전등기를 청구할 수 있다.

#### 취득시효

① 저당권은 시효취득을 할 수 없다.
② 자기 소유의 부동산이나 성명불상자의 부동산도 시효취득의 대상이 된다.
③ 1필의 토지 일부에 대하여도 점유취득시효로 소유권을 취득할 수 있다.
④ 일반재산이던 당시에 취득시효가 완성된 후 그 일반재산이 행정재산으로 되었다면, 그 후 시효완성을 이유로 소유권이전등기를 청구할 수 없다.
⑤ 집합건물의 공용부분은 시효취득의 대상이 될 수 없다.
⑥ 타주점유자는 시효취득을 할 수 없다.
⑦ 부동산에 대한 압류 또는 가압류는 점유취득시효의 중단사유가 아니다.
⑧ 점유취득시효의 기초인 점유에는 간접점유도 포함된다.
⑨ 시효취득자는 취득시효의 완성으로 바로 소유권을 취득할 수 없고, 이를 원인으로 하는 소유권이전등기청구권이 발생할 뿐이다.

## KEY POINT  물권법

**41. 부동산의 점유취득시효에 관한 설명으로 틀린 것은?**

① 취득시효완성 후 명의신탁해지를 원인으로 명의신탁자에게 소유권이전등기가 경료된 경우, 명의신탁자는 시효완성자에게 대항할 수 있다.
② 2차 시효취득 기간 중에 소유자가 변경된 경우에는 2차 시효취득을 주장할 수 없다.
③ 시효진행 중에 목적부동산이 전전양도된 후 시효가 완성된 경우, 시효완성자는 최종등기명의인 대하여 이전등기를 청구할 수 있다.
④ 시효완성으로 이전등기를 경료받은 자가 취득시효기간 중에 체결한 임대차에서 발생한 임료는 시효완성자에게 귀속된다.
⑤ 등기부상 소유자가 진정한 소유자가 아니면 원칙적으로 그를 상대로 취득시효완성을 원인으로 소유권이전등기를 청구할 수 없다.

### ▶ 확인지문

**정답》** ② 소유자가 변동된 경우에도 2차 시효취득을 주장할 수 있다.

### 🔺 취득시효

⑩ 시효취득자의 점유가 계속되는 동안 이미 발생한 소유권이전등기청구권은 시효로 소멸하지 않는다.
⑪ 시효완성 후 소유권이전등기 전에 제3자 앞으로 청구권 보전의 가등기가 경료된 부동산에 대하여 시효취득을 할 수 있다.
⑫ 아직 등기하지 않은 시효완성자는 그 완성 전에 이미 설정되어 있던 가등기에 기하여 시효완성 후에 소유권이전의 본등기를 마친 자에 대하여 시효완성을 주장할 수 없다.
⑬ 취득시효완성 후 소유권이전등기를 마치지 않은 시효완성자는 소유자에 대하여 취득시효 기간 중의 점유로 발생한 부당이득의 반환의무가 없다.
⑭ 중복등기로 인해 무효인 소유권보존등기에 기한 등기부취득시효는 부정된다.
⑮ 시효이익의 포기는 시효완성 당시의 소유자를 상대로 하여야 한다.

## KEY POINT  물권법

**42. 부동산의 부합에 관한 설명으로 틀린 것은?**

① 지상권이 설정된 토지의 소유자로부터 토지의 사용을 허락받은 자는 제256조의 정당한 권원이 있다고 할 수 없다.
② 토지의 담보가치 하락을 막기 위하여 토지에 저당권과 함께 지상권을 설정한 토지소유자로부터 토지의 사용을 허락받은 자는 제256조의 정당한 권원이 있다고 할 수 없다.
③ 건물임차인이 권원에 기하여 증축한 부분이 건물의 구성부분이 되면 임차인은 그 부분에 대하여 소유권을 취득하지 못한다.
④ 부동산 간에도 부합이 인정될 수 있다.
⑤ 토지소유자의 승낙 없이 임차인의 승낙만을 받아 임차토지에 수목을 식재한 자는 토지소유자에 대하여 수목의 소유권을 주장할 수 없다.

### ▶ 확인지문

**정답》** ② 토지 소유자에게 토지의 사용·수익이 허락되므로 토지소유자에게 토지 사용을 허락을 받은 자는 정당한 권원이 있다.

### 🔺 부 합

① 부동산에 부합된 동산의 가격이 부동산의 가격을 초과하더라도 동산의 소유권은 원칙적으로 부동산의 소유자에게 귀속된다.
② 타인의 임야에 권원 없이 식재한 수목의 소유권은 임야소유자에게 귀속한다.
③ 지상권에 기하여 토지에 부속된 물건은 토지에 부합하지 않는다.
④ 건물은 토지에 부합하지 않는다.
⑤ 적법한 권원 없이 타인의 토지에 경작한 성숙한 배추의 소유권은 경작자에게 속한다.
⑥ 건물에 부합된 증축부분이 경매절차에서 경매목적물로 평가되지 않은 때에도 매수인은 그 부분의 소유권을 취득한다.
⑦ 부합 등으로 인하여 손해를 입은 자는 부당이득에 관한 규정에 의하여 보상을 청구할 수 있다.

| KEY POINT 　　　🔍 물권법 | KEY POINT 　　　🔍 물권법 |

**43. X토지를 甲이 3/5, 乙이 2/5 지분으로 공유하고 있다. 다음 설명 중 틀린 것은?**

① 甲이 乙과 협의 없이 X토지를 丙에게 임대하여 인도한 경우, 乙은 丙에게 X토지의 인도를 청구할 수 없다.
② ①의 경우, 乙은 丙에게 2/5 지분에 상응하는 차임 상당액을 부당이득으로 반환을 청구할 수 있다.
③ 乙은 X토지의 2/5 지분에 상응하는 특정부분을 배타적으로 사용·수익할 수 없다.
④ 甲이 乙의 동의 없이 X토지 전부를 丙에게 매도하고 소유권이전등기를 경료해 준 경우, 乙은 등기전부의 말소를 청구할 수 없다.
⑤ 甲은 乙의 동의 없이 X토지 위에 건물을 신축할 수 없다.

> **확인지문**

**정답 ▶▶** ② 과반수 지분권자로부터 사용·수익을 허락받은 자에 대하여 소수지분권자는 점유배제나 부당이득반환을 청구할 수 없다.
③ 공유자는 원칙적으로 자신의 지분 범위 내라도 특정부분을 배타적으로 사용할 수는 없다. 사용하였다면 지분비율로 부당이득반환책임을 진다.
④ 甲의 지분범위 내에서는 유효한 등기이다.
⑤ 건물의 신축은 공유물의 처분(변경)행위이므로 전원의 동의가 있어야 한다.

🔺 **공 유**
① 공유자는 자신의 지분에 관하여 단독으로 제3자의 취득시효를 중단시킬 수 있다.
② 공유자 1인이 상속인 없이 사망한 때에는 그 지분은 다른 공유자에게 균등한 비율로 귀속된다. (×)
③ 과반수 지분권자로부터 공유물의 배타적인 사용·수익을 허락받은 제3자의 점유는 다른 소수지분권자와 사이에서도 적법하다.
④ 소수지분권자가 공유 토지를 단독으로 임대한 경우, 다른 소수지분권자는 자신의 지분범위 내에서 임차인에게 부당이득반환을 청구할 수 있다.
⑤ 소수지분권자가 공유토지를 임대한 경우, 과반수지분권자는 임차인에게 토지의 인도를 청구할 수 있다.

**44. 甲과 乙이 1/2 지분으로 X토지를 공유하고 있다. 다음 설명 중 틀린 것은?**

① 丙이 X토지를 불법점유하는 경우, 甲은 X토지 전부의 반환을 청구할 수 있다.
② 丙의 불법점유로 손해가 발생한 경우, 甲은 1/2 지분 범위 내에서만 손해배상을 청구할 수 있다.
③ 乙이 甲의 동의 없이 X토지 위에 건물을 신축하는 경우, 甲은 건물 전부의 철거를 청구할 수 있다.
④ ③의 경우, 甲은 토지의 인도를 청구할 수 있다.
⑤ 乙의 1/2 지분이 丙 앞으로 원인무효의 등기가 된 경우, 甲은 그 부분의 등기말소를 청구할 수 없다.

> **확인지문**

**정답 ▶▶** ④ 소수지분권자가 공유토지 위에 건물을 신축하는 경우, 다른 소수지분권자는 건물 전부의 철거(방해제거청구권)를 청구할 수는 있지만 토지의 인도를 청구할 수는 없다.
⑤ 甲의 물권침해는 없기 때문이다.

🔺 **공 유**
⑥ 공유물에 대한 사용·수익에 관한 특약은 그 특정승계인에게도 당연히 승계된다.
⑦ 공유토지가 제3자에게 원인무효의 등기가 되어 있는 경우, 공유자는 단독으로 등기 전부의 말소를 청구할 수 있다.
⑧ 공유자는 특약이 없는 한 지분비율로 공유물의 관리비용을 부담한다.
⑨ 공유자 중 1인의 지분 위에 설정된 담보물권은 특별한 사정이 없는 한 공유물분할로 인하여 설정자 앞으로 분할된 부분에 집중되지 않는다.
⑩ 재판상 분할에서 분할을 원하는 공유자의 지분만큼은 현물분할을 하고, 분할을 원하지 않는 공유자는 계속 공유로 남게 할 수 있다.
⑪ 공유자 사이에 이미 분할협의가 성립하였는데 일부 공유자가 분할에 따른 이전등기에 협력하지 않은 경우, 공유물분할소송을 제기할 수 없다.

| KEY POINT  물권법 |

### 45. 민법상 공동소유에 관한 설명으로 틀린 것은?

① 과반수 공유지분권자는 단독으로 공유토지 위에 지상권을 설정할 수 있다.
② 공유지분권의 본질적 권리를 침해하는 공유물의 관리에 관한 특약은 특별한 사정이 없는 한 공유지분의 특정승계인에게 효력이 미치지 않는다.
③ 공유물을 공유자 1인의 단독명의로 등기를 한 경우에 그 공유자의 지분범위 내에서는 유효한 등기이다.
④ 합유자는 다른 합유자의 동의 없이 자신의 지분을 처분하지 못한다.
⑤ 합유자의 1인이 사망하면 특별한 사정이 없는 한 그의 상속인은 그 지분을 승계하지 못한다.

> **확인지문**

**정답》** ① 지상권 설정은 처분행위이므로 전원의 동의가 있어야 한다.
④ 합유지분의 처분은 조합원 지위의 변경을 가져오므로 공유와 달리 합유는 지분이라도 다른 합유자 전원의 동의가 없으면 처분하지 못한다.

### 🔺 합유·총유

① 합유물에 대한 보존행위는 합유자 각자가 할 수 있다.
② 합유물이 제3자에게 원인무효의 등기가 되어 있는 경우, 합유자 1인은 단독으로 등기 전부의 말소를 청구할 수 있다.
③ 합유재산에 관하여 합유자 중 1인이 임의로 자기 단독명의의 소유권보존등기를 한 경우, 자신의 지분 범위 내에서는 유효한 등기이다. (×)
④ 합유자 중 일부가 사망한 경우 특약이 없는 한 합유물은 잔존 합유자가 2인 이상이면 잔존 합유자의 합유로 귀속된다.
⑤ 조합체의 해산으로 인하여 합유는 종료한다.
⑥ 비법인사단의 사원은 사원총회 결의 없이 단독으로 총유물의 보존행위를 할 수 있다. (×)
⑦ 종중이 그 소유의 토지매매계약을 중개한 중개인에게 중개보수를 지급하기로 한 약정은 총유물의 관리·처분행위에 해당한다. (×)

| KEY POINT  물권법 |

### 46. 지상권에 관한 설명으로 틀린 것은?

① 지상권설정의 목적이 된 건물이 전부 멸실하더라도 지상권은 소멸하지 않는다.
② 지상권자는 토지소유자의 의사에 반하여도 자유롭게 지상권을 양도할 수 있다.
③ 토지의 담보가치하락을 막기 위해 저당권과 함께 지상권을 설정한 경우, 피담보채권이 소멸하면 지상권도 소멸한다.
④ 지료를 등기하지 않는 한 지상권설정자는 지상권자의 지료연체를 이유로 지상권의 양수인에게 대항할 수 없다.
⑤ 분묘기지권을 시효취득한 경우, 분묘기지권자는 분묘기지권이 성립한 때로부터 지료를 지급할 의무가 있다.

> **확인지문**

**정답》** ⑤ 토지소유자가 지료를 청구한 때로부터 지료지급의무가 발생한다. 다만 토지를 매매하면서 그 토지 위에 설치된 분묘에 처분에 관하여 약정을 하지 않아 분묘기지권이 성립한 때에는 성립한 때로부터 지료지급의무가 발생한다.

### 🔺 지상권

① 지료의 지급은 지상권의 성립요건이 아니다.
② 지료가 결정되었다는 아무런 증명이 없다면, 법정지상권자가 지료를 지급하지 않았다 하더라도 지료지급을 연체한 것으로 볼 수 없다.
③ 甲이 담보가치의 하락을 막기 위해 저당권자 乙에게 X토지에 지상권을 설정해 준 경우, 丙이 甲에게 X토지에 임차권을 취득한 후 Y건물을 신축한 경우, 乙이 지상권침해를 이유로 丙에 대하여 Y건물의 철거를 청구할 경우, 丙은 乙에게 대항할 수 없다.
④ ③의 경우, 乙은 丙에게 X토지의 사용·수익을 이유로 부당이득의 반환을 청구할 수 있다. (×)
⑤ ③의 경우, 甲의 Y건물의 축조로 X토지의 교환가치가 피담보채권액 미만으로 하락하면 乙은 甲에게 저당권침해를 이유로 손해배상을 청구할 수 있다.
⑥ 지상권이 소멸한 때에 지상권설정자가 상당한 가액을 제공하여 지상물의 매수를 청구한 때에는 지상권자는 정당한 사유 없이 이를 거절하지 못한다.

## KEY POINT 　물권법

**47. 甲의 X토지 위에 설정된 乙의 지상권에 관한 설명으로 옳은 것은?**

① X토지를 양수한 자는 지상권의 존속 중에 乙에게 그 토지의 인도를 청구할 수 없다.
② 乙은 그가 X토지 위에 신축한 Y건물의 소유권을 유보하여 지상권을 양도할 수 없다.
③ 甲의 토지를 양수한 丙은 乙의 甲에 대한 지료연체액을 합산하여 2년 이상의 지료가 연체되면 지상권의 소멸을 청구할 수 있다.
④ 지상권의 존속기간을 정하지 않은 경우, 甲은 언제든지 지상권의 소멸을 청구할 수 있다.
⑤ 乙이 丙에게 지상권을 목적으로 한 저당권을 설정한 경우, 지료연체를 이유로 하는 甲의 지상권소멸청구는 丙에게 통지하면 즉시 효력이 생긴다.

### 확인지문

**정답 ▶▶ ①**

② 지상물과 지상권의 분리처분이 가능하다.
③ 양수인에 대한 지료연체액이 2년 이상인 경우에만 지상권의 소멸을 청구할 수 있다.
④ 공작물의 종류와 구조에 따라 일정기간이 보장되므로 지상권설정자는 지상권의 소멸을 청구할 수 없다.
⑤ 丙에게 통지한 후 상당한 기간이 경과하여야 효력이 생긴다(제288조).

### 🔔 지상권

⑦ 지상권자의 과실 없이 지상권이 소멸한 경우, 지상권자는 지상물의 매수를 청구할 수 있다.
⑧ 수목을 소유하기 위해서는 구분지상권을 설정할 수 없다.
⑨ 분묘기지권을 시효취득한 경우에도 분묘기지에 대한 소유권이전등기를 청구할 수 없다.
⑩ 분묘기지권이 미치는 범위 내라도 쌍분, 단분, 합장, 이장은 허용되지 않는다.
⑪ 분묘가 설치된 토지를 양도하면서 그 분묘의 처분에 관한 특약을 하지 않아도 양도인에게 분묘기지권이 성립한 경우에는 분묘기지권이 성립한 때로부터 지료를 지급하여야 한다.

## KEY POINT 　물권법

**48. 甲은 자신의 토지와 그 지상건물 중 건물만을 乙에게 소유권이전등기를 해 주었다. 乙은 이 건물을 다시 丙에게 매도하고 소유권이전등기를 마쳐주었다. 다음 설명 중 틀린 것은?**

① 반대특약이 없는 한 지상물의 양도는 관습상의 법정지상권의 양도도 포함한다.
② 만일 甲이 丁에게 토지를 매도한 경우, 乙은 丁에게 관습상의 법정지상권을 주장할 수 없다.
③ 甲은 丙에게 토지의 사용에 대한 부당이득반환을 청구할 수 있다.
④ 甲의 丙에 대한 건물철거 및 토지인도청구는 신의성실의 원칙상 허용될 수 없다.
⑤ 만약 丙이 경매에 의하여 건물의 소유권을 취득한 경우라면, 특별한 사정이 없는 한 丙은 등기 없이도 관습상의 법정지상권을 취득한다.

### 확인지문

**정답 ▶▶** ② 등기가 없어도 토지소유자나 양수인에게 관습상의 법정지상권을 주장할 수 있다.

### 🔔 관습상의 법정지상권

① 토지 또는 그 지상건물이 강제경매된 경우, 매각대금 완납시를 기준으로 토지와 건물의 동일인 소유라면 관습상의 법정지상권이 성립한다. (×)
② 환매등기가 경료된 토지에 건물이 신축된 후 환매권이 행사된 경우, 특별한 사정이 없는 한, 관습상의 법정지상권은 발생하지 않는다.
③ 토지에 관한 저당권설정 당시 해당 토지에 일시사용을 위한 가설건축물이 존재하였던 경우, 법정지상권은 성립하지 않는다.
④ 乙 소유의 토지 위에 甲과 乙이 건물을 공유하면서 토지에만 저당권을 설정하였다가, 그 실행을 위한 경매로 丙이 토지소유권을 취득한 경우에는 甲과 乙은 법정지상권을 취득한다.
⑤ 토지에 관한 저당권설정 당시 존재하였던 건물이 무허가건물인 경우, 법정지상권은 성립하지 않는다. (×)
⑥ 구분소유적 공유토지에 각자 자기 몫이 대지 위에 건물을 신축한 경우에는 법정지상권이 성립한다.

| KEY POINT 　　 물권법 |

**49. 지역권에 관한 설명으로 틀린 것은?**
① 요역지의 지상권자는 자신의 용익권 범위 내에서 지역권을 행사할 수 있다.
② 지역권은 요역지와 분리하여 양도하거나 다른 권리의 목적으로 하지 못한다.
③ 토지공유자의 1인은 지분에 관하여 그 토지를 위한 지역권을 소멸하게 하지 못한다.
④ 요역지의 공유자 1인이 지역권을 취득한 때에는 다른 공유자도 이를 취득한다.
⑤ 통행지역권을 시효취득하였다면, 특별한 사정이 없는 한 요역지 소유자는 도로설치로 인하여 승역지 소유자가 입은 손실을 보상하지 않아도 된다.

> **확인지문**

**정답**》 ⑤ 손실을 보상하여야 한다.

🔺 **지역권**
① 통행지역권을 주장하려면 그 토지의 통행으로 편익을 얻는 요역지가 있음을 주장·증명하여야 한다.
② 요역지는 1필의 토지이어야 하지만, 승역지는 1필의 토지 일부라도 무방하다.
③ 요역지와 분리하여 지역권만을 저당권의 목적으로 할 수 없다.
④ 영구무한의 지역권도 인정된다.
⑤ 지역권은 계속되고 표현된 것에 한하여 시효취득의 대상이 된다.
⑥ 지상권자는 인접한 토지에 통행지역권을 시효취득할 수 없다. (×)
⑦ 승역지에 수개의 용수지역권이 설정된 때에는 후순위의 지역권자는 선순위의 지역권자의 용수를 방해하지 못한다.
⑧ 요역지의 소유자는 지역권에 필요한 부분의 토지소유권을 지역권설정자에게 위기(委棄)하여 공작물의 설치나 수선의무의 부담을 면할 수 있다. (×)
⑨ 지역권에 기한 반환청구권은 인정되지 않는다.

🔺 **전세권**
① 전세금의 지급은 전세권의 성립요소이다.
② 채권담보만을 위한 전세권을 설정하였다면 전세권설정등기는 무효이다.

| KEY POINT 　　 물권법 |

**50. 지역권에 관한 설명으로 틀린 것은?**
① 토지의 불법점유자는 통행지역권을 시효취득할 수 없다.
② 승역지 공유자 중 1인은 자신의 지분만에 대해서 지역권을 소멸시킬 수 없다.
③ 계속되고 표현된 지역권은 등기가 없어도 시효취득을 할 수 있다.
④ 요역지가 수인의 공유인 경우에 그 1인에 의한 지역권소멸시효의 중단은 다른 공유자를 위하여 효력이 있다.
⑤ 지역권의 점유취득시효를 중단시키기 위해서는 모든 공유자에게 중단을 시켜야 한다.

> **확인지문**

**정답**》 ③ 분묘기지권을 제외한 부동산물권의 시효취득은 등기가 필요하다.

🔺 **전세권**
③ 채권담보 목적의 전세권의 경우 채권자와 전세권설정자 및 제3자의 합의가 있으면 전세권자의 명의를 그 제3자로 하는 것도 가능하다.
④ 전세목적물의 인도는 전세권의 성립요건이 아니다.
⑤ 당사자의 전세권 약정기간이 10년을 넘는 때에는 이를 10년으로 단축한다.
⑥ 토지전세권은 1년 미만으로 설정할 수 있다.
⑦ 전세권은 갱신할 수 있으나, 그 기간은 갱신한 날로부터 10년을 넘지 못한다.
⑧ 토지전세권의 법정갱신은 인정되지 않는다.
⑨ 건물전세권이 법정갱신된 경우, 그 존속기간은 1년이다. (×)
⑩ 건물전세권이 법정갱신된 경우, 기간의 정함이 없는 것으로 본다.
⑪ 전세권이 법정갱신된 경우, 그 등기가 없어도 전세목적물을 취득한 제3자에게 대항할 수 있다.
⑫ 토지전세권의 존속기간을 약정하지 않은 경우, 각 당사자는 6개월이 경과해야 상대방에게 전세권의 소멸통고를 할 수 있다. (×)
⑬ 타인의 토지 위에 건물을 신축한 자가 그 건물에 전세권을 설정한 경우, 전세권은 건물의 소유를 목적으로 하는 토지임차권(지상권)에도 미친다.

## KEY POINT 🔍 물권법

**51. 전세권에 관한 설명으로 틀린 것은?**

① 기존의 채권으로 전세금의 지급에 갈음할 수 있다.
② 전세권존속기간이 시작되기 전에 마친 전세권설정등기는 원칙적으로 무효이다.
③ 주로 채권담보의 목적으로 전세권을 설정하고 그 설정과 동시에 목적물을 인도하지 않은 경우라도 장차 전세권자의 사용·수익을 완전히 배제하는 것이 아니라면 그 전세권은 유효하다.
④ 전세권이 성립한 후 전세목적물의 소유권이 이전되면, 전세금반환채무도 신소유자에게 이전된다.
⑤ 전세권자가 소유자의 동의 없이 전전세를 하여도 원전세권은 소멸하지 않는다.

### ▶ 확인지문

**정답 ▶▶** ② 전세권존속기간이 시작되기 전에 마쳐진 전세권등기도 유효한 것으로 추정된다.

#### 🔺 전세권

⑭ 위의 경우, 그 건물소유자는 전세권자의 동의 없이 토지임차권(지상권)을 소멸하게 하는 행위를 하지 못한다.
⑮ 대지와 건물을 소유한 자가 건물에 대해서만 전세권을 설정한 후 대지를 제3자에게 양도한 경우, 제3자는 전세권설정자에 대하여 대지에 대한 지상권을 설정한 것으로 본다.
⑯ 전세권자가 그 목적물의 성질에 의하여 정하여진 용도에 따라 목적물을 사용·수익하지 않으면 전세권설정자는 전세권의 소멸을 청구할 수 있다.
⑰ 전세권자는 필요비의 상환을 청구할 수 없다.
⑱ 전세권자에게도 유익비상환청구권이 인정된다.
⑲ 제3자가 불법 점유하는 건물에 대해 용익목적으로 전세권을 취득한 자는 제3자를 상대로 건물의 인도를 청구할 수 있다.
⑳ 설정행위로 금지하지 않으면 전세권자는 전세권을 타인에게 양도할 수 있다.
㉑ 전세권을 저당권의 목적으로 한 경우에도 물상대위권이 인정된다.

## KEY POINT 🔍 물권법

**52. 甲은 그 소유의 X건물의 일부에 관하여 乙 명의의 전세권을 설정하였다. 다음 설명 중 옳은 것은?**

① 존속기간 만료시 乙이 전세금을 반환받지 못하면 乙은 전세권에 기하여 X건물의 경매를 신청할 수 있다.
② 乙의 전세권이 법정갱신되는 경우, 그 존속기간은 2년이다.
③ 존속기간 만료시 乙은 특별한 사정이 없는 한 전세금반환채권을 타인에게 양도할 수 없다.
④ X건물이 경락된 경우, 乙은 X건물 전부의 경락대금에 대해서 우선변제를 받을 수 있다.
⑤ 乙의 전세권 존속기간이 만료한 경우에도 등기를 말소하지 않으면 전세권의 용익물권적 성격은 소멸하지 않는다.

### ▶ 확인지문

**정답 ▶▶** ④ 건물 일부의 전세권자는 전세권에 기해서는 건물전부의 경매를 신청할 수는 없다. 다만 건물 전부가 경락되면 전부의 경락대금에서 우선변제를 받을 수 있다.
③ 전세권이 종료한 경우에는 전세권과 전세금반환채권을 같이 양도할 수도 있고, 전세금반환채권만을 양도할 수도 있다.
⑤ 전세권의 존속기간이 만료하면 등기를 말소하지 않아도 전세권의 용익물권적 권능은 소멸한다.

#### 🔺 전세권

㉒ 전세기간이 만료된 경우에는 전세금반환채권만의 양도도 가능하다.
㉓ 원전세권자가 소유자의 동의 없이 전전세를 하더라도 원전세권은 소멸하지 않는다.
㉔ 전전세권자는 원전세권이 소멸하지 않은 경우에는 전전세권의 목적 부동산에 대해 경매를 신청할 수 없다.
㉕ 전전세한 목적물에 불가항력으로 인한 손해가 발생한 경우, 그 손해가 전전세하지 않았으면 면할 수 있는 것이었던 때에는 전세권자는 그 책임을 부담한다.
㉖ 건물전세권자는 건물임차인과 동일한 조건으로 부속물의 매수를 청구할 수 있다.

## KEY POINT 　물권법

**53. 유치권에 관한 설명으로 틀린 것은?**
① 점유는 유치권의 성립요건이자 존속요건이다.
② 유치권포기특약이 있는 경우, 제3자도 특약의 효력을 주장할 수 있다.
③ 채무자를 직접점유자로 하여 채권자가 간접점유하는 경우에도 유치권은 성립할 수 있다.
④ 건축자재를 매도한 자는 그 자재로 건축된 건물에 대해 자신의 대금채권을 담보하기 위하여 유치권을 행사할 수 없다.
⑤ 임대차종료 후 법원이 임차인의 유익비상환청구에 유예기간을 인정한 경우, 임차인은 그 기간 내에는 유치권을 주장할 수 없다.

### ▶ 확인지문

**정답 ▶** ③ 유치권자의 점유는 간접점유라도 무방하나, 채무자가 직접점유하는 경우에는 유치권은 성립하지 않는다.

### ▣ 유치권의 성립요건
① 유치권자에게는 우선변제권(물상대위)이 인정되지 않는다.
② 수급인이 토지에 사회통념상 독립한 건물이 되지 못한 정착물을 설치한 상태에서 공사가 중단된 경우, 그 토지에 대하여 유치권을 행사할 수 없다.
③ 甲이 건물의 수급인으로서 소유권을 갖는다면, 甲의 유치권은 인정되지 않는다.
④ 임대인의 필요비상환채무의 불이행으로 인한 임차인의 손해배상청구권은 유치권의 피담보채권이 될 수 있다.
⑤ 가축이 타인의 농작물을 먹어 발생한 손해에 관한 배상청구권은 견련성이 인정된다.
⑥ 임차인의 보증금(권리금)반환청구권은 유치권의 피담보채권이 될 수 없다.
⑦ 명의신탁자의 명의수탁자에 대한 부당이득반환청구권은 견련성이 인정되지 않는다.
⑧ 피담보채권의 변제기 도래는 유치권의 성립요건이다.
⑨ 유치권자가 제3자와의 점유매개관계에 의해 유치물을 간접점유하는 경우, 유치권은 소멸하지 않는다.
⑩ 점유가 불법행위로 인한 경우에는 유치권이 성립하지 않는다.

## KEY POINT 　물권법

**54. 유치권에 관한 설명으로 옳은 것은?**
① 유치목적물이 경매가 된 경우, 유치권보다 선순위 저당권이 소멸하는 경우에는 유치권자는 경락인에게 대항할 수 없다.
② 물건이 압류가 된 후에는 유치권을 취득할 수 없다.
③ 유치권자가 유치물인 주택에 거주하며 이를 사용하는 경우, 특별한 사정이 없는 한 채무자는 유치권소멸을 청구할 수 있다.
④ 유치권자가 유치목적물을 적법하게 임대차 한 후 임대차가 종료하였는데 임차인이 목적물의 반환을 거절하면 특별한 사정이 없는 한 유치권은 소멸한다.
⑤ 경매개시결정의 기입등기 후 그 건물의 점유를 이전받은 공사대금채권자는 경매절차의 매수인에게 유치권으로 대항할 수 없다.

### ▶ 확인지문

**정답 ▶** ⑤
① 유치권자는 선순위 압류채권자가 없는 한 선순위 저당권, 가압류채권자, 체납처분압류가 있는 경우에도 유치권으로 대항할 수 있다.
② 압류가 된 후에도 유치권을 취득할 수는 있다. 다만 압류채권자에게 대항할 수 없다.
③ 보존에 필요한 사용은 적법하므로 유치권이 소멸을 청구할 수 없다.
④ 점유매개관계가 종료해도 반환청구권이 상실되는 것이 아니므로 유치권은 소멸하지 않는다.

### ▣ 유치권의 성립요건
⑪ X건물에 압류의 효력이 발생한 후에 X건물에 관한 甲의 피담보채권의 변제기가 도래한 경우, 甲은 X건물을 경락받은 丙에 대하여 유치권을 행사할 수 없다.
⑫ 유치권의 불가분성은 그 목적물이 분할 가능하거나 수개인 물건인 경우에도 적용된다.

## KEY POINT 　물권법

**55. 유치권에 관한 설명으로 틀린 것은?**

① 유치권자는 경락인에 대해서는 피담보채권의 변제를 청구할 수 없다.
② 목적물에 대한 점유를 취득한 뒤 그 목적물에 관하여 성립한 채권을 담보하기 위한 유치권도 성립한다.
③ 유치권의 성립을 배제하는 당사자의 특약은 유효하다.
④ 유치권자가 유치권을 주장하기 위해서는 자신의 점유가 불법행위로 인한 것이 아님을 증명하여야 한다.
⑤ 가압류 등기가 설정된 부동산에 대하여 유치권을 취득한 자는 경매절차의 매수인에게 유치권으로 대항할 수 있다.

### 확인지문

**정답**》④ 물건의 점유하는 자는 적법한 권리가 있는 것으로 추정되므로 유치권의 성립을 부정하는 상대방이 불법점유임을 증명하여야 한다.

#### 유치권자의 권리·의무, 유치권의 소멸

① 유치권자도 경매신청권이 있다.
② 유치권자는 간이변제충당권이 인정된다.
③ 유치권자는 유치물의 과실을 수취하여 다른 채권자보다 먼저 그 채권의 변제에 충당할 수 있다.
④ 유치권자도 비용상환청구권이 인정된다.
⑤ 유치권을 가진 임차인 乙은 임대인 甲의 승낙 없이 X건물을 제3자에게 담보로 제공할 수 없다.
⑥ 유치권자는 유치물의 보존에 필요하더라도 채무자의 승낙 없이는 유치물을 사용할 수 없다. (×)
⑦ 소유자의 동의 없이 유치권자로부터 유치권의 목적물을 임차한 자는 소유자에게 그 임대차의 효력을 주장할 수 없다.
⑧ 유치권의 행사는 피담보채권의 소멸시효의 진행에 영향을 미치지 않는다.
⑨ 소유자의 목적물 양도는 유치권 소멸사유이다. (×)
⑩ 유치권자는 타담보제공청구권이 인정된다. (×)
⑪ 유치권자가 유치목적물을 침탈당한 후, 점유회수의 소를 제기하여 승소판결을 받고 그 판결이 확정되면 유치권은 곧바로 되살아난다. (×)

## KEY POINT 　물권법

**56. 저당권에 관한 설명으로 틀린 것은?**

① 저당목적물에 지상권을 취득한 자가 필요비를 지출한 경우, 경매절차에서 저당권자에 우선하여 상환을 받을 수 없다.
② 저당권은 그 담보한 채권과 분리하여 타인에게 양도할 수 없다.
③ 저당권으로 담보한 채권이 소멸하면 저당권은 말소등기가 없어도 소멸한다.
④ 대위할 물건이 제3자에 의하여 압류된 경우에도 물상대위성이 인정된다.
⑤ 건물의 소유를 목적으로 한 토지임차인이 건물에 저당권을 설정한 경우, 저당권은 토지임차권에도 미친다.

### 확인지문

**정답**》① 제3취득자는 비용우선상환청구권이 인정된다(제367조).

#### 저당권의 성립과 효력

① 저당권설정자에게 대위할 물건이 인도된 후에 저당권자가 그 물건을 압류한 경우에는 물상대위권을 행사할 수 없다.
② 저당목적물인 X토지가 매도되는 경우, 저당권자 乙은 그 매매대금에 대해 물상대위권을 행사할 수 없다.
③ 채무자가 아닌 제3자도 근저당권을 설정할 수 있다.
④ 채권자 아닌 제3자 명의의 저당권등기는 원칙적으로 무효이다.
⑤ 저당목적물의 하자로 인한 손해배상금은 저당권의 피담보채권의 범위에 속하지 않는다.
⑥ 원본의 반환이 2년간 지체된 경우 채무자는 원본 및 지연배상금의 전부를 변제하여야 저당권등기의 말소를 청구할 수 있다.
⑦ 토지에 대한 저당권은 그 토지에 매설된 유류저장탱크에도 미친다.
⑧ 전세권자가 그 토지에 식재한 수목에 대해서는 토지 저당권의 효력이 미치지 않는다.
⑨ 저당권의 효력은 특별한 사정이 없는 한 저당부동산의 종물에도 미친다.

### KEY POINT 　 물권법

**57. 저당권에 관한 설명으로 틀린 것은?**

① 저당물의 소유권을 취득한 제3자는 그 저당물의 경매에서 경매인이 될 수 있다.
② 나대지에 저당권이 설정된 후에 토지에 용익권을 취득한 자가 신축한 건물에 대해서는 일괄경매청구권이 인정되지 않는다.
③ 저당부동산에 대한 압류가 있으면 압류 이전의 저당권설정자의 저당부동산에 관한 차임채권에도 저당권의 효력이 미친다.
④ 일괄경매청구권이 인정되는 경우에도 저당권자는 건물의 경락대금에 대해서는 우선변제를 받을 수 없다.
⑤ 저당권의 효력은 저당권 설정 전에 목적부동산에 권원 없이 부합된 물건에 미친다.

> **확인지문**

**정답》** ③ 압류 '이후'의 차임채권에만 미친다(제359조).

### 🔺 저당권의 성립과 효력

⑩ 전유부분의 저당권은 대지사용권 및 공용부분의 지분에도 미친다.
⑪ 저당부동산의 종물에는 저당권의 효력이 미치지 않는다는 약정은 등기해야만 제3자에 대하여 효력이 있다.
⑫ 토지저당권은 그 토지 위의 건물과 농작물에는 미치지 않는다.
⑬ 후순위저당권의 실행으로 저당물이 매각된 경우, 선순위 저당권도 소멸한다.
⑭ 미등기건물을 대지와 함께 매수한 매수인이 그 대지에 대해서만 저당권을 설정한 경우에는 법정지상권이 성립할 여지가 없다.
⑮ 저당권설정자가 저당권 설정 후 건물을 축조하였으나 경매 당시 제3자가 그 건물을 소유하는 때에도 일괄경매청구권이 인정되지 않는다.
⑯ 제3자가 토지에 건물을 축조한 경우에도 그 후 저당권설정자가 그 건물의 소유권을 취득한 경우에도 일괄경매청구가 인정된다.
⑰ 선순위 근저당권의 확정된 피담보채권액이 채권최고액을 초과하는 경우, 후순위 근저당권자가 그 채권최고액을 변제하더라도, 선순위 근저당권의 소멸을 청구할 수 없다.

### KEY POINT 　 물권법

**58. (관습상) 법정지상권에 관한 설명으로 틀린 것은?**

① 강제경매의 경우 관습상의 법정지상권이 성립하기 위해서는 매각대금완납시 토지와 건물이 동일인 소유이어야 한다.
② 저당권설정 당사자 간의 특약으로 저당목적물인 토지에 대하여 법정지상권을 배제하는 약정을 하더라도 그 약정은 무효이다.
③ 甲과 乙이 구분소유적 공유하는 토지 중, 甲이 구분소유적으로 공유하는 토지 위에 乙이 건물을 신축한 경우에는 법정지상권이 성립하지 않는다.
④ 나대지에 저당권을 설정할 당시 저당권자가 토지소유자의 건물 신축에 동의한 경우에도 법정지상권은 성립하지 않는다.
⑤ 토지에 저당권을 설정할 당시 건물이 건축 중인 경우에도 법정지상권이 성립할 수 있다.

> **확인지문**

**정답》** ① 원칙적으로 압류의 효력이 발생하는 때에 토지와 건물이 동일인 소유이어야 관습상의 법정지상권이 성립한다.

### 🔺 저당권의 성립과 효력

⑱ 저당부동산에 대해 지상권을 취득한 제3자는 저당권자에게 피담보채권을 변제하고 저당권의 소멸을 청구할 수 있다.
⑲ 공장저당권의 목적 동산이 저당권자의 동의를 얻지 아니하고 공장으로부터 반출된 경우에는 원래의 설치장소에 원상회복할 것을 청구할 수 있다.

## KEY POINT 물권법

### 59. 저당권에 관한 설명으로 틀린 것은?

① 저당권의 목적인 건물에 증축되어 독립적 효용이 없는 부분에 대해서는 저당권의 효력이 미친다.
② 공동근저당권자는 공동근저당권의 각 목적부동산에 대하여 채권최고액만큼 반복적, 누적적으로 배당을 받을 수 있다.
③ 채무자 소유의 부동산과 물상보증인 소유의 부동산에 공동저당이 설정된 후 함께 경매되는 경우에는 안분배당의 규정이 적용되지 않는다.
④ 채무자 소유의 부동산의 후순위 저당권자는 물상보증인 소유부동산에 대하여 대위할 수 없다.
⑤ 저당목적물이 경매되는 경우, 용익권이 소멸하는지는 그 부동산 위의 최선순위 저당권과의 우열관계에 의한다.

### ▶ 확인지문

**정답 ▶▶** ② 채권최고액에서 먼저 배당된 채권액을 제외한 나머지 금액만 배당에 참가할 수 있다.

#### 🔺 근저당권

① 근저당권이 성립하기 위해서는 그 설정행위와 별도로 피담보채권을 성립시키는 법률행위가 있어야 한다.
② 이자는 채권최고액에 산입한 것으로 본다.
③ 1년분이 넘는 지연배상금이라도 채권최고액의 한도 내라면 전액 근저당권에 의해 담보된다.
④ 채권최고액은 저당목적물로부터 우선변제를 받을 수 있는 한도액을 의미한다.
⑤ 근저당부동산의 소유권을 취득한 제3자는 피담보채무가 확정된 이후에 그 채무를 채권최고액 범위 내에서 변제하고 근저당권의 소멸을 청구할 수 있다.
⑥ 존속기간이나 결산기의 정함이 없는 때에는 근저당권설정자가 근저당권자를 상대로 언제든지 해지의 의사표시를 함으로써 피담보채무를 확정시킬 수 있다.
⑦ 경매를 신청하여 피담보채권이 확정된 이상 경매를 취하하였다고 하더라도 그 효과는 번복되지 않는다.
⑧ 확정된 채권액에 대해서 확정 후에 발생하는 이자나 지연손해금은 여전히 근저당권에 의하여 담보가 된다.

## KEY POINT 물권법

### 60. 근저당권에 관한 설명으로 틀린 것은?

① 실제채무액이 채권최고액을 초과하는 경우, 물상보증인은 채권최고액만 변제하고 근저당권등기의 말소를 청구할 수 있다.
② 근저당권자가 경매를 신청하면 경매신청시에 근저당권의 피담보채권이 확정된다.
③ 후순위권리자가 경매를 신청하면 선순위근저당권의 피담보채권은 매각대금완납시에 확정된다.
④ 공동근저당의 경우, 하나의 부동산에 대하여 피담보채권이 확정되면 나머지 부동산에 대한 피담보채권도 확정된다.
⑤ 피담보채권이 확정되면 그 이후에 발생하는 채권은 더 이상 근저당권에 의해 담보되지 않는다.

### ▶ 확인지문

**정답 ▶▶** ④ 나머지 부동산에 대한 피담보채권액은 확정되지 않는다.

#### 🔺 근저당권

⑨ 피담보채무가 확정되기 이전이라면 채무자나 채무원인을 변경할 수 있다.
⑩ 피담보채권이 확정되기 전에는 채무원인의 변경에 관하여 후순위권리자의 승낙이 있어야 한다. (×)

## KEY POINT  계약법

**61. 계약에 관한 설명으로 틀린 것은?**
① 모든 쌍무계약은 유상계약이다.
② 증여계약과 사용대차계약은 편무·무상계약이다.
③ 일방예약은 언제나 채권계약이다.
④ 현상광고는 요물계약이다.
⑤ 계약의 본질적 내용에 대하여 무의식적 불합의가 있는 경우, 계약을 취소할 수 있다.

### 확인지문

**정답»** ⑤ 불합의의 경우에는 계약이 성립하지 않으므로 유·무효나 취소를 논할 수 없다.

#### 계약의 종류
① 매매, 교환, 임대차, 도급계약: 낙성·불요식의 쌍무·유상계약
② 증여, 사용대차: 낙성·불요식의 편무·무상계약
③ 요물계약: 계약금계약, 현상광고
④ 현상광고: 요물·불요식의 편무·유상계약

#### 계약의 성립
① 계약을 합의해지하기 위해서는 청약과 승낙이라는 서로 대립하는 의사표시가 합치되어야 한다.
② 甲이 그 소유의 토지를 乙에게 매도·청약하였는데, 乙이 이에 대금을 낮추어 승낙한 경우에도 매매계약은 성립한다. (×)
③ 청약은 그에 대한 승낙만 있으면 계약이 성립하는 구체적·확정적 의사표시이어야 한다.
④ 각종의 광고는 원칙적으로 청약의 유인에 해당한다.
⑤ 청약도 원칙적으로 도달에 의하여 그 효력이 발생한다.
⑥ 청약자가 청약에 "일정기간 내에 이의를 제기하지 않으면 승낙한 것으로 본다."는 뜻을 표시한 경우, 이의 없이 그 기간이 지나면 당연히 그 계약은 성립한다. (×)
⑦ 승낙기간이 지난 후에 승낙이 도착한 경우, 청약자는 이를 새로운 청약으로 보아 승낙할 수 있다.
⑧ 승낙자가 청약에 대하여 조건을 붙여 승낙한 때에는 그 청약의 거절과 동시에 새로 청약한 것으로 본다.
⑨ 격지자 간의 계약에서 청약은 그 통지를 상대방에게 발송한 때에 효력이 발생한다. (×)

## KEY POINT  계약법

**62. 계약의 성립에 관한 설명으로 틀린 것은?**
① 청약의 상대방은 불특정 다수라도 무방하다.
② 승낙은 청약자에 대하여 하여야 하고, 불특정 다수인에 대한 승낙은 허용되지 않는다.
③ 당사자 사이에 동일한 내용의 청약이 서로 교차된 경우, 양 청약이 상대방에게 도달한 때에 계약은 성립한다.
④ 계약의 합의해제의 청약에 대하여 상대방이 조건을 붙여 승낙한 때에는 그 청약은 효력을 잃는다.
⑤ 청약자가 '일정한 기간 내에 회답이 없으면 승낙한 것으로 본다.'고 표시한 경우, 특별한 사정이 없으면 상대방은 이에 구속된다.

### 확인지문

**정답»** ⑤ 상대방은 회답할 의무가 없으므로 회답하지 않더라도 계약이 성립하지 않는다. 즉 상대방을 구속하지 않는다.

#### 계약의 성립
⑩ 격지자 간의 계약은 다른 의사표시가 없으면 승낙의 통지를 발송한 때에 성립한다.
⑪ 당사자 간에 동일한 내용의 청약이 상호교차된 경우, 양청약이 상대방에게 발송한 때에 계약이 성립한다. (×)
⑫ 청약자의 의사표시나 관습에 의하여 승낙의 통지가 필요하지 아니한 경우에는 승낙의 의사표시로 인정되는 사실이 있는 때에 성립한다.
⑬ 선시공·후분양이 되는 아파트의 경우, 준공 전 그 외형·재질에 관하여 분양광고에만 표현된 내용은 특별한 사정이 없는 한 분양계약의 내용이 된다. (×)
⑭ 계약체결 전에 이미 매매목적물이 전부 멸실된 사실을 알지 못하여 손해를 입은 계약당사자는 계약체결 당시 그 사실을 안 상대방에게 계약체결상의 과실책임을 물을 수 있다.
⑮ 가옥 매매계약 체결 후, 제3자의 방화로 그 가옥이 전소한 경우에는 계약체결상의 과실책임이 문제될 수 있다. (×)

| KEY POINT    계약법

63. 계약에 관한 설명으로 틀린 것은?
① 계약의 청약은 이를 철회하지 못한다.
② 승낙기간을 정하지 않은 청약에 대하여 연착된 승낙은 청약자가 이를 새로운 청약으로 볼 수 있다.
③ 격지자 간의 계약에서 청약은 그 통지가 상대방에게 도달한 때에 효력이 생긴다.
④ 승낙기간을 정하여 청약을 하였으나 청약자가 승낙의 통지를 그 기간 내에 받지 못한 경우, 원칙적으로 청약은 효력을 상실한다.
⑤ 의사의 불합치로 계약이 성립하지 않은 경우 그 사실을 알았거나 알 수 있었을 상대방에 대하여 계약체결상의 과실책임 규정을 유추적용하여 손해배상을 청구할 수 있다.

▶ 확인지문

**정답》** ⑤ 의사의 불합치로 계약이 성립하지 않으므로 무효를 전제로 한 계약체결상의 과실책임 규정을 유추적용할 수 없다.

| KEY POINT    계약법

64. 동시이행의 항변권에 관한 설명으로 틀린 것은?
① 동시이행의 관계에 있는 쌍방의 채무 중 어느 한 채무가 이행불능이 되어 손해배상채무로 바뀌는 경우, 동시이행의 항변권은 소멸한다.
② 동시이행의 항변권은 당사자의 원용이 없으면 법원이 직권으로 고려할 수 없다.
③ 동시이행의 관계에 있는 어느 일방의 채권이 양도되더라도 그 동일성이 인정되는 한 동시이행관계는 존속한다.
④ 선이행의무자가 이행을 지체하는 동안에 상대방의 채무의 변제기가 도래한 경우, 특별한 사정이 없는 한 쌍방의 의무는 동시이행관계가 된다.
⑤ 일방의 이행제공으로 수령지체에 빠진 상대방은 그 후 그 일방이 이행제공 없이 이행을 청구하는 경우에는 동시이행의 항변권을 주장할 수 있다.

▶ 확인지문

**정답》** ① 소멸하지 않는다(교환계약 사례).

🔺 동시이행의 항변권
① 매도인 甲의 매수인 乙에 대한 매매대금채권이 전부명령에 의해 압류채권자인 丙에게 이전된 경우, 乙은 丙의 대금청구에 대해 동시이행의 항변권을 행사할 수 없다. (×)
② 일방당사자가 선이행의무를 부담하더라도 상대방의 채무이행이 곤란할 현저한 사유가 있는 경우에는 동시이행항변권을 행사할 수 있다.
③ 동시이행의 항변권이 존재하면 이행기에 이행을 하지 않더라도 이행지체가 되지 않는다.
④ 채권자의 이행청구소송에서 채무자가 주장한 동시이행의 항변이 받아들여진 경우, 채권자는 전부 패소판결을 받게 된다. (×)
⑤ 전세권이 소멸한 때에 전세권자의 목적물인도 및 전세권설정등기말소의무와 전세권설정자의 전세금반환의무는 동시이행관계에 있다.
⑥ 가등기담보에 있어 청산금지급의무와 목적부동산에 대한 본등기 및 인도의무는 동시이행관계에 있다.

## KEY POINT 　 계약법

**65. 동시이행의 항변권이 인정되지 않는 경우는?**

① 계약해제로 인한 당사자 쌍방의 원상회복의무
② 구분소유적 공유관계를 해소하기 위한 공유지분권자 상호간의 지분이전등기의무
③ 가등기담보에 있어 채권자의 청산금지급의무와 채무자의 목적부동산에 대한 본등기 및 인도의무
④ 임대차 종료시 임차목적물의 반환과 연체차임 등을 공제한 보증금 반환
⑤ 임차인의 임차목적물 반환의무와 임대인의 권리금회수 방해로 인한 손해배상의무

### ▶ 확인지문

**정답》** ⑤ 발생 원인을 달리하므로 동시이행의 항변권이 인정되지 않는다.

### 🔺 동시이행의 항변권

⑦ 매도인의 소유권이전등기의무와 매수인의 잔대금지급의무는 동시이행관계에 있다.
⑧ 쌍무계약이 무효가 되어 각 당사자가 서로 취득한 것을 반환하여야 할 경우, 각 당사자의 반환의무는 동시이행관계에 있다.
⑨ 토지임차인이 지상물매수청구권을 행사하는 경우, 토지임차인의 건물명도 및 소유권이전등기의무와 토지임대인의 건물대금지급의무
⑩ 채무자의 변제의무와 가등기담보권자의 가등기말소의무는 동시이행관계에 있다. (×)
⑪ 임차권등기명령에 의해 등기된 임차권등기말소의무와 보증금반환의무는 동시이행관계에 있다. (×)
⑫ 근저당권 실행을 위한 경매가 무효인 경우, 경락인의 소유권이전등기말소의무와 근저당권자의 배당금반환의무는 동시이행관계가 아니다.
⑬ 매도인의 토지거래허가 신청절차에 협력할 의무와 매수인의 매매대금지급의무는 동시이행관계에 있지 않다.
⑭ 동시이행의 항변권이 붙어 있는 채권은 특별한 사정이 없는 한 이를 자동채권으로 하여 상계하지 못한다.

## KEY POINT 　 계약법

**66. 甲과 乙이 甲 소유의 주택에 대한 매매계약을 체결하고 계약금을 수령하였는데, 주택이 매매계약 체결 후 소유권이전 및 인도 전에 소실되었다. 다음 설명 중 틀린 것은?**

① 甲과 乙의 책임 없는 사유로 주택이 소실된 경우, 甲은 乙에게 매매대금의 지급을 청구할 수 없다.
② 乙은 甲에게 계약금을 부당이득으로 반환을 청구할 수 있다.
③ 乙의 과실로 주택이 소실된 경우, 甲은 乙에게 매매대금의 지급을 청구할 수 있다.
④ 乙의 수령지체 중에 쌍방의 책임 없는 사유로 주택이 소실된 경우, 甲은 乙에게 매매대금의 지급을 청구할 수 있다.
⑤ ④의 경우, 乙의 수령지체 중에 이행이 불가능하게 되었으므로 甲은 자기의 채무를 면함으로써 얻은 이익을 乙에게 반환할 의무가 없다.

### ▶ 확인지문

**정답》** ⑤ 甲은 자기의 채무를 면함으로써 얻은 이익을 乙에게 반환하여야 한다(제538조 제2항).

### 🔺 위험부담

① 계약당사자는 위험부담에 관하여 민법 규정과 달리 정할 수 있다.
② 편무계약의 경우 원칙적으로 위험부담의 법리가 적용되지 않는다.
③ 후발적 불능이 당사자 쌍방에게 책임 없는 사유로 생긴 때에는 위험부담의 문제가 발생한다.
④ 채무자의 책임 있는 사유로 후발적 불능이 발생한 경우, 위험부담의 법리가 적용된다. (×)
⑤ 우리 민법은 채무자위험부담주의를 원칙으로 한다.
⑥ 주택의 매매계약 체결 후 주택이 태풍으로 멸실된 경우, 매도인 甲은 매수인 乙에게 대금지급을 청구할 수 없다.
⑦ 주택의 매매계약 체결 후 주택이 태풍으로 멸실된 경우, 甲은 이미 받은 계약금을 반환할 의무가 없다. (×)
⑧ 토지 매매계약 체결 후 해당 토지가 丙에 의해 강제수용된 경우, 매도인 甲의 소유권이전의무는 소멸한다.

## KEY POINT 계약법

**67.** 甲은 자신이 토지를 乙에게 매도하고 중도금까지 수령하였으나, 그 토지가 공용(재결)수용되는 바람에 乙에게 소유권을 이전할 수 없게 되었다. 다음 설명 중 옳은 것은?

① 乙은 이행불능을 이유로 계약을 해제하고 손해배상을 청구할 수 있다.
② 乙은 계약체결상의 과실책임을 이유로 신뢰이익의 배상을 청구할 수 있다.
③ 乙이 매매대금 전부를 지급하면 甲의 수용보상금청구권 자체가 乙에게 귀속된다.
④ 甲은 乙에게 중도금을 부당이득으로 반환할 의무는 없다.
⑤ 乙이 대상청구권을 행사하여 甲에게 수용보상금을 청구하기 위해서는 자기 채무의 이행을 제공하여야 한다.

### 확인지문

**정답 ▶▶** ⑤

① 귀책사유가 없으므로 위험부담의 문제가 된다.
② 후발적 불능이므로 계약체결상의 과실책임은 문제될 수가 없다.
③ 수용보상금은 소유자 甲에게 귀속된다.
④ 甲은 이미 지급받은 중도금을 부당이득으로 반환하여야 한다.

### 🔖 위험부담

⑨ 매매계약체결 후 매도인 甲의 과실로 주택이 소실된 경우, 매수인 乙은 계약을 해제할 수 있다.
⑩ 매매대상 토지가 강제수용된 경우, 매수인 乙은 매도인 甲에게 보상금반환청구권의 양도를 청구할 수 있다.
⑪ 위의 경우, 甲이 보상금을 수령하였다면 乙은 甲에게 보상금의 반환을 청구할 수 있다.

## KEY POINT 계약법

**68.** 제3자를 위한 계약에 관한 설명으로 옳은 것은?

① 낙약자의 채무불이행이 있으면 제3자는 요약자와 낙약자의 계약을 해제할 수 있다.
② 낙약자의 최고에 대하여 수익자가 확답을 하지 않은 경우, 제3자가 수익의 의사를 표시한 것으로 본다.
③ 제3자의 권리가 발생한 후에 요약자와 낙약자가 제3자를 위한 계약을 합의해제한 경우에도 제3자에게는 효력이 없다.
④ 요약자와 낙약자의 계약이 통정허위표시인 경우, 수익의 의사표시를 한 선의의 수익자에게 대항하지 못한다.
⑤ 제3자가 하는 수익의 의사표시의 상대방은 요약자이다.

### 확인지문

**정답 ▶▶** ③

① 제3자는 계약의 당사자가 아니므로 취소권, 해제권을 행사할 수 없다.
② 수익을 거절한 것으로 본다(제540조).
④ 제3자를 위한 계약의 제3자는 민법 전체에서 보호받는 제3자가 아니다.
⑤ 낙약자이다(제539조 제2항).

### 🔖 제3자를 위한 계약

① 채무자와 인수인의 계약으로 체결되는 병존적 채무인수는 제3자를 위한 계약으로 볼 수 있다.
② 계약당사자가 제3자에 대하여 가진 채권에 관하여 그 채무를 면제하는 계약도 제3자를 위한 계약에 준하는 것으로서 유효하다.
③ 제3자를 위한 계약에서 제3자는 계약체결 당시에 현존하고 있어야 한다. (×)
④ 수익자는 요약자의 제한능력을 이유로 계약을 취소하지 못한다.
⑤ 수익자는 계약의 해제권이나 해제를 원인으로 한 원상회복청구권이 없다.
⑥ 丙이 乙에게 수익의 의사표시를 하면 乙에게 직접 매매대금의 지급을 청구할 수 있다.
⑦ 수익의 의사표시를 한 후에 낙약자의 채무불이행이 있으면 수익자는 손해배상을 청구할 수 있다.

| KEY POINT | 계약법 |

**69. 甲(요약자)과 乙(낙약자)은 丙을 수익자로 하는 제3자를 위한 계약을 체결하였다. 다음 설명 중 틀린 것은?**

① 乙은 甲과의 계약에 기한 항변으로 丙에게 대항할 수 있다.
② 甲은 대가관계의 부존재를 이유로 자신이 기본관계에 기하여 乙에게 부담하는 채무의 이행을 거부할 수 있다.
③ 丙의 수익의 의사표시 후, 乙의 채무불이행이 있으면 甲은 丙의 동의 없이 계약을 해제할 수 있다.
④ 수익의 의사표시를 한 丙은 乙에게 직접 권리를 취득한다.
⑤ 乙이 丙에게 급부를 한 후에 계약이 해제된 경우, 乙은 丙을 상대로 원상회복을 청구할 수 없다.

> **확인지문**

**정답**》② 대가관계의 흠은 제3자를 위한 계약의 효력에 영향을 미치지 않는다.

🔖 **제3자를 위한 계약**

⑧ 甲과 乙간의 계약이 甲의 착오로 취소된 경우, 丙은 착오취소로써 대항할 수 없는 제3자의 범위에 속한다. (×)
⑨ 낙약자 乙은 요약자 甲의 제3자 丙에 대한 항변으로 丙에게 대항할 수 있다. (×)
⑩ 甲과 乙의 매매계약이 적법하게 취소된 경우, 제3자 丙의 급부청구권은 소멸한다.
⑪ 낙약자 乙은 상당한 기간을 정하여 수익자 丙에게 계약이익의 향수 여부에 대한 확답을 최고할 수 있다.
⑫ 甲과 乙이 계약을 체결할 때 丙의 권리를 변경시킬 수 있음을 유보한 경우, 甲과 乙은 丙의 권리를 변경시킬 수 있다.

| KEY POINT | 계약법 |

**70. 계약해제에 관한 설명으로 틀린 것은?**

① 이행의 최고는 반드시 미리 일정한 기간을 명시하여 최고하여야 하는 것은 아니다.
② 이행불능을 이유로 계약을 해제하기 위해서는 자기채무의 이행제공이 필요 없다.
③ 합의해제의 경우에는 매도인은 받은 날로부터 이자를 가산할 의무가 없다.
④ 당사자 일방이 정기행위를 일정한 시기에 이행하지 않으면 상대방은 이행의 최고 없이 계약을 해제할 수 있다.
⑤ 매수인으로부터 미등기·무허가 건물을 매수하여 무허가건축물대장에 소유자로 등재한 자는 해제의 경우 보호되는 제3자에 해당한다.

> **확인지문**

**정답**》⑤ 미등기의 경우에는 보호되는 제3자에 포함될 수 없다.

🔖 **계약의 해제**

① 계약을 합의해제할 때에 원상회복에 관하여 반드시 약정해야 하는 것은 아니다.
② 매도인이 잔금기일 경과 후 해제를 주장하며 수령한 매매대금을 공탁하고 매수인이 이를 이의 없이 수령한 경우, 특별한 사정이 없는 한 합의해제된 것으로 본다.
③ 乙로부터 부동산을 매수한 甲이 매매대금 채무의 이행기 전에 그 채무를 이행하지 않을 의사를 명백히 표시한 경우, 乙은 최고 없이도 계약을 해제할 수 있다.
④ 성질상 일정한 기간 내에 이행하지 않으면 그 목적을 달성할 수 없는 계약에서 당사자 일방이 그 시기에 이행하지 않으면 해제의 의사표시가 없더라도 해제의 효과가 발생한다. (×)
⑤ 채무자의 책임 있는 사유로 채무의 이행이 불능으로 된 경우, 채권자는 최고 없이 계약을 해제할 수 있다.
⑥ 만약 매도인 甲의 채권자가 X토지를 가압류하면, 매수인 乙은 이를 이유로 계약을 즉시 해제할 수 있다. (×)
⑦ 계약의 일부의 이행이 불능인 경우, 이행이 가능한 나머지 부분만의 이행으로 계약의 목적을 달성할 수 없는 경우 계약전부의 해제가 가능하다.

## KEY POINT  계약법

**71. 계약해제에 관한 설명으로 틀린 것은?**

① 계약이 합의해제된 경우, 다른 사정이 없으면 채무불이행으로 인한 손해배상을 청구할 수 없다.
② 계약의 상대방이 여럿인 경우, 해제권자는 그 전원에 대하여 해제권을 행사하여야 한다.
③ 매수인과 매매예약을 체결하고 그에 기한 소유권이전청구권보전을 위한 가등기를 마친 자는 해제의 경우 보호되는 제3자에 포함되지 않는다.
④ 계약을 합의해제한 경우에도 민법상 해제의 효과에 따른 제3자 보호규정이 적용된다.
⑤ 중도금을 지급한 부동산매수인도 약정해제사유가 발생하면 계약을 해제할 수 있다.

### 확인지문

**정답》** ③ 가등기를 마친 자도 보호되는 제3자에 포함된다.

### 계약의 해제

⑧ 일정한 기간을 정하여 채무이행을 최고함과 동시에 그 기간 내에 이행이 없을 때에는 계약을 해제하겠다는 의사를 표시한 경우는 유효하다.
⑨ 당사자의 쌍방이 수인인 경우, 계약의 해제는 그 1인에 대하여 하더라도 효력이 있다. (×)
⑩ 당사자 일방이 수인인 경우, 그 중 1인에 대하여 해지권이 소멸한 때에는 다른 당사자에 대하여도 소멸한다.
⑪ 해제의 제3자라 함은 그 해제된 계약으로부터 생긴 법률적 효과를 기초로 하여 새로운 이해관계를 가졌을 뿐 아니라 등기·인도 등으로 완전한 권리를 취득한 자를 지칭한다.
⑫ 해제된 계약으로부터 생긴 법률효과에 기초하여 해제 후 말소등기 전에 양립할 수 없는 새로운 이해관계를 맺은 제3자는 그 선의·악의를 불문하고 해제에 의하여 영향을 받지 않는다. (×)
⑬ 계약이 해제되기 이전에 계약상의 채권을 양수하여 이를 피보전권리로 하여 처분금지가처분결정을 받은 자는 해제에서 보호되는 제3자에 해당하지 않는다.
⑭ 계약해제 전, 해제대상인 계약상의 채권 자체를 압류 또는 전부(轉付)한 채권자는 해제에서 보호되는 제3자에 해당되지 않는다.

## KEY POINT  계약법

**72. 계약해제에 관한 설명으로 틀린 것은?**

① 토지매수인으로부터 그 토지 위에 신축된 건물을 매수한 자는 토지매매계약의 해제로 인하여 보호되는 제3자에 해당하지 않는다.
② 계약이 해제된 경우, 선의의 수익자는 현존이익만 반환하면 되나, 악의의 수익자는 전손해를 반환하여야 한다.
③ 주택의 임대권한을 부여받은 매수인으로부터 매매계약이 해제되기 전에 주택을 임차한 후 대항요건을 갖춘 임차인은 해제의 경우 보호되는 제3자에 포함된다.
④ 계약의 해제는 손해배상청구에 영향을 미치지 않는다.
⑤ 해제대상 매매계약에 의하여 채무자 명의로 이전등기된 부동산을 가압류 집행한 가압류채권자는 해제의 경우 보호되는 제3자에 포함된다.

### 확인지문

**정답》** ② 선악을 불문하고 받은 이익 전부를 반환하여야 한다(원상회복의무).

### 계약의 해제

⑮ 乙과 매매예약에 따라 소유권이전등기청구권보전을 위한 가등기를 마친 자는 해제에서 보호되는 제3자에 해당하지 않는다.
⑯ 甲이 乙의 귀책사유를 이유로 乙에게 적법하게 계약을 해제한 후에, 다시 乙에게 계약의 이행을 청구한 경우, 乙은 甲의 해제로 계약이 소멸되었음을 이유로 그 이행을 거절할 수 있다.
⑰ 계약해제로 인한 원상회복의 대상에는 매매대금은 물론 이와 관련하여 그 계약의 존속을 전제로 수령한 지연손해금도 포함된다.
⑱ 과실상계는 계약해제로 인한 원상회복의무의 이행으로서 이미 지급한 급부의 반환을 구하는 경우에는 적용되지 않는다.
⑲ 계약을 해지하면 소급하여 무효가 된다. (×)

## KEY POINT 　계약법

**73. 매매에 관한 설명으로 틀린 것은?**
① 매매예약완결권의 제척기간이 도과하였는지의 여부는 법원의 직권조사사항이다.
② 당사자 사이에 약정이 없는 경우, 예약완결권은 그 예약이 성립한 때로부터 10년 내에 행사하여야 한다.
③ 지상권은 매매의 대상이 될 수 없다.
④ 예약완결권의 존속기간이 지난 때에는 설사 예약목적물인 부동산을 인도받은 경우라도 예약완결권은 소멸한다.
⑤ 매매의 일방예약은 상대방이 매매를 완결할 의사를 표시하는 때에 매매의 효력이 생긴다.

### ▶ 확인지문

**정답 ▶▶** ③ 지상권도 재산권이므로 매매의 대상이 될 수 있다.

### 🔺 예약완결권
① 매매의 일방예약은 물권계약이다. (×)
② 본계약 성립 전에 일방이 예약내용을 변경하는 것은 특별한 사정이 없는 한 허용되지 않는다.
③ 예약완결권도 재산권이므로 양도할 수 있다.
④ 매매예약이 성립한 후 목적물이 멸실 기타의 사유로 이전할 수 없게 된 경우에는 예약완결권을 행사할 수 없다.
⑤ 예약완결권의 행사기간을 10년 이상으로 약정하는 것도 유효하다.
⑥ 상가에 관하여 매매예약이 성립한 이후 법령상의 제한에 의해 일시적으로 분양이 금지되었다가 아시 허용된 경우, 그 예약완결권의 행사는 이행불능이라 할 수 없다.

## KEY POINT 　계약법

**74. 계약금에 관한 설명으로 틀린 것은?**
① 甲과 乙 사이의 매매계약이 무효이거나 취소되더라도 계약금계약의 효력은 소멸하지 않는다.
② 계약금계약은 매매 기타의 주된 계약에 부수하여 행해지는 종된 계약이다.
③ 매수인 乙이 계약금의 전부를 지급하지 않으면, 계약금계약은 성립하지 않는다.
④ 계약금은 언제나 증약금으로서의 성질이 있다.
⑤ 매도인이 계약금의 배액을 상환하여 계약을 해제하는 경우, 그 이행의 제공을 하면 족하고 매수인이 이를 수령하지 아니한다 하여 이를 공탁까지 할 필요는 없다.

### ▶ 확인지문

**정답 ▶▶** ① 주된 계약인 매매가 무효가 되면 종된 계약인 계약금계약도 실효가 된다.

### 🔺 계약금
① 계약금계약은 요물계약이다.
② 계약금해제가 가능하다고 하더라도 해약금의 기준이 되는 금원은 실제 교부받은 계약금이 아니라 약정계약금이다.
③ 매도인 甲이 이행행위에 착수하기 전에 매수인 乙은 계약금을 포기하고 계약을 해제할 수 있다.
④ 토지거래허가구역 내 토지에 관한 매매계약을 체결하고 계약금만 지급한 상태에서 거래허가를 받은 경우, 다른 약정이 없는 한 매도인은 계약금의 배액을 상환하고 계약을 해제할 수 없다. (×)
⑤ 계약금만 수령한 매도인이 매수인에게 이행을 최고하고 대금지급을 구하는 소송을 제기한 후에도 매수인은 계약금을 포기하고 계약을 해제할 수 있다.
⑥ 매도인이 이행에 전혀 착수하지 않았다면 매수인은 중도금을 지급한 후에도 계약금을 포기하고 계약을 해제할 수 있다. (×)
⑦ 매수인이 이행기 전에 중도금을 지급한 경우, 매도인은 특별한 사정이 없는 한 계약금의 배액을 상환하여 계약을 해제할 수 없다.

# KEY POINT 　계약법

**75. 계약금에 관한 설명으로 틀린 것은?**

① 매도인은 실제 받은 일부금액의 배액을 상환하고 매매계약을 해제할 수 있다.
② 계약금은 다른 약정이 없는 한 해약금으로 추정한다.
③ 매수인이 중도금을 지급한 경우, 매도인은 계약금의 배액을 상환하고 계약금해제를 할 수 없다.
④ 이행행위 착수 전에 매수인 乙이 해약금 해제를 한 경우, 매도인 甲은 해제에 따른 손해배상청구권을 행사할 수 없다.
⑤ 매수인 乙이 계약금을 전부 지급하였더라도 정당한 사유 없이 잔금 지급을 지체한 때에는 매도인 甲은 손해배상을 청구할 수 있다.

## 확인지문

**정답》** ① 계약금계약은 요물계약이므로 약정계약금 전부가 지급되지 않는 한 계약금해제가 허용되지 않는다.

### 계약금

⑧ 매수인 乙이 중도금 일부의 지급에 갈음하여 매도인 甲에게 제3자 丙에 대한 대여금채권을 양도하기로 약정하고 그 자리에 丙도 참석하였다면, 甲은 계약금의 배액을 상환하더라도 계약을 해제할 수 없다.
⑨ 계약금 포기에 의한 계약해제의 경우, 계약은 소급적으로 무효가 되어 당사자는 원상회복의무를 부담한다. (×)
⑩ 이행행위 착수 전에 매수인 乙이 해약금해제를 한 경우, 매도인 甲은 해제에 따른 손해배상청구권을 행사할 수 없다.
⑪ 계약금에 의해 해제권이 유보된 경우, 채무불이행을 이유로 계약을 해제할 수 없다. (×)
⑫ 계약금을 포기하고 행사할 수 있는 해제권은 당사자의 합의로 배제할 수 없다. (×)
⑬ 계약금을 위약금으로 하는 당사자의 특약이 있으면 계약금은 위약금의 성질이 있다.
⑭ 위약금의 약정이 있는 경우, 계약금은 해약금과 손해배상액의 예정의 성질을 겸한다.

# KEY POINT 　계약법

**76. 매매에 관한 설명으로 틀린 것은?**

① 매매의 당사자 일방에 대한 의무이행의 기한이 있는 때에는 상대방의 의무이행에 대하여도 동일한 기한이 있는 것으로 추정한다.
② 매매목적물의 인도와 동시에 대금에 지급할 경우에는 특별한 사정이 없으면 그 인도장소에서 이를 지급하여야 한다.
③ X토지가 인도되지 않았다면 乙이 대금을 완제하더라도 특별한 사정이 없는 한 X토지에서 발생하는 과실은 매도인 甲에게 귀속된다.
④ 매수인 乙이 대금지급을 거절할 정당한 사유가 있는 경우, X토지를 미리 인도받았더라도 그 대금에 대한 이자를 지급할 의무는 없다.
⑤ 매매계약에 관한 비용은 특별한 사정이 없는 한 당사자가 균분하여 부담한다.

## 확인지문

**정답》** ③ 매수인이 대금을 완납하면 과실수취권은 매수인에게 귀속한다.

### 매 매

① X토지가 인도되지 않고 대금도 완제되지 않은 경우, 특별한 사정이 없는 한 매수인 乙은 인도의무의 지체로 인한 손해배상을 청구할 수 없다.
② X토지가 인도되지 않았다면, 특별한 사정이 없는 한 乙이 잔대금지급을 지체하여도 甲은 잔대금의 이자상당액의 손해배상청구를 할 수 없다.
③ 매수인이 대금을 완제하지 않는 한 매수인이 소유권이전등기를 경료받은 경우에도 과실수취권은 매도인에게 귀속한다.
④ 매매계약이 취소된 경우, 선의의 점유자인 매수인에게 과실수취권이 인정되는 이상 선의의 매도인도 지급받은 대금의 운용이익 내지 법정이자를 반환할 의무가 없다.
⑤ 매매비용을 매수인이 전부 부담한다는 약정은 특별한 사정이 없는 한 유효하다.
⑥ 매매의 목적이 된 권리가 타인에게 속한 경우에는 매도인은 그 권리를 취득하여 매수인에게 이전하여야 한다.

## KEY POINT 🔍 계약법

**77. 매도인의 담보책임에 관한 설명으로 틀린 것은?**

① 매수인이 매매 목적인 권리의 전부가 제3자에게 속한 사실을 알고 있었더라도 매도인이 이를 취득하여 이전할 수 없는 때에는 매매계약을 해제할 수 있다.
② 권리의 일부가 타인에게 속하여 매도인이 그 권리를 취득하여 이전할 수 없는 경우 대금감액청구권은 악의의 매수인도 행사할 수 있다.
③ 권리의 일부가 타인에게 속한 경우, 선의의 매수인이 갖는 손해배상청구권은 계약한 날로부터 1년 내에 행사되어야 한다.
④ 수량을 지정한 토지매매계약에서 실제면적이 계약면적에 미달하는 경우에는 계약체결상의 과실책임이 문제될 수 없다.
⑤ 저당권이 설정된 부동산의 매수인이 저당권의 행사로 그 소유권을 취득할 수 없는 경우, 악의의 매수인은 특별한 사정이 없는 한 계약을 해제하고 손해배상을 청구할 수 있다.

### ▶ 확인지문

**정답 ▶** ③ '안 날로부터 1년 내에 행사하여야 한다(제573조).

**📌 담보책임**

① 매매의 목적인 권리의 일부가 타인에게 속하고 잔존한 부분만이면 매수하지 아니하였을 경우, 악의의 매수인은 그 사실을 안 날로부터 1년 내에 해제권을 행사할 수 있다. (×)
② 선의의 매수인이 사실을 안 날이란 단순히 목적물이 부족하다는 사실을 안 날이 아니라 매도인이 그 부족분을 취득하여 매수인에게 이전할 수 없게 된 것이 확실하게 된 사실을 안 날을 말한다.
③ 수량지정매매의 경우, 담보책임에 대한 권리행사기간은 매수인이 그 사실을 안 날로부터 1년 이내이다.
④ 매매목적 부동산에 전세권이 설정된 경우, 계약의 목적달성 여부와 관계없이, 선의의 매수인은 계약을 해제할 수 있다. (×)
⑤ 계약 당시 丙명의로 소유권이전등기청구권보전의 가등기가 경료되어 있었는데, 그 후 본등기의 경료로 매수인 乙이 소유권을 상실한 경우라면 乙은 매도인 甲에게 계약을 해제하고 손해를 배상받을 수 있다.

## KEY POINT 🔍 계약법

**78. 매도인의 담보책임에 관한 설명으로 옳은 것은?**

① 매매목적인 권리의 전부가 타인에게 속하여 권리의 전부를 이전할 수 없게 된 경우, 매도인은 선의의 매수인에게 신뢰이익을 배상하여야 한다.
② 수량을 지정한 매매에서 계약 당시 매매목적물의 수량부족을 안 매수인은 대금감액을 청구할 수 없다.
③ 토지 위에 설정된 지상권으로 인하여 계약의 목적을 달성할 수 없는 경우, 악의의 매수인도 계약을 해제할 수 있다.
④ 매도인의 담보책임은 무과실책임이므로 하자의 발생 및 그 확대에 가공한 매수인의 잘못을 참작하여 손해배상범위를 정할 수 없다.
⑤ 매수인 乙이 토지가 오염되어 있다는 사실을 계약체결시에 알고 있었더라도 매도인 甲에게 하자담보책임을 물을 수 있다.

### ▶ 확인지문

**정답 ▶** ②
① 이행이익을 배상하여야 한다.
③ 용익적 권리에 제한을 받는 경우에는 선의의 매수인만 담보책임을 물을 수 있다(제575조).
④ 공평의 원칙상 매수인의 잘못도 참작한다.
⑤ 물건의 하자에 대해서는 선의·무과실의 매수인만 담보책임을 물을 수 있다(제580조 제1항).

**📌 담보책임**

⑥ 경매절차가 무효인 경우, 경락인은 담보책임을 물을 수 없다.
⑦ 매수인 甲은 토지의 오염사실을 안 날로부터 1년 내에는 언제든지 乙에 대하여 담보책임에 기한 손해배상을 청구할 수 있다. (×)
⑧ 건축의 목적으로 매수한 토지에 대해 법적 제한으로 건축허가를 받을 수 없어 건축이 불가능한 경우, 이는 매매목적물의 하자에 해당한다.
⑨ 매매목적물에 하자가 존재하는지 여부는 목적물의 인도시를 기준으로 판단하여야 한다. (×)
⑩ 담보책임의 면책특약이 있는 경우, 매도인은 알면서 고지하지 않은 하자에 대해서도 그 책임을 면한다. (×)

## KEY POINT 　🔍 계약법

**79.** 채무자 甲의 X건물에 설정된 채권자 乙의 저당권이 실행되어 丙이 경락을 받았다. 다음 설명 중 틀린 것은?

① X건물 자체에 하자가 있는 경우, 丙은 담보책임을 물을 수 없다.
② 경매절차가 무효인 경우, 丙은 배당을 받은 乙에게 손해배상을 청구할 수 있다.
③ 담보책임이 인정되는 경우, 丙은 甲이 무자력인 경우에 한하여 乙에게 담보책임을 물을 수 있다.
④ 채무자 甲이 권리의 하자를 알고 고지하지 않은 경우에는 丙은 甲에게 손해배상을 청구할 수 있다.
⑤ 乙보다 선순위 저당권자 丁의 등기가 불법말소된 경우에도 담보책임의 문제는 발생하지 않는다.

### ▶ 확인지문

**정답》** ② 경매가 무효인 경우에는 부당이득반환을 청구해야지 담보책임(계약해제, 대금감액청구권, 손해배상청구권)을 물을 수는 없다.

### 🔺 환 매
① 환매권이 행사되면 목적물의 과실과 대금의 이자는 상계한 것으로 보며, 당사자는 이와 달리 정할 수 없다. (×)
② 부동산에 대한 환매기간을 7년으로 정한 때에는 5년으로 단축된다.
③ 부동산의 환매기간에 관한 별도의 약정이 없으면 그 기간은 5년이다.
④ 환매기간을 정한 경우, 환매권의 행사로 발생한 소유권이전등기청구권은 특별한 사정이 없는 한 그 환매기간 내에 행사하지 않으면 소멸한다. (×)
⑤ 매도인이 환매기간 내에 환매의 의사표시를 하면 그는 그 환매에 의한 권리취득의 등기를 하지 않아도 그 부동산을 가압류 집행한 자에 대하여 권리취득을 주장할 수 있다. (×)

## KEY POINT 　🔍 계약법

**80.** 환매에 관한 설명으로 틀린 것은?

① 환매특약은 매매계약과 동시에 하여야 한다.
② 환매기간을 정한 때에는 다시 이를 연장하지 못한다.
③ 특별한 약정이 없는 한 환매대금에는 매수인이 부담한 매매비용이 포함된다.
④ 부동산에 관한 환매는 환매권 특약의 등기가 없어도 제3자에 대해 효력이 있다.
⑤ 부동산의 매수인은 전득자인 제3자에 대하여 환매특약의 등기사실만으로 제3자의 소유권이전등기청구를 거절할 수 없다.

### ▶ 확인지문

**정답》** ④ 등기가 있어야 제3자에게 대항할 수 있다.

### 🔺 교 환
① 교환계약은 요물계약이다. (×)
② 甲과 乙의 교환계약은 서면의 작성을 필요로 하지 않는다.
③ X건물과 Y임야를 교환하기로 하였는데, X건물과 Y임야의 가격이 달라 乙이 일정한 금액을 보충하여 지급할 것을 약정한 때에는 매매계약이 성립한다. (×)
④ 甲과 乙이 교환계약을 체결한 후 甲의 귀책사유 없이 甲의 X건물이 멸실되더라도 위험부담의 법리는 적용되지 않는다. (×)
⑤ 교환계약의 당사자인 甲과 乙은 특약이 없는 한 목적물의 하자에 대하여 상대방에게 담보책임을 부담하지 않는다. (×)
⑥ 교환계약의 당사자인 甲이 피담보채무의 변제를 게을리하여 저당권이 실행될 염려가 있어 乙이 그 피담보채무를 변제하였더라도 乙은 교환계약을 해제할 수 없다. (×)
⑦ 甲과 乙이 甲의 건물과 乙의 토지와 보충금에 대하여 교환계약을 체결하였는데 보충금의 지급기한을 정하지 않았다면, 乙은 건물을 인도받은 날부터 지급하지 않는 보충금의 이자를 甲에게 지급해야 한다.

| KEY POINT | 계약법 |

**81.** 甲은 자신의 X건물과 乙의 Y토지를 교환하기로 하면서 乙에게 보충금 1억원을 지급받기로 하였다. 다음 설명 중 틀린 것은?

① 乙이 보충금을 지급하지 않으면 甲은 교환계약을 해제할 수 있다.
② 교환계약체결 후 X건물이 지진으로 붕괴된 경우, 甲은 乙에게 Y토지의 인도와 보충금지급을 청구하지 못한다.
③ 乙의 과실로 X건물이 소실된 경우, 甲은 乙에게 Y토지의 인도와 보충금지급을 청구할 수 있다.
④ X건물에 설정된 저당권의 실행으로 乙이 X건물의 소유권을 취득하지 못한 경우, 악의의 乙은 손해배상을 청구할 수는 없다.
⑤ 甲과 乙은 서로 하자담보책임을 진다.

### ▶ 확인지문

**정답**» ④ 악의라도 손해배상을 청구할 수 있다(제576조 담보책임).
① 채무불이행에 의한 계약해제
②③ 위험부담
⑤ 교환계약도 유상계약이므로 담보책임을 진다.

### 📌 임대차 일반

① 임차인의 필요비 및 유익비상환청구권은 민법의 규정보다 임차인에게 불리하게 그 내용을 약정한 경우에도 유효이다.
② 임대인의 동의 없이 임차권을 양도할 수 있도록 하는 약정은 유효하다.
③ 임대인의 목적물에 대한 소유권 기타 처분 처분이나 임대할 권한은 계약의 성립요건이 아니다.
④ 임대인의 과실로 임차인이 임차목적물을 사용·수익에 부분적 지장이 있는 경우, 임차인은 지장이 있는 한도 내에서만 차임지급을 거절할 수 있다.
⑤ 토지임대차가 묵시적으로 갱신된 경우, 임차인은 언제든지 해지통고 할 수 있으나, 임대인은 그렇지 않다. (×)
⑥ 유익비상환청구권은 임대차 종료시에 행사할 수 있다.
⑦ 임대인이 임대목적물을 반환받은 경우, 임차인이 지출한 필요비의 상환청구는 그 목적물을 반환받은 날로부터 6월 내에 하여야 한다.

| KEY POINT | 계약법 |

**82.** 임대차에 관한 설명으로 틀린 것은?

① 임차물에 필요비를 지출한 임차인은 임대차 종료시 그 가액증가가 현존한 때에 한하여 그 상환을 청구할 수 있다.
② 일시사용을 위한 임대차의 임차인에게도 비용상환청구권은 인정된다.
③ 건물임대차에서 임차인이 증축부분에 대한 원상회복의무를 면하는 대신 유익비상환청구권을 포기하기로 하는 약정은 특별한 사정이 없는 한 유효하다.
④ 토지임대차가 묵시적으로 갱신된 경우, 임대인과 임차인은 언제든지 임차권의 해지를 통고할 수 있다.
⑤ 임차인이 지상물의 소유권을 타인에게 이전한 경우, 임차인은 지상물매수청구권을 행사할 수 없다.

### ▶ 확인지문

**정답**» ① 필요비는 지출 즉시 가액증가가 없어도 상환을 청구할 수 있다(제626조 제1항).

### 📌 임대차 일반

⑧ 임차인은 지출한 필요비의 한도에서 차임의 지급을 거절할 수 있다.
⑨ 임대차가 묵시의 갱신이 된 경우, 전임대차에 대하여 제3자가 제공한 담보는 원칙적으로 소멸한다.
⑩ 건물소유를 목적으로 한 토지임대차를 등기하지 않았더라도, 임차인이 그 지상건물의 보존등기를 하면, 토지임대차는 제3자에 대하여 효력이 생긴다.
⑪ 임대인의 차임증액청구에 대해 법원이 차임증액을 결정한 경우, 그 결정 다음날부터 지연손해금이 발생한다. (×)

### 📌 지상물(부속물)매수청구권

① 건물소유를 목적으로 한 토지임대차의 기간이 만료된 경우, 임차인은 계약갱신의 청구 없이도 매도인에게 건물의 매수를 청구할 수 있다. (×)
② 행정관청의 허가를 받지 않은 무허가건물도 지상물매수청구권의 대상이 될 수 있다.

## KEY POINT 　계약법

**83. 임대차에 관한 설명으로 틀린 것은?**

① 임대인의 동의를 얻어 임차인으로부터 토지임차권과 미등기건물을 매수한 임차인도 지상물매수청구를 할 수 있다.
② 임대차기간을 영구로 정한 경우, 임차인이 언제든지 임대차계약의 해지통고를 할 수 있는 것은 아니다.
③ 임대인의 해지통고로 기간의 정함이 없는 토지임차권이 소멸한 경우, 임차인은 지상물의 매수를 청구할 수 있다.
④ 임차목적물의 구성부분은 부속물매수청구권의 객체가 될 수 없다.
⑤ 일시사용을 위한 임대차임이 명백한 경우에는 부속물매수청구권이 인정되지 않는다.

### 확인지문

**정답》** ② 임대차 기간을 영구로 약정한 경우, 임차인에게는 기간의 정함이 없는 임대차이므로 임차인은 언제든지 해지통고를 할 수 있다.

#### 지상물(부속물)매수청구권
③ 매수청구권의 대상이 되는 지상물은 임대인의 동의를 얻어 신축한 것에 한한다. (×)
④ 임차인 甲 소유 건물이 乙이 임대한 토지와 제3자 소유의 토지 위에 걸쳐서 건립된 경우, 甲은 건물 전체의 매수청구를 할 수 없다.
⑤ 임차인 甲이 2기의 차임액을 연체하여 임대인 乙이 임대차계약을 해지한 경우, 甲은 乙에게 건물매수를 청구할 수 없다.
⑥ 임대차계약 당시 건물소유를 목적으로 한 토지임차인이 건물 기타 지상시설 일체를 포기하는 약정은 특별한 사정이 없는 한 무효이다.
⑦ 토지 내지 건물의 임차인에게 부속물매수청구권이 인정된다. (×)
⑧ 부속물매수청구권에 관한 규정은 강행규정이므로 이에 위반하는 약정으로 임차인이나 전차인에게 불리한 것은 그 효력이 없다.
⑨ 건물전차인에게는 임대청구권이 인정되지 않는다.
⑩ 임차인은 저당권이 설정된 건물에 대해서는 매수청구권을 행사할 수 없다. (×)

## KEY POINT 　계약법

**84. 임대차에 관한 설명으로 틀린 것은?**

① 대항력을 갖춘 甲의 임차권이 기간만료로 소멸한 후 임대인 乙이 X토지를 丙에게 양도한 경우, 甲은 丙을 상대로 지상물매수청구권을 행사할 수 있다.
② 적법한 건물전차인은 임차인의 동의를 얻어 부속한 물건에 대하여 매수를 청구할 수 있다.
③ 동의 있는 전대차의 경우, 임대인과 임차인이 합의로 임차권을 종료한 경우에도 전차권은 소멸하지 않는다.
④ 임차인의 지위와 분리하여 부속물매수청구권만을 양도할 수 없다.
⑤ 임대차계약이 임차인의 채무불이행으로 해지된 경우, 부속물매수청구권은 인정되지 않는다.

### 확인지문

**정답》** ② 임대인의 동의를 얻어 부속한 물건이어야 한다 (제647조 제1항).

#### 지상물(부속물)매수청구권
⑪ 토지소유자가 아닌 제3자가 토지를 임대한 경우, 임대인은 특별한 사정이 없는 한 매수청구권의 상대방이 될 수 없다.
⑫ 임대인이 임차권 소멸 당시에 이미 토지소유권을 상실하였더라도 임차인은 그에게 매수청구권을 행사할 수 있다. (×)

#### 임차권의 양도·전대
① 乙과 丙의 무단전대차계약에도 불구하고 임대차를 해지하지 않는 한, 임대인 甲은 임차인 乙에게 차임지급을 청구할 수 있다.
② 만약 임차권의 무단양수인 丙이 임차인 乙의 배우자이고 X건물에서 동거하면서 함께 가구점을 경영하고 있다면, 임대인 甲은 임대차계약을 해지할 수 없다.
③ 만약 임차인 乙이 임대인 甲의 동의를 받아 임차권을 丙에게 양도하였다면, 이미 발생된 乙의 연체차임채무는 특약이 없는 한 丙에게 이전되지 않는다.

| KEY POINT | 계약법 |

**85.** 甲 소유의 건물을 임차하고 있던 乙이 甲의 동의 없이 이를 다시 丙에게 전대하였다. 다음 설명 중 틀린 것은?

① 乙과 丙의 전대차 계약은 유효하다.
② 乙은 丙에게 임대인 甲의 동의를 받아 줄 의무가 있다.
③ 甲은 임대차계약이 존속하는 한도 내에서는 전차인 丙에게 불법점유를 이유로 한 차임상당의 손해배상청구를 할 수 없다.
④ 甲은 乙과의 임대차계약이 존속하는 동안에는 전차인 丙에게 불법점유를 이유로 부당이득반환을 청구할 수 없다.
⑤ 丙은 乙에 대한 차임지급으로 甲에게 대항하지 못하므로 甲의 차임지급청구를 거절할 수 없다.

> 확인지문

**정답**» ⑤ 무단전대의 경우, 임대인은 전차인에게 직접 차임청구를 할 수 없다.

### 임차권의 양도·전대

④ 동의 있는 전대의 경우, 전차인은 직접 임대인에게 의무를 부담한다.
⑤ 동의 있는 전대의 경우, 임대인은 여전히 임차인에게 차임을 청구할 수 있다.
⑥ 동의 있는 전대의 경우, 임대인과 임차인이 합의로 임대차를 종료한 경우에도 전차권은 소멸하지 않는다.
⑦ 임대차가 해지통고로 종료한 경우, 임대인은 그 사유를 전차인에게 통지하지 않으면 전차인에게 대항하지 못한다.
⑧ 차임연체를 이유로 임대인이 임대차계약을 해지한 경우에는 전차인에 대한 통지의무가 없다.
⑨ 임대차와 전대차 기간이 모두 만료된 경우, 전차인은 건물을 임대인에게 직접 명도하면 임차인에 대한 건물명도의무를 면한다.
⑩ 임대인이 보증금을 반환하지 않아 임차인이 동시이행의 항변권에 기하여 임차목적물을 점유·사용하는 경우, 임대인은 종전 임대차에서 정한 차임(시가 ×)에 상당하는 부당이득반환을 청구할 수 있다.

| KEY POINT | 민사특별법 |

**86.** 주택임대차보호법에 관한 설명으로 틀린 것은?

① 일시사용을 위한 임대차임이 명백한 경우에는 주택임대차보호법이 적용되지 않는다.
② 미등기주택에 대해서도 주택임대차보호법이 적용된다.
③ 저당권이 설정된 주택을 임차하여 대항요건을 갖춘 이상, 후순위저당권이 실행되더라도 매수인이 된 자에게 대항할 수 있다.
④ 주민등록의 신고는 행정청에 도달한 때가 아니라, 행정청이 수리한 때 효력이 발생한다.
⑤ 임대차기간이 끝난 경우, 대항력이 있는 임차인이 보증금을 반환받지 못하였다면 임대차관계는 종료하지 않는다.

> 확인지문

**정답**» ③ 선순위 저당권이 있으므로 경락인에게 대항할 수 없다.

### 대항력과 우선변제권

① 임차주택이 제3자에게 양도된 후에 임대차가 종료한 경우, 특별한 사정이 없는 한 대항력이 있는 임차인은 양수인에 대해서만 보증금반환을 청구할 수 있다.
② 양수인이 임차인에게 보증금을 지급한 경우에도 양도인(종전의 임대인)에 대하여 부당이득반환청구를 할 수 없다.
③ 임차주택의 소유권이 이전된 경우에도 기왕에 발생한 연체차임채권은 특약이 없는 한 양수인에게 이전하지 않는다.
④ 양수인이 보증금반환채무를 인수한 후 임차인이 대항요건을 상실하더라도 양수인이 부담하게 된 보증금반환채무가 소멸하는 것은 아니다.
⑤ 대항력을 갖춘 임차인이 당해 주택을 양수한 때에도 임대인의 보증금반환채무는 소멸한다.
⑥ 임차인의 보증금반환채권이 가압류된 상태에서 그 주택이 양도된 경우, 가압류채권자는 양수인에 대하여만 가압류의 효력을 주장할 수 있다.
⑦ 임대인 甲이 채권담보를 목적으로 임대주택을 丙에게 양도한 경우, 甲은 특별한 사정이 없는 한 보증금반환의무를 면한다. (×)

## KEY POINT 🔍 민사특별법

**87. 주택임대차보호법에 관한 설명으로 틀린 것은?**

① 임차인이 대항요건과 확정일자를 갖춘 때 보증금의 일부만을 지급하고 나머지 보증금을 나중에 지급하였다고 하더라도 특별한 사정이 없는 한 대항요건과 확정일자를 갖춘 때를 기준으로 보증금 전액에 대하여 우선변제를 받을 수 있다.
② 주택임차인이 전세권설정등기를 한 후, 대항요건을 상실하더라도 주택임대차보호법상 대항력 및 우선변제권을 상실하지 않는다.
③ 임차인의 우선변제권은 대지의 환가대금에도 미친다.
④ 주택임대차계약이 묵시적으로 갱신되면 그 임대차의 존속기간은 2년으로 본다.
⑤ ④의 경우, 임차인은 언제든지 임대인에게 계약해지를 통지할 수 있다.

### ▶ 확인지문

**정답 ▶▶** ② 주임법상 대항력과 우선변제권을 상실한다.

#### 📌 대항력과 우선변제권

⑧ 임차인이 가족과 함께 일시적으로나마 다른 곳으로 주민등록을 이전하였다면 대항력은 소멸한다.
⑨ 가족의 주민등록을 그대로 둔 채 임차인만 주민등록을 옮긴 경우에는 대항력을 상실하지 않는다.
⑩ 주민등록을 마치고 거주하던 자기 명의의 주택을 매도한 자가 매도와 동시에 다시 이를 임차하기로 약정한 경우, 매수인 명의의 소유권이전등기 여부와 관계없이 대항력이 인정된다. (×)
⑪ 임차권보다 후순위 저당권자의 저당권 실행으로 임차권보다 선순위 저당권이 소멸하는 경우, 임차인은 경락인에게 임차주택을 인도하여야 한다.
⑫ 소액임차인은 경매신청의 등기 전까지 임대차계약서에 확정일자를 받아야 최우선변제권을 행사할 수 있다. (×)
⑬ 대항요건을 갖춘 임차인 乙이 주택의 양수인 丙은 임대인 甲의 차임채권을 양수하지 않았다면 X주택을 반환받을 때 보증금에서 이를 공제할 수 없다. (×)

## KEY POINT 🔍 민사특별법

**88. 주택임대차보호법에 관한 설명으로 틀린 것은?**

① 임차권보다 선순위의 저당권이 존재하는 주택이 경매로 매각된 경우, 경매의 매수인은 임대인의 지위를 승계한다.
② 임대차 성립시에 임차주택과 그 대지가 임대인의 소유인 경우, 대항력과 확정일자를 갖춘 임차인은 대지만 경매되더라도 그 매각대금으로부터 우선변제를 받을 수 있다.
③ 대항요건 및 확정일자를 갖춘 주택임차인은 임대차 성립 당시 임대인 소유였던 대지가 타인에게 양도되어 임차주택과 대지 소유자가 달라지더라도, 대지의 환가대금에 대해 우선변제권을 행사할 수 있다.
④ 주택의 소유자는 아니지만 적법한 임대권한을 가진 자와 임대차계약을 체결한 경우에도 주택임대차보호법이 적용된다.
⑤ 사무실로 사용되던 건물이 주거용 건물로 용도변경된 경우에도 주택임대차보호법이 적용된다.

### ▶ 확인지문

**정답 ▶▶** ① 임대인의 지위를 승계하지 않고 완전한 소유권을 취득한다.

#### 📌 대항력과 우선변제권

⑭ 대지에 저당권을 설정할 당시 주택이 미등기인 채 이미 존재하였다면, 소액임차인 乙은 저당권에 기한 대지의 경매절차에서 최우선변제를 주장할 수 있다.
⑮ 임차인 乙은 주택임대차가 끝나기 전에 X주택의 소재지를 관할하는 법원에 임차권등기명령을 신청할 수 있다. (×)
⑯ 임차권등기명령의 집행에 따라 임차권등기가 경료된 주택을 임차한 소액보증금임차인에게는 최우선변제권이 인정되지 않는다.
⑰ 임차권등기 이후에는 대항요건을 상실하더라도 이미 취득한 대항력 또는 우선변제권을 상실하지 않는다.
⑱ 주택에 대한 임대차 기간을 1년으로 약정한 경우, 1년의 기간이 종료되면 임대인은 약정기간의 만료를 이유로 임차인에게 임차주택의 인도를 청구할 수 있다. (×)

## KEY POINT 🔍 민사특별법

**89. 주택임대차보호법에 관한 설명으로 틀린 것은?**

① 임차인이 2기의 차임액에 해당하는 금액에 이르도록 차임을 연체한 사실이 있는 경우, 임대인은 임차인의 계약갱신요구를 거절할 수 있다.
② 임대인(임대인의 직계존속·직계비속을 포함한다)이 주택에 실제 거주하려는 경우 임대인은 임차인의 계약갱신요구를 거절할 수 있다.
③ 계약갱신요구권 행사에 의하여 갱신되는 임대차의 존속기간은 2년으로 본다.
④ 임차인의 계약갱신요구권은 최초임대차 기간을 포함하여 10년 범위 내에서만 행사할 수 있다.
⑤ 특별시, 광역시, 특별자치시·도, 및 특별자치도는 5%의 범위 내에서 차임의 증액청구의 상한을 조례로 달리 정할 수 있다.

### ▶ 확인지문

**정답》** ④ 주택임차인의 계약갱신요구권은 1회에 한하여 행사할 수 있으면 기간은 2년이다.

#### 🔺 대항력과 우선변제권
⑲ 주택임대차기간을 1년으로 약정한 경우, 임차인 乙은 2년의 임대차 존속기간을 주장할 수 있다.
⑳ 주택임차권이 법정갱신된 경우, 임대차의 존속기간은 2년으로 본다.
㉑ 주택임차권이 묵시적으로 갱신된 경우, 임차인은 언제든지 임대인에게 계약해지의 통지를 할 수 있다.
㉒ 임차인 乙이 2기의 차임액에 달하도록 차임을 연체한 경우, 묵시적 갱신이 인정되지 아니한다.
㉓ 주택임차인은 임대차기간이 끝나기 6개월 전부터 2개월 전까지 기간 이내에 계약갱신을 요구할 수 있다.
㉔ '차임 등'의 증액청구는 임대차계약 또는 차임 등의 증액이 있은 후 1년 이내에는 청구하지 못한다.
㉕ 차임이나 보증금의 증액청구는 약정한 차임 등의 20분의 1을 초과하지 못한다.
㉖ 임차인의 계약갱신요구권 행사에 의하여 계약이 갱신된 경우, 임차인은 갱신된 임대차기간이 시작되기 전에도 임대차를 해지할 수 있고, 임대인에게 해지통지가 도달한 3월이 경과하면 임차권은 소멸한다.

## KEY POINT 🔍 민사특별법

**90. 상가건물 임대차보호법에 관한 설명으로 틀린 것은?**

① 임대차기간이 10년을 초과하여 계약갱신을 요구할 수 없는 임차인은 권리금보호규정에 의하여 보호받을 수 없다.
② 보증금 9억원을 초과하는 임차인도 집합 제한 또는 금지조치를 받음으로써 폐업한 경우에는 임대차계약을 해지할 수 있다.
③ 임차인이 3기의 차임을 연체한 경우에는 임대인은 임차인이 권리금을 받는 것을 방해할 수 있다.
④ 권리금회수기회를 방해한 임대인의 손해배상액은 신규임차인이 임차인에게 지급하기로 한 권리금과 임대차 종료 당시의 권리금 중 낮은 금액을 넘지 못한다.
⑤ 임차인이 상가를 인도받고 사업자등록을 신청하면 신청한 다음날부터 대항력이 인정된다.

### ▶ 확인지문

**정답》** ① 10년 기간을 초과한 임차인도 권리금보호를 받을 수 있다.

#### 🔺 상가건물 임대차보호법
① 사업자등록의 대상이 되지 않는 건물에 대해서는 상가건물 임대차보호법이 적용되지 않는다.
② 임차인이 대항력을 갖추기 위해서는 임대차계약서상의 확정일자를 받아야 한다. (×)
③ 상가임차인 甲이 상가건물의 환가대금에서 보증금을 우선변제받기 위해서는 대항요건이 배당요구의 종기까지 존속하여야 한다.
④ 임차인이 폐업신고를 하였다가 적법하게 전대차하여 전차인이 대항요건을 갖춘 경우에는 임차인은 소급하여 대항력이 인정된다. (×)
⑤ 기간을 정하지 아니하거나 기간을 2년 미만으로 정한 임대차는 그 기간을 2년으로 본다. (×)
⑥ 임차인이 3기의 차임액에 달하도록 차임을 연체한 사실이 있는 경우, 임대인은 임차인의 계약갱신요구를 거절할 수 있다.

## KEY POINT 민사특별법

**91. 상가건물 임대차보호법에 관한 설명으로 틀린 것은?**

① 보증금 9억을 초과하는 임차인이 계약갱신을 요구하는 경우, 임대인은 5%의 제한을 받지 않고 보증금의 증액을 청구할 수 있다.
② 권리금회수방해를 원인으로 하는 손해배상청구권은 방해행위가 있은 날로부터 3년 내에 행사하여야 한다.
③ 보증금 9억을 초과하는 임차인은 임차권등기명령을 신청할 수 없다.
④ 보증금 9억을 초과하는 임차인과 임대인이 임대차존속기간을 6개월로 정한 경우, 임대인도 6개월의 기간이 유효함을 주장할 수 있다.
⑤ 보증금 9억을 초과하는 임차인은 상가건물의 경매절차에서 일반채권자보다 우선변제를 받을 수 없다.

### ▶ 확인지문

**정답》** ② 임대차가 종료한 날로부터 3년이다.

#### 🔺 상가건물 임대차보호법

⑦ 甲이 보증금반환청구소송의 확정판결에 따라 X건물에 대한 경매를 신청하는 경우, 甲의 건물명도의무이행은 집행개시의 요건이다. (×)
⑧ 임대차가 종료한 후 보증금이 반환되지 않은 때에는 임차인은 관할 세무서에 임차권등기명령을 신청할 수 있다. (×)
⑨ 계약갱신요구권은 최초의 임대차기간을 포함한 전체 임대차기간이 10년을 초과하지 아니하는 범위에서만 행사할 수 있다.
⑩ 보증금 9억을 초과하는 상가임차인이 임대차기간을 약정하지 않은 경우에는 계약갱신요구권이 인정될 여지가 없다.
⑪ 임차인이 임차한 건물을 중대한 과실로 전부 파손한 경우, 임대인은 권리금회수의 기회를 보장할 필요가 없다.
⑫ 보증금 9억을 초과하는 상가임차인에게는 확정일자부여에 관한 규정이 적용되지 않는다.
⑬ 임대차계약이 끝나기 15일전에 갱신요구를 한 경우, 특별한 사정이 없는 한 상가임대차는 종전의 임대차 기간만료일에 종료한다.

## KEY POINT 민사특별법

**92. 집합건물의 소유 및 관리에 관한 법률에 관한 설명으로 틀린 것은?**

① 집합건축물대장에 등록되지 않거나 구분건물로 등기되지 않은 경우에도 구분소유권이 성립할 수 있다.
② 구분소유자 중 일부가 복도, 계단과 같은 공용부분을 아무런 권원 없이 배타적으로 점유·사용하는 경우, 특별한 사정이 없는 한 다른 구분소유자들은 임료 상당의 부당이득반환을 청구할 수 없다.
③ 구분소유건물의 공용부분에 관한 물권의 득실변경은 등기가 필요하지 않다.
④ 관리인은 구분소유자일 필요가 없다.
⑤ 일부의 구분소유자만이 공용하도록 제공되는 것임이 명백한 공용부분은 그들 구분소유자의 공유에 속한다.

### ▶ 확인지문

**정답》** ② 임료 상당의 부당이득반환을 청구할 수 있다.

#### 🔺 집합건물법

① 공용부분의 사용과 비용부담은 전유부분의 지분비율에 따른다. (×)
② 구분소유자가 권원 없이 공용부분의 일부를 독점적으로 점유·사용하는 경우, 다른 구분소유자는 그 부분의 인도를 청구할 수 없다.
③ 구분소유자는 규약 또는 공정증서로써 달리 정하지 않는 한 그가 가지는 전유부분과 분리하여 대지사용권을 처분할 수 없다.
④ 전유부분에 대한 담보책임의 존속기간은 사용검사일부터 기산한다. (×)
⑤ 전유부분이 속하는 1동의 건물의 설치 또는 보존의 흠으로 인하여 다른 자에게 손해를 입힌 경우에는 그 흠은 공용부분에 존재하는 것으로 추정한다.
⑥ 대지사용권은 전유부분과 일체성을 갖게 된 후 개시된 강제경매절차에 의해 전유부분과 분리되어 처분될 수 없다.
⑦ 공유자가 공용부분에 관하여 다른 공유자에 대하여 가지는 채권은 그 특별승계인에 대하여도 행사할 수 있다.

## KEY POINT 🔍 민사특별법

**93. 집합건물의 소유 및 관리에 관한 법률에 관한 설명으로 틀린 것은?**

① 관리인은 매년 회계연도 종료 후 3개월 이내에 정기 관리단집회를 소집하여야 한다.
② 집합건물을 재건축하려면, 구분소유자 및 의결권의 각 5분의 4 이상의 다수에 의한 결의가 있어야 한다.
③ 재건축 결의 후 재건축 참가 여부를 서면으로 촉구받은 재건축반대자가 법정기간 내에 회답하지 않으면 재건축에 참가하겠다는 회답을 한 것으로 본다.
④ 관리단집회는 구분소유자 전원이 동의하면 소집절차를 거치지 않고 소집할 수 있다.
⑤ 구분소유자 전원의 동의로 소집된 관리단집회는 소집절차에서 통지되지 않은 사항에 대해서도 결의할 수 있다.

### ▶ 확인지문

**정답 ▶▶** ③ 참가하지 아니하겠다는 뜻을 회답한 것으로 본다.

#### 🔺 집합건물법

⑧ 공용부분 관리비에 대한 연체료는 전 구분소유자의 특별승계인에게 승계되는 공용부분 관리비에 포함되지 않는다.
⑨ 관리비징수에 관한 관리단 규약이 존재하지 않아도 관리단은 공용부분에 대한 관리비는 구분소유자에 대하여 청구할 수 있다.
⑩ 관리인은 구분소유자가 10인 이상이 아니면 반드시 선임하여야 하는 것은 아니다.
⑪ 규약 및 관리단집회의 결의는 구분소유자의 특별승계인에 대하여도 효력이 있다.
⑫ 재건축결의나 결의의 변경도 서면합의에 의할 수 있다.
⑬ 콘도미니엄의 재건축은 2/3 이상의 찬성에 의한다.

## KEY POINT 🔍 민사특별법

**94. 가등기담보 등에 관한 법률에 관한 설명으로 틀린 것은?**

① 공사대금채권을 담보하기 위한 가등기에는 가등기담보법이 적용되지 않는다.
② 소비대차에 기한 대물변제약정을 한 경우에는 그에 따른 가등기나 소유권이전등기를 경료하지 않은 경우에도 사적실행에 의한 처분정산은 허용되지 않는다.
③ 1억원을 차용하면서 3천만원 상당의 부동산을 양도담보로 제공한 경우에는 가등기담보법이 적용되지 않으므로 청산금의 통지를 할 여지가 없다.
④ 가등기담보권이 설정된 경우, 설정자는 담보권자에 대하여 그 목적물의 소유권을 자유롭게 행사할 수 있다.
⑤ 가등기담보권자는 담보목적물의 경매를 청구할 수 있다.

### ▶ 확인지문

**정답 ▶▶** ② 이 경우에는 가등기담보법이 적용되지 않으므로 사적실행에 의한 처분정산도 허용된다.

#### 🔺 가등기담보법

① 가등기가 일반가등기인지 담보가등기인지 여부는 거래의 실질과 당사자의 의사해석에 따라 결정될 문제이다.
② 양도담보권자에게 물상대위성이 인정된다.
③ 가등기담보권자는 그 피담보채권과 함께 가등기담보권을 제3자에게 양도할 수 있다.
④ 양도담보권자는 담보목적물의 임차인에게 소유권에 기하여 그 인도를 청구할 수 있다. (×)
⑤ 양도담보권자는 담보권실행을 위하여 후순위 임차인에게 양도목적 부동산의 인도를 청구할 수 있다.
⑥ 양도담보권자는 담보목적물의 임차인에게 임료 상당의 부당이득반환을 청구할 수 있다. (×)
⑦ 청산절차가 종료한 경우, 그 때부터 담보목적물의 과실수취권은 채권자에게 귀속한다.

## KEY POINT 민사특별법

**95. 가등기담보 등에 관한 법률에 관한 설명으로 틀린 것은?**

① 채권자가 채무자에게 담보권실행을 통지하고 난 후부터는 담보목적물에 대한 과실수취권은 채권자에게 귀속한다.
② 가등기담보권 실행통지는 채무자, 물상보증인 및 담보가등기 후 소유권을 취득한 제3자 모두에게 하여야 한다.
③ 가등기담보권자 甲이 담보계약에 따른 담보권을 실행하여 X토지의 소유권을 취득하기 위해서는 청산절차를 거쳐야 한다.
④ 가등기담보법에서 정한 청산절차를 거치지 않은 담보가등기에 기한 본등기는 원칙적으로 무효이다.
⑤ 청산금을 계산함에 있어서는 선순위담보권자의 피담보채권액도 고려한다.

### 확인지문

**정답》** ① 청산절차가 종료되어야 채권자에게 귀속한다.

#### 가등기담보법

⑧ 통지한 청산금액이 객관적으로 정확하게 계산된 액수와 맞지 않으면, 채권자는 정확하게 계산된 금액을 다시 통지해야 한다. (×)
⑨ 채권자가 담보권실행을 통지함에 있어서, 청산금이 없다고 인정되면 통지의 상대방에게 그 뜻을 통지하지 않아도 된다. (×)
⑩ 가등기담보권자 甲이 채무자 乙에게 담보권 실행통지를 하지 않으면 청산금을 지급하더라도 가등기에 기한 본등기를 청구할 수 없다.
⑪ 청산금 미지급으로 본등기가 무효로 되었다면, 그 후 청산절차를 마치더라도 유효한 등기가 될 수 없다. (×)
⑫ 청산금을 통지할 때에는 후순위담보권자의 피담보채권액도 통지하여야 한다. (×)
⑬ 담보가등기 후의 저당권자는 청산기간 내라도 저당권의 피담보채권의 변제기 도래 전에는 담보목적 부동산의 경매를 청구할 수 없다. (×)

## KEY POINT 민사특별법

**96. 가등기담보 등에 관한 법률에 관한 설명으로 틀린 것은?**

① 귀속청산의 경우, 채권자는 담보권실행의 통지절차에 따라 통지한 청산금의 금액에 대해서는 다툴 수 없다.
② 후순위권리자는 청산기간 내에 한하여 그 피담보채권의 변제기가 되기 전이라도 목적부동산의 경매를 청구할 수 있다.
③ 채무자 乙이 청산기간이 지나기 전에 한 청산금에 관한 권리의 양도는 이로써 후순위 저당권자 丙에게 대항할 수 없다.
④ 양도담보권자 甲이 채무자 乙에게 청산금을 지급함으로써 소유권을 취득하면 甲의 양도담보권은 혼동으로 소멸한다.
⑤ 제3자가 경매로 담보목적물의 소유권을 취득한 경우, 선순위 가등기담보권은 소멸하지 않는다.

### 확인지문

**정답》** ⑤ 가등기담보권은 경매에 있어서는 저당권과 마찬가지로 취급되므로 담보목적물이 경매되면 모든 가등기담보권은 소멸한다.

#### 가등기담보법

⑭ 후순위저당권자 丙은 청산기간이 지나면 그의 피담보채권 변제기가 도래하기 전이라도 X토지의 경매를 청구할 수 있다. (×)
⑮ 후순위권리자가 경매를 청구하면 가등기담보권자는 채무자에게 소유권이전등기를 청구할 수 없다.
⑯ 담보목적으로 채권자에게 이전된 담보물을 채권자가 제3자에게 양도한 경우 그 제3자가 선의이면 유효하게 소유권을 취득한다.
⑰ 만일 선의의 제3자 戊가 양도담보권자 丙으로부터 X건물의 소유권을 취득하였다면, 채무자 甲은 丙 명의의 소유권이전등기의 말소를 청구할 수 없다.
⑱ 가등기담보권자가 청산절차에 의하여 담보목적물의 소유권을 취득하면 선순위 담보권은 소멸한다. (×)

## KEY POINT — 민사특별법

**97. 명의신탁에 관한 설명으로 옳은 것은?**

① 소유권 이외의 부동산 물권의 명의신탁은 부동산실명법의 적용을 받지 않는다.
② 甲과 乙이 명의신탁약정을 하고 乙이 丙으로부터 건물을 매수하면서 乙 명의로 소유권이전등기청구권 보전을 위한 가등기를 한 경우에도 부동산실명법이 적용된다.
③ 법령회피 등의 목적이 없다면 사실혼 배우자 간의 명의신탁도 유효하다.
④ 채무변제를 담보하기 위해 채권자가 부동산 소유권을 이전받기로 하는 약정은 부동산실명법상의 명의신탁약정에 해당한다.
⑤ 유효한 명의신탁에서 제3자가 명의신탁된 토지를 불법점유하는 경우, 명의신탁자 甲은 소유권에 기하여 직접 방해배제를 청구할 수 있다.

> **확인지문**

**정답》** ②
① 소유권 외의 부동산물권의 명의신탁에도 부동산실명법이 적용된다(동법 제2조 제1호).
③ 사실혼 배우자는 배우자에 포함되지 않는다.
④ 가등기담보법이 적용되며 부동산실명법의 명의신탁약정에 포함되지 않는다.
⑤ 대외적으로는 수탁자가 소유자이므로 신탁자는 직접 소유권에 기한 물권적 청구권을 행사할 수 없다.

🔹 **부동산실명법**
① 구분소유적 공유관계에 있는 甲과 乙은 자신들의 특정 구분부분을 단독으로 처분할 수 있다.
② 구분소유적 공유관계에 있는 甲의 특정 구분부분에 대한 乙의 방해행위에 대하여, 甲은 소유권에 기한 방해배제를 청구할 수 있다.
③ 유효한 명의신탁의 경우, 명의신탁자 甲이 명의신탁해지를 원인으로 하고 소유권에 기하여 乙에게 행사하는 등기청구권은 소멸시효에 걸리지 않는다.
④ 유효한 명의신탁에서 명의신탁자가 신탁부동산을 매도한 경우, 이를 타인권리매매로 볼 수 없다.
⑤ 유효한 명의신탁에서 명의수탁자 乙이 평온·공연하게 10년간 X토지를 점유한 경우, 乙은 이를 시효취득할 수 있다. (×)

## KEY POINT — 민사특별법

**98. A(a부분)와 B(b부분)가 X토지를 구분소유적 공유하고 있다. 다음 설명 중 틀린 것은?**

① A가 a부분을 C에게 매도하고 지분이전등기를 경료하면 B와 C가 X토지를 구분소유적 공유한다.
② A의 지분이 경매가 되어 C가 경락을 받으면 구분소유적 공유는 종료되고 보통의 공유가 된다.
③ A와 B는 각 당사자에 대하여 언제든지 공유물의 분할을 청구할 수 있다.
④ A의 토지 위에 B의 건물이 신축된 경우, 관습상의 법정지상권이 성립할 여지가 없다.
⑤ A의 a부분 점유는 자주점유이다.

> **확인지문**

**정답》** ③ 구분소유적 공유는 내부관계에서는 각자 단독소유이므로 공유물분할청구가 허용되지 않는다.

🔹 **부동산실명법**
⑥ 유효한 명의신탁에서 명의수탁자 乙이 X토지 위에 건물을 지어 소유하던 중 명의신탁이 해지되어 X토지의 등기명의가 명의신탁자 甲으로 환원된 경우, 乙은 관습법상의 법정지상권을 취득한다. (×)
⑦ 명의수탁자 乙로부터 X토지를 매수한 丙이 乙의 甲에 대한 배신행위에 적극가담한 경우, 乙과 丙사이의 계약은 무효이다.
⑧ 2자간 등기명의신탁의 경우, 신탁자는 수탁자에게 명의신탁약정의 해지를 원인으로 소유권이전등기를 청구할 수 없다.
⑨ 2자간 명의신탁의 경우, 신탁자는 수탁자를 상대로 부당이득반환을 원인으로 소유권이전등기를 청구할 수 없다.
⑩ 명의신탁약정의 무효는 악의의 제3자에게 대항할 수 있다. (×)
⑪ 명의신탁된 부동산에 대하여 제3자가 소유권을 취득한 후, 우연히 다시 명의수탁자에게 소유권이전등기가 된 경우에는 명의신탁자는 명의수탁자를 상대로 물권적 청구권을 행사할 수 없다.

| KEY POINT  민사특별법 |

99. 甲이 乙과 명의신탁약정을 하고 丙 소유의 X부동산을 매수하면서 丙에게 부탁하여 乙 명의로 소유권이전등기를 하였다. 다음 설명 중 옳은 것은?

① 丙은 더 이상 甲에게 소유권이전등기의무를 부담하지 않는다.
② 甲은 丙에게 매매대금을 부당이득으로 반환청구할 수 있다.
③ 甲은 명의신탁의 해지를 원인으로 乙에게 소유권이전등기를 청구할 수 있다.
④ 甲은 부당이득반환을 원인으로 乙에게 소유권이전등기를 청구할 수 있다.
⑤ 丙은 乙에게 진정명의회복을 위한 소유권이전등기를 청구할 수 있다.

> 확인지문

**정답 ≫** ⑤
①② 매매계약은 유효하고 丙은 유효한 등기를 경료해주지 못했으므로 여전히 甲에게 소유권이전의무를 부담하며, 계약이 유효하므로 무효임을 전제로 한 매매대금 상당의 부당이득반환청구는 인정될 여지가 없다.
③ 무효인 명의신탁의 해지는 인정되지 않는다.
④ 乙의 등기가 무효이므로, 즉 乙에게 부당이득이 없으므로 부당이득반환청구가 인정되지 않는다.

🔺 부동산실명법
⑫ 명의신탁자와 계약을 맺고 단지 등기명의만을 명의수탁자로부터 경료받은 것 같은 외관을 갖춘 자는 제3자에 해당하지 않는다.
⑬ 3자간 등기명의신탁에서 명의신탁자 甲과 명의수탁자 乙 사이의 명의신탁약정은 무효이다.
⑭ 3자간 명의신탁에서 명의신탁자 甲은 수탁자 乙에 대한 부당이득반환청구권을 피담보채권으로 하여 유치권을 주장할 수 있다. (×)
⑮ 3자간 등기명의신탁에서 명의수탁자 乙에게 이전등기가 경료되면 乙이 X부동산의 소유자이다. (×)
⑯ 3자간 등기명의신탁에서 명의신탁자 甲은 매도인 丙을 대위하여 명의수탁자 乙의 등기말소를 청구할 수 있다.

| KEY POINT  민사특별법 |

100. 丙의 토지를 구입하고자 하는 甲은 乙과 명의신탁약정을 맺고 매수자금을 제공하였고 乙은 명의신탁약정에 따라 丙의 토지를 구입하여 자신 명의로 소유권이전등기를 경료하였다. 다음 설명 중 틀린 것은?

① 丙이 선의인 경우, 丙은 乙 명의의 등기말소를 청구할 수 없다.
② 丙이 악의인 경우, 丙은 乙 명의의 등기말소를 청구할 수 있다.
③ 丙이 선의라도 甲과 丙 사이의 명의신탁약정은 무효이다.
④ 丙이 선의인 경우, 乙은 甲에게 매매대금상당의 부당이득반환책임을 진다.
⑤ 만약 乙이 경매를 통하여 이전등기를 경료한 경우, 乙은 丙이 악의라면 소유권을 취득하지 못한다.

> 확인지문

**정답 ≫** ⑤ 경매의 경우에는 전소유자의 선악을 불문하고 명의인(수탁자)이 소유권을 취득한다.

🔺 부동산실명법
⑰ 계약명의신탁에서 매도인이 계약체결 당시 명의신탁약정이 있음을 몰랐다면 나중에 그 사실을 알게 되었다고 하더라도 수탁자의 등기는 여전히 유효하다.
⑱ 계약명의신탁에서 명의수탁자 乙이 명의신탁자 甲에게 임의로 소유권이전등기를 경료해 준 경우, 甲의 등기는 실체관계에 부합하여 유효하다.
⑲ 계약명의신탁에서 매도인이 丙이 악의인 경우, 명의신탁자 甲은 丙에 대하여 X토지에 대한 소유권이전등기를 청구할 수 있다. (×)
⑳ 계약명의신탁에서 매도인이 丙이 악의인 경우, 명의수탁자 乙이 X토지의 소유권이전등기를 말소하지 않더라도 丙은 乙의 매매대금반환청구를 거절할 수 없다. (×)
㉑ 계약명의신탁에서 매도인 丙이 선의인 경우, 甲과 乙 및 甲의 친구 丁 사이의 새로운 명의신탁약정에 의하여 乙이 다시 甲이 지정한 丁에게 X토지의 이전등기를 해 준 경우, 丁은 그 소유권을 취득한다. (×)

박문각 공인중개사

PART 02

쟁점 비교정리

# PART 02 쟁점 비교정리

## 01 소급효

**1. 소급효가 인정되는 경우**

(1) 무권대리행위의 추인

> **제133조 【추인의 효력】** 추인은 다른 의사표시가 없는 때에는 계약시에 소급하여 그 효력이 생긴다. 그러나 제3자의 권리를 해하지 못한다.

① 무권대리행위의 추인은 다른 의사표시가 없는 때에는 계약시에 소급하여 그 효력이 생긴다.
② 무권대리행위를 추인한 경우 원칙적으로 추인한 때로부터 유권대리와 마찬가지의 효력이 생긴다. (×)
③ 무권대리행위를 추인하면 원칙적으로 그 때부터 새로운 법률행위를 한 것으로 본다. (×)
④ 무권리자 乙이 甲의 권리를 자기의 이름으로 처분한 경우, 甲이 그 처분을 추인하면 처분행위의 효력이 (소급하여) 甲에게 미친다.
⑤ 무권대리인 乙이 甲의 X토지를 丙에게 매도한 후에 甲이 X토지를 丁에게 매도하고 소유권이전등기를 마쳤다면, 甲이 乙의 대리행위를 추인하더라도 丁은 유효하게 그 소유권을 취득한다.

(2) 법률행위의 취소

> **제141조 【취소의 효과】** 취소된 법률행위는 처음부터 무효인 것으로 본다. 다만, 제한능력자는 그 행위로 인하여 받은 이익이 현존하는 한도에서 상환할 책임이 있다.

법률행위를 취소하면 그 법률행위는 취소한 때로부터 무효가 된다. (×)

(3) 취득시효의 효과

> **제247조 【소유권취득의 소급효, 중단사유】** ① 전2조의 규정에 의한 소유권취득의 효력은 점유를 개시한 때에 소급한다.

부동산의 점유취득시효를 완성하여 소유권이전등기를 경료하면 등기를 경료한 때로부터 소유권을 취득한다. (×)

(4) 계약을 해제하면 계약은 처음부터 없었던 것으로 된다.

(5) 기타 소급효가 있는 경우
① 토지거래허가구역 내의 토지거래에 대한 허가
② 합의해제
③ 조건의 성취에 있어 당사자가 소급의 의사를 표시한 경우

## 2. 소급효가 인정되지 않는 경우

### (1) 무효행위의 추인

> **제139조【무효행위의 추인】** 무효인 법률행위는 추인하여도 그 효력이 생기지 아니한다. 그러나 당사자가 그 무효임을 알고 추인한 때에는 새로운 법률행위로 본다.

① 비진의표시로 무효인 법률행위를 당사자가 그 무효임을 알고 추인한 때에는 새로운 법률행위로 본다.
② 무효인 법률행위를 추인하면 특별한 사정이 없는 한 처음부터 새로운 법률행위를 한 것으로 본다. (×)
③ 매도인이 통정한 허위의 매매를 추인한 경우, 다른 약정이 없으면 계약을 체결한 때로부터 유효로 된다. (×)
④ 무효인 가등기를 전용하기로 한 약정은 그때부터 유효하고, 소급하여 유효가 되는 것은 아니다.
⑤ 양도금지특약에 위반하여 무효인 채권양도에 대해 양도대상이 된 채권의 채무자가 승낙하면 다른 약정이 없는 한 양도의 효과는 승낙시부터 발생한다.

### (2) 조건성취・기한도래

> **제147조【조건성취의 효과】** ① 정지조건 있는 법률행위는 조건이 성취한 때로부터 그 효력이 생긴다.
> ② 해제조건 있는 법률행위는 조건이 성취한 때로부터 그 효력을 잃는다.
> ③ 당사자가 조건성취의 효력을 그 성취 전에 소급하게 할 의사를 표시한 때에는 그 의사에 의한다.

① 정지조건부 법률행위에서 조건성취의 효력은 원칙적으로 법률행위가 성립한 때로부터 발생한다. (×)
② 정지조건부 법률행위는 조건이 성취되면 소급하여 효력이 생기는 것이 원칙이다. (×)
③ 당사자가 조건 성취의 효력을 그 성취 전에 소급하게 할 의사를 표시하더라도, 당사자 사이에서 법률행위는 조건이 성취한 때부터 효력이 생긴다. (×)

> **제152조【기한도래의 효과】** ① 시기 있는 법률행위는 기한이 도래한 때로부터 그 효력이 생긴다.
> ② 종기 있는 법률행위는 기한이 도래한 때로부터 그 효력을 잃는다.

④ 기한도래의 효과는 원칙적으로 소급효가 있다. (×)

### (3) 가등기에 기한 본등기

청구권 보전을 위한 가등기에 기한 본등기를 하면 물권변동의 효력은 가등기로 소급하여 발생한다. (×)

### (4) 공유물 분할

### (5) 제3자를 위한 계약의 효력발생시기

> **제539조【제3자를 위한 계약】** ① 계약에 의하여 당사자 일방이 제3자에게 이행할 것을 약정한 때에는 그 제3자는 채무자에게 직접 그 이행을 청구할 수 있다.
> ② 전항의 경우에 제3자의 권리는 그 제3자가 채무자에 대하여 계약의 이익을 받을 의사를 표시한 때에 생긴다.

제3자의 권리는 그 제3자가 채무자에 대해 수익의 의사표시를 하면 계약의 성립시에 소급하여 발생한다. (×)

### (6) 계약의 해지

> **제550조【해지의 효과】** 당사자 일방이 계약을 해지한 때에는 계약은 장래에 대하여 그 효력을 잃는다.

계약을 해지하면 소급하여 무효가 된다. (×)

### (7) 예약완결권의 행사

> **제564조【해지의 효과매매의 일방예약】** ① 매매의 일방예약은 상대방이 매매를 완결할 의사를 표시하는 때에 매매의 효력이 생긴다.

(8) 명의신탁

사실혼 배우자가 탈법 목적 없이 명의신탁을 한 후 혼인을 한 경우, 혼인을 한 때로부터 유효(소급효 ×)

## 02  상대방 보호, 제3자 보호

1. 상대방 보호 : 선의·무과실
(1) 진의 아닌 의사표시

> 제107조 【진의 아닌 의사표시】 ① 의사표시는 표의자가 진의 아님을 알고 한 것이라도 그 효력이 있다. 그러나 상대방이 표의자의 진의 아님을 알았거나 이를 알 수 있었을 경우에는 무효로 한다.

① 진의 아닌 의사표시는 표시된 내용대로 효력이 발생함이 원칙이다.
② 비진의표시는 상대방이 선의·무과실인 경우에 한하여 유효하다.
③ 상대방이 표의자의 진의 아님을 알았을 경우, 표의자는 진의 아닌 의사표시를 취소할 수 있다. (×)

(2) 제3자의 사기·강박

> 제110조 【사기, 강박에 의한 의사표시】 ② 상대방 있는 의사표시에 관하여 제3자가 사기나 강박을 행한 경우에는 상대방이 그 사실을 알았거나 알 수 있었을 경우에 한하여 그 의사표시를 취소할 수 있다.

① 제3자의 사기에 의해 의사표시를 한 표의자는 상대방이 그 사실을 알았던 경우에만 그 의사표시를 취소할 수 있다. (×)
② 제3자의 강박에 의해 의사표시를 한 경우, 상대방이 그 사실을 알았다면 표의자는 자신의 의사표시를 취소할 수 있다.
③ 대리인의 기망행위에 의해 계약이 체결된 경우, 계약의 상대방은 본인이 선의이더라도 계약을 취소할 수 있다.

(3) 무권대리인의 책임

> 제135조 【상대방에 대한 무권대리인의 책임】 ① 다른 자의 대리인으로서 계약을 맺은 자가 그 대리권을 증명하지 못하고 또 본인의 추인을 받지 못한 경우에는 그는 상대방의 선택에 따라 계약을 이행할 책임 또는 손해를 배상할 책임이 있다.
> ② 대리인으로서 계약을 맺은 자에게 대리권이 없다는 사실을 상대방이 알았거나 알 수 있었을 때 또는 대리인으로서 계약을 맺은 사람이 제한능력자일 때에는 제1항을 적용하지 아니한다.

무권대리인의 상대방은 계약 당시에 대리권 없음을 안 경우 계약의 이행을 청구할 수 있다. (×)

(4) 표현대리의 상대방
(5) 계약체결상의 과실책임

> 제535조 【계약체결상의 과실】 ① 목적이 불능한 계약을 체결할 때에 그 불능을 알았거나 알 수 있었을 자는 상대방이 그 계약의 유효를 믿었음으로 인하여 받은 손해를 배상하여야 한다. 그러나 그 배상액은 계약이 유효함으로 인하여 생길 이익액을 넘지 못한다.
> ② 전항의 규정은 상대방이 그 불능을 알았거나 알 수 있었을 경우에는 적용하지 아니한다.

## 2. 선의의 제3자 보호 ○ : 과실 유무 불문

### (1) 비·통·착·사
① 진의 아닌 의사표시의 효력이 없는 경우, 법률행위의 당사자는 진의 아닌 의사표시를 기초로 새로운 이해관계를 맺은 선의의 제3자에게 대항하지 못한다.
② 통정허위표시의 경우, 제3자 丙이 선의이더라도 과실이 있으면 소유권을 취득하지 못한다. (×)

### (2) 해제 후 등기말소 전에 법률관계를 맺은 제3자

### (3) 집합건물법

> 제20조【전유부분과 대지사용권의 일체성】① 구분소유자의 대지사용권은 그가 가지는 전유부분의 처분에 따른다.
> ② 구분소유자는 그가 가지는 전유부분과 분리하여 대지사용권을 처분할 수 없다. 다만, 규약으로써 달리 정한 경우에는 그러하지 아니하다.
> ③ 제2항 본문의 분리처분금지는 그 취지를 등기하지 아니하면 선의로 물권을 취득한 제3자에게 대항하지 못한다.

> 제25조【관리인의 권한과 의무】② 관리인의 대표권은 제한할 수 있다. 다만, 이로써 선의의 제3자에게 대항할 수 없다.

### (4) 가등기담보법

> 제11조【채무자등의 말소청구권】채무자등은 청산금채권을 변제받을 때까지 그 채무액(반환할 때까지의 이자와 손해금을 포함한다)을 채권자에게 지급하고 그 채권담보의 목적으로 마친 소유권이전등기의 말소를 청구할 수 있다. 다만, 그 채무의 변제기가 지난 때부터 10년이 지나거나 선의의 제3자가 소유권을 취득한 경우에는 그러하지 아니하다.

만일 선의의 제3자 戊가 양도담보권자 丙으로부터 X건물의 소유권을 취득하였다면, 채무자 甲은 丙명의의 소유권이전등기의 말소를 청구할 수 없다.

## 3. 선·악 불문 제3자 보호

### (1) 무권대리

> 제133조【추인의 효력】추인은 다른 의사표시가 없는 때에는 계약시에 소급하여 그 효력이 생긴다. 그러나 제3자의 권리를 해하지 못한다.

### (2) 계약의 해제

> 제548조【해제의 효과, 원상회복의무】① 당사자 일방이 계약을 해제한 때에는 각 당사자는 그 상대방에 대하여 원상회복의 의무가 있다. 그러나 제3자의 권리를 해하지 못한다.
> ② 전항의 경우에 반환할 금전에는 그 받은 날로부터 이자를 가하여야 한다.

### (3) 명의신탁

> 제4조【명의신탁약정의 효력】① 명의신탁약정은 무효로 한다.
> ② 명의신탁약정에 따른 등기로 이루어진 부동산에 관한 물권변동은 무효로 한다. 다만, 부동산에 관한 물권을 취득하기 위한 계약에서 명의수탁자가 어느 한쪽 당사자가 되고 상대방 당사자는 명의신탁약정이 있다는 사실을 알지 못한 경우에는 그러하지 아니하다.
> ③ 제1항 및 제2항의 무효는 제3자에게 대항하지 못한다.

① 명의신탁약정의 무효는 악의의 제3자에게 대항할 수 있다. (×)
② 명의수탁자가 제3자에게 부동산을 처분한 경우, 그 제3자는 선의·악의를 불문하고 소유권을 취득하는 것이 원칙이다.

## 03 증명(입증)책임

1. **법률행위의 성립요건**: 법률행위의 존재(효력발생)를 주장하는 자
2. **법률행위의 효력요건**: 무효(취소)를 주장하는 자
   ① 불공정한 법률행위에 해당한다는 사실은 무효주장자(피해자)가 모든 요건을 증명해야 한다.
   ② 법률행위가 현저하게 공정을 잃었다고 하여 곧 그것이 궁박, 경솔 또는 무경험으로 이루어진 것으로 추정되지 않는다.
   ③ 상대방이 표의자의 진의 아님을 알았다는 것은 무효를 주장하는 자가 증명하여야 한다.
   ④ 가장매도인 甲이 자신의 소유권을 주장하려면 제3자 丙의 악의를 증명해야 한다.
   ⑤ 중대한 과실은 취소권 발생을 저지하는 사유이므로 상대방(효력발생을 주장하는 자)이 증명해야 하고, 착오의 존재와 그 부분이 중요부분이라는 사실은 표의자(무효를 주장하는 자, 효력발생을 부인하는 자)가 증명책임을 진다.
   ⑥ 표의자의 중대한 과실 유무는 착오에 의한 의사표시의 효력을 부인하는 자가 증명하여야 한다. (×)
   ⑦ 상대방이 대리권 없음을 알았다는 점에 대한 주장·증명책임은 철회의 효과를 다투는 본인에게 있다.
   ⑧ 상대방이 대리권이 없음을 알았다는 사실 또는 알 수 있었는데도 알지 못하였다는 사실에 대한 주장·증명책임은 무권대리인에게 있다.
   ⑨ 법률행위에 조건이 붙어 있다는 사실은 그 조건의 존재를 주장하는 자가 증명해야 한다.
   ⑩ 정지조건부 법률행위에 해당한다는 사실은 그 법률효과의 발생을 다투려는 자가 증명하여야 한다.
   ⑪ 정지조건의 경우에는 권리를 취득한 자가 조건성취에 대한 증명책임을 부담한다.
3. **등기의 추정력**: 상대방이 증명책임
   ① 상대방이 등기의 무효를 증명하지 못하는 한 등기의 추정력은 깨어지지 않는다.
   ② 상대방이 매매를 원인으로 한 소유권이전등기가 원인무효라는 것을 증명한 경우에는 등기의 추정력이 깨어지고 증여 등 또 다른 등기원인이 있을 것까지 추정할 수는 없다.
   ③ 등기명의인이 등기원인행위의 태양이나 과정을 다소 다르게 주장한다고 하여 이로써 추정력이 깨어지는 것은 아니다.
   ④ 등기명의자는 그 전 소유자에 대하여는 적법한 등기원인에 의하여 소유권을 취득한 것으로 추정되지만 제3자에게는 추정력이 인정되지 않는다. (×)
   ⑤ 등기부상 물권변동의 당사자 사이에는 등기추정력이 원용될 수 없다. (×)
   ⑥ 전등기명의인의 직접적인 처분행위에 의한 것이 아니라 제3자가 그 처분행위에 개입된 경우에도 현등기명의인의 등기는 적법하게 이루어진 것으로 추정된다.
   ⑦ 소유권이전청구권 보전을 위한 가등기가 있으면, 소유권이전등기를 청구할 어떠한 법률관계가 있다고 추정된다. (×)
   ⑧ 건물 소유권 보존등기의 명의인이 건물을 신축하지 않은 것으로 밝혀진 경우 등기의 추정력이 깨어진다.
   ⑨ 보존등기 명의자가 이전의 소유자로부터 부동산을 양수한 것이라고 주장하고 전소유자는 양도사실을 부인하는 경우에는 추정력이 깨어진다.
4. **(자주)점유의 추정력**: 상대방이 증명책임

> **제197조 【자주점유의 추정】** ① 점유자는 소유의 의사로 선의, 평온 및 공연하게 점유한 것으로 추정한다.
> ② 선의의 점유자라도 본권에 관한 소에 패소한 때에는 그 소가 제기된 때부터 악의의 점유자로 본다.

① 점유자는 소유의 의사로 평온·공연하게 선의·무과실로 점유한 것으로 추정된다. (×)
② 점유자가 취득시효를 주장하는 경우, 자주점유 여부에 대한 증명책임은 취득시효의 성립을 부정하는 자에게 있다.
③ 매수인이 매매를 원인으로 하여 점유를 개시하였음을 증명하지 못하면, 그의 점유는 타주점유로 본다. (×)
④ 점유자가 스스로 매매 등과 같은 자주점유의 권원을 주장하였으나 이것이 인정되지 않는 경우 이 이유만으로도 자주점유의 추정은 깨진다. (×)

**제198조【점유계속의 추정】** 전후양시에 점유한 사실이 있는 때에는 그 점유는 계속한 것으로 추정한다.

전후 양 시점의 점유가가 다른 경우에도 점유의 승계가 입증되는 한 점유계속은 추정된다.

**제200조【권리적법의 추정】** 점유자가 점유물에 대하여 행사하는 권리는 적법하게 보유한 것으로 추정한다.

점유자의 권리적법 추정 규정은 특별한 사정이 없는 한 등기에 표상되어 있는 부동산물권에 대하여는 적용되지 않는다.

## 04 제3자 해당 여부

1. 비·통·착·사의 제3자 : 선의만
(1) 제3자에 해당하는 경우
   ① 통정허위표시에 의한 채권을 가압류한 자
   ② 가장소비대차에 따른 대여금채권의 양수인
   ③ 가장채무를 보증하고 그 보증채무를 이행한 보증인
   ④ 가장소비대주가 파산한 경우 그 파산관재인(총파산채권자 기준)
   ⑤ 가장전세권에 (근)저당권을 설정한 자
(2) 제3자에 해당하지 않는 경우
   ① 채권의 가장양도에 있어서 변제 전 채무자
   ② 대리행위에서의 대리인과 본인
   ③ 제3자를 위한 계약의 제3자(수익자)
   ④ 계약인수인

2. 해제의 제3자 : 선·악 불문, 등기·인도 필요
(1) 제3자에 해당하는 경우
   ① 계약의 해제 전 매매(교환)계약의 당사자 乙로부터 X토지를 매수하여 그에 기한 소유권이전청구권보전을 위한 가등기를 마친 자
   ② 해제대상 매매계약에 의하여 채무자 명의로 이전등기된 부동산을 가압류 집행한 가압류채권자
   ③ 계약해제로 소유권을 상실하게 된 임대인으로부터 그 계약이 해제되기 전에 주택을 임차하여 대항요건을 갖춘 임차인
   ④ 매도인으로부터 임대권한을 부여받은 매수인과 임대차계약을 체결하고 대항요건을 갖춘 임차인
   ⑤ 계약해제 후 그에 따른 등기말소 전에 그 등기를 믿고 법률관계를 맺은 자

(2) 제3자에 해당하지 않는 경우
  ① 미등기·무허가 건물의 매수인으로부터 그 건물을 매수하여 무허가건물대장에 소유자로 등재한 자
  ② 토지매매계약이 해제된 경우, 매수인이 해당 토지에 신축한 건물을 매수한 자
  ③ 계약상의 채권 그 자체를 양도받은 양수인
  ④ 계약상의 채권(대금지급청구권, 소유권이전등기청구권)의 압류채권자
  ⑤ 계약상의 채권을 양수하여 이를 피보전권리로 하여 처분금지가처분결정을 받은 자

## 05 과실상계 적용여부

(1) **원칙**: 채무불이행책임과 불법행위책임에만 적용(제396조, 제763조)

(2) **표현대리**: 적용 ×
  표현대리행위가 성립하는 경우에 그 본인은 표현대리행위에 의하여 전적인 책임을 져야 하고, 상대방에게 과실이 있다고 하더라도 과실상계의 법리를 유추적용하여 본인의 책임을 경감할 수 없다(대판 1996.7.12, 95다49554).

(3) **해제**: 적용 ×
  과실상계는 본래 채무불이행 또는 불법행위로 인한 손해배상책임에 대하여 인정되는 것이고, 매매계약이 해제되어 소급적으로 효력을 잃은 결과 매매당사자에게 당해 계약에 기한 급부가 없었던 것과 동일한 재산상태를 회복시키기 위한 원상회복의무의 이행으로서 이미 지급한 매매대금 기타의 급부의 반환을 구하는 경우에는 적용되지 아니한다(대판 2014.3.13, 2013다34143).

(4) **담보책임**: 적용 ×
  매도인의 하자담보책임은 법이 특별히 인정한 무과실책임으로서 여기에 민법 제396조의 과실상계 규정이 준용될 수는 없다 하더라도, 담보책임이 민법의 지도이념인 공평의 원칙에 입각한 것인 이상 하자 발생 및 그 확대에 가공한 매수인의 잘못을 참작하여 손해배상의 범위를 정함이 상당하다(대판 1995.6.30, 94다23920).

## 06 법정갱신(묵시의 갱신): 6661×3

> **제312조 【전세권의 존속기간】** ④ 건물의 전세권설정자가 전세권의 존속기간 만료전 6월부터 1월까지 사이에 전세권자에 대하여 갱신거절의 통지 또는 조건을 변경하지 아니하면 갱신하지 아니한다는 뜻의 통지를 하지 아니한 경우에는 그 기간이 만료된 때에 전전세권과 동일한 조건으로 다시 전세권을 설정한 것으로 본다. 이 경우 전세권의 존속기간은 그 정함이 없는 것으로 본다.

> **제639조 【묵시의 갱신】** ① 임대차기간이 만료한 후 임차인이 임차물의 사용, 수익을 계속하는 경우에 임대인이 상당한 기간 내에 이의를 하지 아니한 때에는 전임대차와 동일한 조건으로 다시 임대차한 것으로 본다. 그러나 당사자는 제635조의 규정에 의하여 해지의 통고를 할 수 있다.
> ② 전항의 경우에 전임대차에 대하여 제3자가 제공한 담보는 기간의 만료로 인하여 소멸한다.

> **주임법 제6조【계약의 갱신】** ① 임대인이 임대차기간이 끝나기 6개월 전부터 2개월 전까지의 기간에 임차인에게 갱신거절의 통지를 하지 아니하거나 계약조건을 변경하지 아니하면 갱신하지 아니한다는 뜻의 통지를 하지 아니한 경우에는 그 기간이 끝난 때에 전 임대차와 동일한 조건으로 다시 임대차한 것으로 본다. 임차인이 임대차기간이 끝나기 2개월 전까지 통지하지 아니한 경우에도 또한 같다.
> ② 제1항의 경우 임대차의 존속기간은 2년으로 본다.
> ③ 2기(期)의 차임액에 달하도록 연체하거나 그 밖에 임차인으로서의 의무를 현저히 위반한 임차인에 대하여는 제1항을 적용하지 아니한다.

① 건물전세권이 법정갱신된 경우, 전세권자는 이를 등기해야 그 목적물을 취득한 제3자에게 대항할 수 있다. (×)
② 건물전세권이 법정갱신된 경우 전세권자는 전세권갱신에 관한 등기없이도 제3자에게 전세권을 주장할 수 있다.
③ 전세권이 법정갱신되는 경우, 그 존속기간은 1년이다. (×)
④ 건물에 대한 전세권이 법정갱신되는 경우 그 존속기간은 2년으로 본다. (×)
⑤ 토지전세권설정자가 존속기간 만료 전 6월부터 1월 사이에 갱신거절의 통지를 하지 않은 경우, 특별한 사정이 없는 한 동일한 조건으로 다시 전세권을 설정한 것으로 본다. (×)
⑥ 토지전세권의 존속기간을 약정하지 않은 경우, 각 당사자는 6개월이 경과해야 상대방에게 전세권의 소멸통고를 할 수 있다. (×)
⑦ 토지임대차가 묵시적으로 갱신된 경우, 임차인은 언제든지 해지통고 할 수 있으나, 임대인은 그렇지 않다. (×)
⑧ 임대차가 묵시의 갱신이 된 경우, 전임대차에 대해 제3자가 제공한 담보는 원칙적으로 소멸하지 않는다. (×)
⑨ 주택임대차가 묵시적으로 갱신된 경우, 그 존속기간은 2년으로 본다.
⑩ 주택임차인 甲이 2기의 차임액에 달하는 차임을 연체하면 묵시적 갱신이 인정되지 않는다.
⑪ 임대차계약이 묵시적으로 갱신된 경우, 주택임차인 乙은 언제든지 임대인 甲에게 계약해지를 통지할 수 있다.
⑫ 임대차계약이 묵시적으로 갱신된 경우, 주택임대인 甲은 언제든지 임차인 乙에게 계약해지를 통지할 수 있다. (×)
⑬ 임차인 乙은 임대인 甲에게 2024. 3. 10.로 기간이 만료되는 X주택의 임대차계약에 대해 주택임대차보호법에 따라 갱신요구 통지를 하여 그 통지가 2024. 1. 5. 甲에게 도달하였고, 甲이 갱신거절 통지를 하지 않아 계약이 갱신되었다. 그 후 乙이 갱신된 계약기간이 개시되기 전인 2024. 1. 29. 갱신된 임대차계약의 해지를 통지하여 2024. 1. 30. 甲에게 도달하였다. 이 경우 임대차계약의 종료일은 2024. 4. 30.이다.

박문각 공인중개사

PART 03

핵심쟁점 20선

# PART 03 핵심쟁점 20선

## 01 법률행위의 대리

### 1. 임의대리권의 범위
① 부동산의 매도권한을 수여받은 대리인: 중도금, 잔금 수령 권한 포함 ○
② 포괄적으로 대리권을 수여받은 대리인: 매매대금지급기일 연장 권한 포함 ○
③ 금전소비대차 및 담보권설정계약을 '체결'할 대리권: '해제'권한 포함 ×

### 2. 대리권의 제한
(1) 자기계약·쌍방대리

1) 원칙: 금지

2) 허용되는 경우
① 본인의 허락이 있는 경우
② 새로운 이해관계를 창설하지 않는 경우

(2) 각자대리원칙(제119조)
대리인이 수인인 때에는 각자가 본인을 대리한다. 그러나 법률 또는 수권행위에 다른 정한 바가 있는 때에는 그러하지 아니하다.

### 3. 대리권의 소멸
(1) 공통된 소멸사유: 본사대사후파
① 본인의 성년후견개시, 본인의 파산: 소멸사유 ×
② 대리인의 한정후견개시: 소멸사유 ×

(2) 임의대리의 특유한 소멸사유
① 원인된 법률관계의 종료
② 수권행위의 철회
③ 원인된 법률관계의 종료 전에 수권행위를 철회하여 대리권 소멸 가능 ○

### 4. 대리행위의 하자
(1) 원칙: 대리인 기준
대리인이 매도인의 배임행위에 적극가담한 경우, 본인은 선의라도 소유권 취득 ×

(2) 예외
① 궁박은 본인 기준, 경솔과 무경험은 대리인 기준
② 특정한 법률행위를 위임, 본인의 지시: 본인은 대리인의 부지(선의) 주장 ×

### 5. 대리인의 능력
(1) 대리인은 행위능력 필요 ×
즉 대리인의 제한능력을 이유로 대리행위 취소 ×, 본인, 대리인, 대리인의 법정대리인 어느 누구도 취소 ×

(2) 의사능력은 필요 ○, 즉 의사무능력자의 대리행위는 무효

## 6. 대리의 효과

(1) **취소권, 해제권, 무효주장권**

　본인에게 귀속, 즉 대리인은 따로 수권을 받지 않는 한 취소권, 해제권, 무효주장권 행사 ×

(2) 대리인에게 변제하면 대리인이 본인에게 지급하지 않더라도 채무는 소멸 ○

(3) 대리인 乙에게 귀책사유가 있어도 상대방은 본인 甲에게 손해배상을 청구해야지 대리인 乙에게 청구 ×

(4) 해제에 따른 원상회복의무도 본인 甲과 상대방 丙이 부담 ○

## 7. 복대리

(1) **개 념**

　대리인이 대리인 '자신'의 이름으로 선임한 '본인의 대리인'

(2) **복임권 및 책임**

1) **임의대리인**: 책임 ○
   ① 원칙: 복임권 ×
   ② 예외: 본인의 승낙, 부득이한 사유
   ③ 책임: 선임·감독상의 과실책임(양아치 ×)
   ④ 예외(본인의 지명): 통지나 해임할 책임만
   ⑤ 법률행위의 성질상 대리인 자신에 의한 처리가 필요하지 아니한 경우에는 본인이 명시적 금지를 하지 않는 한 묵시적 승낙이 있는 것으로 간주 ○
   ⑥ 대리인의 능력에 따라 사업의 성공여부가 결정되는 경우(분양업무)는 본인의 명시적인 승낙 없이는 복대리인 선임 불가

2) **법정대리**
   ① 복임권 무제한 인정
   ② 책 임
      ㉠ 원칙: 무과실 책임
      ㉡ 예외(부득이한 사유): 선임·감독상의 과실책임

## 02 무권대리

1. **본인과 상대방 사이의 관계**
(1) **상대방에 대한 효과**
1) **최고권**: 상대방의 선·악 불문
   본인이 기간 내에 확답을 '발'하지 않으면 추인을 '거절'한 것으로 간주 ○
2) **철회권**: 선의의 상대방만
   상대방의 악의에 대해서는 본인이 증명책임 ○
(2) **본인에 대한 효과**
1) **추인권**
   ① 알고 해야 함
   ② 추인의 상대방
      무권대리인, 상대방, 승계인 누구에게나 가능
      무권대리인에게 추인한 경우에는 선의의 상대방에게 대항 ×, 즉 상대방은 철회를 할 수도 있고, 본인을 추인을 하였음을 주장하는 것도 가능 ○
   ③ 추인의 방법
      묵시적 추인 가능 ○(액션 필요)
      무권대리행위에 대하여 본인이 이의를 제기하지 않고 장기간 방치하거나, 형사고소를 하지 않은 경우 ⇒ 묵시적 추인 ×
      일부 추인, 조건부 추인, 변경을 가한 추인은 상대방이 동의하지 않는 한 무효
   ④ 추인의 효과(임의규정): 소급효 ○
2) **추인거절권**
   ① 무권대리인이 본인을 단독상속 후 본인 지위에서 추인 거절 ×(금반언, 신의칙)
   ② 상대방이나 승계인에 대하여 등기말소청구나 부당이득반환청구 ×
   ③ 무권대리인이 본인을 단독상속한 경우 상대방이나 승계인의 등기는 실체관계에 부합하여 유효 ○

2. **무권대리인의 책임**: 계약이행 내지 손해배상책임
   ① 상대방: 선의·무과실
      상대방의 악의나 과실에 대한 증명책임은 무권대리인이 부담
   ② 무권대리인이 제한능력자인 경우에는 어떠한 책임도 부담 ×
   ③ 선택권은 상대방에게
   ④ 무과실책임
      무권대리행위가 제3자의 기망이나 문서위조 등 위법행위로 야기되어 무권대리인에게 과실이 없는 경우에도 책임 ○

3. **상대방 없는 단독행위의 무권대리는 절대적 무효, 추인해도 무효**

# 03 물권적 청구권

## 1. 의 의
(1) **방해**: 현재 침해
(2) **손해**: 과거 침해
(3) **방해제거(배제)청구**
   ① 현재 계속되는 방해원인 제거 ○
   ② 방해결과의 제거 ×: 이는 손해배상청구의 영역
   ③ 이미 발생한 방해제거 행위 또는 방해예방행위를 하는 데 드는 비용청구: 손해배상의 담보청구에 포함 ×

## 2. 민법규정
   ① 유치권에 기한 물청(반환청구) 인정 ×, 점유권에 기한 물청으로 보호 ○
   ② 지역권, 저당권: 방해제거청구, 방해예방청구권 인정 ○, 반환청구 인정 ×

## 3. 법적성질
   ① 물청: 소멸시효 ×
   ② 채청: 원칙 10년의 소멸시효 ○
   ③ 물청: 침해자의 귀책사유 유무 불문
   ④ 불법손배청구: 침해자의 귀책사유 필요 ○

## 4. 소유권에 기한 물청
(1) **주체**: 현재의 소유자
   소유권 상실 ○ ⇒ 소유권에 기한 물청 상실 ○, 물권과 물청의 분리양도 허용 ×
(2) **미등기건물의 매수인**
   ① 소유권에 준하는 관습상의 물권 인정 ×
   ② 소유권에 기한 물청 인정 ×
   ③ 소유자(매도인)의 물청 대위행사 인정 ○
   ④ 점유권에 기한 물청 행사 인정 ○
(3) 용익권을 설정한 소유자도 물청 행사 가능 ○

## 5. 물청의 상대방: 현재의 침해자(점유자, 등기명의자)
(1) **건물철거청구의 상대방**
1) **원칙**: 건물소유자
2) **예외**: 미등기건물의 매수인
   ① 甲의 토지에 乙이 건물을 무단신축하고 丙에게 매도하고 소유권이전등기를 경료한 경우, 甲은 丙에게만 건물철거청구 ○
   ② 甲의 토지에 乙이 건물을 무단신축하고 丙에게 임대차한 경우, 甲은 乙에게만 건물철거청구 ○
   ③ 甲의 토지에 乙이 건물을 무단신축하고 보존등기 없이 丙에게 처분한 경우, 甲은 丙에게 건물철거청구 가능 ○
(2) **퇴거청구**
   ① 건물소유자에게는 퇴거청구 ×
   ② 건물임차인(전세권자)에게는 퇴거청구 가능 ○

(3) **적법한 점유자에게는 물청 행사 허용** ×

甲의 토지를 乙이 매수하고 이전등기 없이 丙에게 매도(임대차)하여 丙이 점유하고 있는 경우, 甲은 丙에게 토지인도청구 ×

(4) **등기말소청구의 상대방**
① 원칙: 현재의 등기명의자
② 예외: 실제 등기를 경료한 자(등기명의인이 허무인이거나 실체가 없는 단체인 경우)
③ 말소회복등기청구의 상대방: 말소 당시의 소유자

## 6. 점유권에 기한 물청(점유보호청구권)

(1) **청구권자**: 현재의 점유자

간접점유자 인정 ○, 점유보조자 인정 ×

(2) **요 건**
① 사기(기망), 강박, 횡령, 유실의 경우에는 침탈 ×
② 직접점유자가 간접점유자의 의사에 반하여 점유물을 타에 양도한 경우 점유물반환청구 ×
③ 침탈을 당한 날로부터 1년 내에만 행사 가능(출소기간)

## 04 등기

### 1. 등기의 유효요건
(1) 등기
① 물권변동의 효력 '발생' 요건 ○, 효력 '존속' 요건 ×
② 등기가 불법말소되어도 물권 소멸 ×
③ 등기 불법말소: 권리 존속 추정 ○
　　　　　　　　권리 소멸 추정 ×
④ 기간 내에 회복등기를 하지 않아도 소유권 상실 ×

### 2. 무효등기의 유용
① 사항란의 유용
　이해관계 있는 제3자가 없는 경우에 허용 ○
② 표제부의 유용
　멸실건물의 보존등기를 신축건물의 보존등기로 유용하는 것은 허용 ×

### 3. 등기의 추정력
① 상대방이 진정하지 않은 것으로 증명(입증)하지 않는 한 추정력은 깨어지지 않는다. 증명되면 모든 추정력이 깨어지고 또 다른 등기원인이 있을 것까지 추정 ×
② 등기: 원인, 절차, 권리의 적법 추정 ○
③ 등기명의자가 등기원인행위의 태양이나 과정을 다소 다르게 주장한다거나 이러한 주장이 인정되지 않는다고 하여 추정력이 깨어지는 것이 아니다.
④ 제3자의 대리권한 추정 ○
⑤ 제3자한테는 당연히 추정력이 인정되고 권리변동의 당사자, 즉 전소유자에 대해서도 추정력 인정 ○
⑥ 등기를 믿고 거래한 자는 선의·무과실로 추정 ○
⑦ 사자(死者), 허무인 명의의 등기: 추정력 ×
⑧ 사자 명의의 등기라도 등기원인이 사자의 생존 중의 날짜인 경우에는 추정력 인정 ○
⑨ 소유권보존등기의 추정력
　㉠ 건물 보존등기명의인이 이전의 소유자로부터 부동산을 양수한 것이라고 주장하고 전소유자는 양도사실을 부인하는 경우
　㉡ 보존등기명의인이 건물을 신축하지 않은 것으로 밝혀진 경우에는 추정력이 깨짐

## 05 점유자와 회복자의 관계

1. 적용범위
(1) 매매계약이 무효·취소가 된 경우에도 적용, 따라서 선의의 매수인은 과실수취 ○
(2) 매매계약이 해제가 된 경우에는 적용되지 않으므로 매수인은 선의라도 과실수취 ×
(3) 점유자가 점유물 반환 이외의 원인으로 점유자의 지위를 잃게 된 경우에는 적용 ×

2. 과실수취권
(1) 선의의 점유자
   ① 과실 수취 ○
   ② 부당이득반환의무 ×
   ③ 선의점유자라도 본권에 관한 소에서 패소한 때에는 그 소가 제기된 때로부터 악의의 점유자로 간주, 즉 패소판결확정시나 점유개시 당시가 아님

(2) 악의의 점유자
   ① 과실 수취 ×
   ② 악의의 점유자가 과실을 소비하였거나 과실로 인하여 훼손 또는 수취하지 못한 경우에는 대가보상의무 ○
   ③ 즉 악의의 점유자라도 과실 없이 과실을 수취하지 못한 경우에는 대가보상의무가 없음
   ④ 악의의 점유자는 받은 이익에 이자를 붙여 반환하여야 하며, 위 이자의 이행지체로 인한 지연손해금도 지급해야
   ⑤ 선의라도 폭력 또는 은비에 의한 점유자는 악의의 점유자로 취급하므로 과실수취권이 인정되지 않음

3. 목적물의 멸실·훼손에 대한 책임
   ① 선의의 자주점유자: 현존이익 반환
   ② 선의의 타주점유자: 전손해 반환
   ③ 악의의 점유자: 전손해 반환

4. 점유자의 비용상환청구권
   ① 점유자는 선악을 불문하고 비용상환청구 가능 ○
   ② 점유자가 과실을 수취한 때(점유물을 사용한 때)는 통상의 필요비는 상환청구 ×
   ③ 점유자는 유익비는 가액증가가 현존한 때(필요비는 이런 제한 ×)에 한하여 회복자의 선택에 따라 상환청구 가능
   ④ 유익비에 대해서는 회복자의 청구에 의하여 법원이 상환기간을 허여할 수 있고, 허여하면 유치권이 성립하지 않는다.
   ⑤ 필요비는 상환기간의 허여가 인정되지 않는다.
   ⑥ 상대방: 현재의 회복자
   ⑦ 즉 甲의 X부동산에 비용을 투입한 점유자 丙은 X부동산 양수인 丁에게 비용상환을 청구할 수 있다.
   ⑧ 시기
      점유자가 회복자로부터 점유물의 반환을 청구받거나 점유물을 반환할 때 행사할 수 있다. 즉 지출 즉시 행사할 수 있는 것은 아니다.

## 06 공유

1. **공유자의 지분**
   ① 지분처분의 자유 ○
   ② 공유자의 1인은 자신의 지분에 대하여 제3자의 취득시효를 단독으로 중단시킬 수 있다.
   ③ 공유자가 지분을 포기하거나 상속인 없이 사망한 경우: 다른 공유자에게 '각각의' 지분비율로 귀속(균등 ×)
   ④ 공유지분의 포기(법률행위): 등기필요 ○
   ⑤ 공유자는 자신의 지분 범위 내라도 특정부분 사용 × ⇒ 사용하였다면 부당이득반환의무 ○
   ⑥ 공유자 1인이 단독명의로 등기 ⇒ 공유자의 지분 범위 내에서는 유효 ⇒ 다른 공유자는 등기전부의 말소청구 ×

2. **공유물의 처분·변경**: 전원의 동의
   ① 공유자의 1인의 지지전저 설정 허용 ×
   ② 공유자 1인이 공유물 전부를 매도하고 소유권이전등기를 경료한 경우: 매매(채권행위)는 유효, 등기도 처분한 지분 범위 내에서는 유효

3. **공유물의 관리**: 지분의 과반수
   ① 과반수지분권자로부터 사용·수익을 허락받은 제3자의 점유는 적법하므로 소수지분권자는 점유배제, 부당이득반환청구 ×, 허락을 한 과반수지분권자에게 부당이득반환청구를 해야 한다.
   ② 소수지분권자가 공유토지를 임대한 경우, 다른 소수지분권자는 임차인에게 자신의 지분비율에 대하여 부당이득반환청구가 가능하고, 과반수지분권자는 토지인도청구 가능 ○
   ③ 공유물에 관한 사용·수익 특약은 원칙적으로 특정승계인에게도 당연히 승계되나, 특약이 공유지분권자의 본질적 권리를 침해하는 경우에는 승계되지 않는다.
   ④ 나대지에 건물을 신축하는 것은 공유물의 처분·변경에 해당하므로 과반수지분권자라 하여 단독으로 건물을 신축하는 것은 허용되지 않는다.

4. **보존행위**: 각자 단독
   ① 공유자 1인은 단독으로 원인무효등기명의자에게 단독으로 등기전부의 말소 청구가 가능하다.
   ② 손해배상청구나 부당이득반환청구는 보존행위가 아니므로 자신의 지분범위 내에서만 가능하다.
   ③ 소수지분권자 1인이 공유토지를 배타적으로 점유한 경우, 다른 소수지분권자는 전부방해제거를 청구할 수 있으나, 토지인도청구는 허용되지 않는다.

5. **공유물 분할**: 원칙 자유
   ① 5년 범위 내에서 분할금지 특약 가능 ○
   ② 분할협의가 성립된 경우 ○ ⇒ 재판상분할 청구 허용 ×
   ③ 재판상 분할: 현물분할이 원칙
   ④ 분할이 된 경우, 공유자는 지분범위 내에서 담보책임을 부담
   ⑤ 지분 위에 담보물권을 설정한 후 공유물이 분할된 경우, 공유물 전부에 그대로 존속하고 분할된 부분에 집중되는 것은 아니다.

## 07 지역권

① 통행지역권을 주장하려면 편익을 얻는 자가 그 토지의 통행으로 편익을 얻는 요역지가 있음을 주장·증명하여야 한다.
② 자기 소유의 토지 위에 도로를 개설하여 타인에게 영구적으로 사용하도록 약정하고 대금을 수령하는 것은 지역권설정에 관한 합의이다.
③ 요역지는 반드시 1필의 토지이어야 한다. 즉 토지의 일부를 위한 지역권은 인정되지 않는다.
④ 승역지는 토지의 일부라도 무방하다. 즉 토지의 일부 위에도 지역권을 설정할 수 있다.
⑤ 요역지의 소유권이 이전하면 지역권은 이전등기가 없어도 토지의 양수인에게 이전한다.
⑥ 요역지에 대해서 지상권(전세권)을 취득하면 그 권리는 지역권에도 미친다.
⑦ 지역권은 요역지와 분리하여 양도하거나 다른 권리(저당권)의 목적으로 하지 못한다.
⑧ 토지공유자의 1인은 지분에 관하여 그 토지를 위한 지역권 또는 그 토지가 부담한 지역권을 소멸하게 하지 못한다(까치발).
⑨ 공유자의 1인이 지역권을 취득하면 다른 공유자도 이를 취득한다.
⑩ 점유로 인한 지역권취득기간의 중단은 지역권을 행사하는 모든 공유자에 대한 사유가 아니면 그 효력이 없다.
⑪ 요역지가 수인의 공유인 경우에 그 1인에 의한 지역권소멸시효 중단 또는 정지는 다른 공유자를 위하여 효력이 있다.
⑫ 지역권은 계속되고 표현된 것에 한하여 시효취득을 할 수 있다.
⑬ 토지의 지상권자(전세권자)도 통행지역권을 시효취득할 수 있다.
⑭ 그러나 토지의 불법점유자는 통행지역권을 시효취득할 수 없다.
⑮ 통행지역권을 시효취득한 경우, 요역지 소유자는 특별한 사정이 없는 한 승역지 소유자가 입은 손해를 보상하여야 한다.

## 08 전세권

1. **전세금**
    ① 전세금은 반드시 현실적으로 수수되어야만 하는 것은 아니고 기존 채권으로 전세금 지급에 갈음할 수 있다.
    ② 전세목적물의 소유권 이전되면 양수인이 전세권설정자의 지위를 승계하므로 양수인이 전세금반환의무를 부담한다.

2. **전세권의 취득과 존속기간**

(1) **전세권의 취득**
    ① 전세권은 용익물권적 성격과 담보물권적 성격 겸비
    ② 주로 채권담보 목적의 전세권도 유효하다.
    ③ 그러나 사용·수익권능을 배제하고 채권담보만을 위한 전세권설정은 무효이다.
    ④ 임대차보증금반환채권을 담보할 목적으로 임차인과 임대인, 제3자 사이의 합의에 따라 제3자 명의로 전세권 설정 등기를 한 경우에도 유효하다.
    ⑤ 전세권존속기간이 시작되기 전에 마쳐진 전세권 등기도 유효하다.

(2) **전세권의 존속기간**
    ① 최장기간 10년(약정기간이 10년을 넘는 경우 10년으로 단축)
    ② 건물전세권 최단기간 1년 보장 ○(토지는 1년 미만으로 설정 가능 ○)
    ③ 전세권 갱신 가능(갱신한 날로부터 10년 초과 ×)
    ④ 토지전세권의 법정갱신은 인정되지 않는다.
    ⑤ 건물 전세권이 법정갱신되면 기간의 정함이 없는 것으로 본다.
    ⑥ 건물 전세권이 법정갱신되면 전세권자는 등기가 없어도 전세권설정자나 그 목적물을 취득한 제3자에게 대항할 수 있다.
    ⑦ (토지) 전세권의 기간을 정하지 않은 경우 양 당사자는 '언제든지' 소멸통고를 할 수 있고, 소멸통고 후 6월이 지나면 전세권은 소멸한다.

3. **전세권의 효력**

(1) **전세권의 효력이 미치는 범위**
    ① 타인의 토지 위에 있는 건물에 전세권 설정 때에는 건물 소유를 목적으로 한 지상권 또는 임차권에도 전세권이 미친다.
    ② 따라서 전세권설정자는 건물전세권자의 동의 없이 토지사용권을 소멸시킬 수 없다.
    ③ 대지와 건물이 동일한 소유자에 속한 경우에 건물에 전세권을 설정한 때에는 그 대지소유권의 특별승계인은 전세권설정자(전세권자 ×)에 대하여 지상권을 설정한 것으로 본다.

(2) **전세권자의 권리·의무**
    ① 전세권자는 목적물의 현상 유지, 수선의무를 부담한다.
    ② 따라서 필요비상환청구는 인정되지 않고, 유익비상환청구권만 인정된다.

### (3) 전세권의 처분

#### 1) 처분의 자유
① 설정행위로 금지하지 않는 한 소유자의 의사에 반해서도 전세권의 처분이 가능하다.
② 또한 처분금지특약이 있어도 등기하지 않으면 제3자에게 대항할 수 없다.
③ 전세권 존속 중 전세권과 분리하여 전세금반환채권만의 확정적 분리양도는 허용되지 않으나 조건부 양도는 가능하다.
④ 전세권이 종료된 후에는 전세금반환채권만의 양도가 가능하다
⑤ 전세권이 기간만료된 경우, 전세권의 용익물권적 성격은 등기말소 없이도 소멸한다.
⑥ 전세권에 저당권을 설정한 경우에도 물상대위 가능 ○

#### 2) 전전세
① 소유자의 동의 없이 전전세를 하더라도 원전세권은 소멸하지 않는다.
② 전전세권은 원전세권의 존속기간 내이어야 하고, 전전세금도 원전세금 초과할 수 없다.
③ 전전세권자는 전전세권이 종료하고 전전세금의 반환을 받지 못한 경우 외에 원전세권도 소멸하고, 원전세금 반환도 지체되고 있는 경우에만 경매를 신청할 수 있다.
④ 원전세권자는 불가항력에 대해서도 책임

### (4) 전세권의 소멸
① 건물일부의 전세권자는 전세권에 기해서는 건물 전부의 경매신청은 인정되지 않으나 건물 전부가 경락되면 건물전부의 경락대금에서 우선변제를 받을 수 있다.
② 전세권자의 부속물매수청구권 ○(건물 임차인 요건과 동일)
③ 토지전세권자의 지상물매수청구권 인정 ○(판례)

## 09 유치권

1. **유치권의 성립요건**

(1) **유치의 목적물**
① 수급인이 토지에 정착물을 설치한 상태에서 공사가 중단된 경우, 정착물은 물건이 아니므로 유치권이 성립하지 않고, 토지는 견련성이 없어서 유치권 성립 ×
② 유치목적물은 채무자 소유가 아니고 타인의 소유라도 무방하다.
③ 자기 소유의 물건에 대해서는 유치권이 성립하지 않는다.

(2) **견련관계**

1) 견련관계 인정
① 비용상환청구권(비용상환채무의 불이행으로 인한 손해배상청구권도 포함)
② 건물 수급인의 공사대금채권
③ 수선료(수리비) 채권
④ 목적물 자체로부터 발생한 손해배상청구권

2) 견련관계 부정
① 보증금
② 권리금
③ 매매대금채권(건축공사자재대금 채권)
④ 사람의 배신행위로 인한 손해배상청구권
⑤ 명의신탁자의 명의수탁자에 대한 부당이득반환청구권

3) '점유'와의 견련성은 필요 ×
① 먼저 채권성립 ⇒ 나중에 목적물 점유: 유치권 성립 ○
② 먼저 점유하고 ⇒ 나중에 채권 성립: 유치권 성립 ○

(3) **변제기 도래**
유익비에 대한 상환기간 허여: 유치권 성립 ×

(4) **물건의 점유**
① 점유: 유치권의 성립요건이자 존속요건
② 간접점유라도 무방, 다만 채무자가 직접점유하고 채권자가 간접점유하는 경우에는 유치권 성립 ×
③ 유치권자가 유치목적물 임대차한 후 임대차계약이 종료된 후에도 임차인이 목적물 반환하지 않고 있는 경우에도 유치권은 소멸하지 않는다.
④ 불법점유: 유치권 성립 ×
⑤ 유치권의 성립을 부정하는 채무자가 불법점유에 대한 증명책임 ○

(5) **임의규정**
① 유치권 배제특약 유효 ○
② 임차인의 비용상환청구권 포기 ⇒ 유치권 성립 ×
③ 특약의 존재는 제3자도 주장 가능 ○

## 2. 유치권의 효력

### (1) 유치권자의 권리

#### 1) 유치권의 불가분성
① 다세대 주택의 하수급인 한 세대 점유 ⇒ 다세대 주택 전부의 공사대금채권에 대하여 유치권 성립 ○
② 다른 세대에 대해서는 유치권 성립 × ⇒ 경매신청 ×

#### 2) 인도거절의 상대방
① 먼저 채권발생 ⇒ 압류 ⇒ 점유: 유치권 취득 ○
② 먼저 점유 ⇒ 압류 ⇒ 채권발생: 유치권으로 대항 ×
③ 유치권보다 선순위 압류가 없는 한 선순위 저당권자, 선순위 가압류채권자, 선순위 체납처분압류가 있는 경우에도 유치권으로 대항할 수 있다.
④ 유치권자는 경락인에게 채무변제를 청구할 수는 없다.

#### 3) 유치권자에게 인정되는 권리: 경간과비
① 경매신청권
② 간이변제충당권
③ 과실수취권(우선변제를 위한)
④ 비용상환청구권

#### 4) 유치권자에게 인정되지 않는 권리: 우물물타
① 우선변제권
② 물상대위
③ 물권적 청구권(반환청구권)
④ 타담보제공요구권

### (2) 유치권자의 의무
① 선관주의 의무
② 채무자의 동의 없이 사용·대여, 담보제공 ×
③ 소유자의 승낙 없이 유치권자가 유치목적물을 임차한 경우, 임차인은 소유자(경락인)에게 임차권으로 대항할 수 없다.
④ 보존에 필요한 사용은 채무자의 승낙이 필요없다.
⑤ 유치권자가 이러한 의무를 위반하면 유치권자는 유치권의 소멸을 청구할 수 있다.

## 3. 유치권의 소멸
① 소유자의 목적물 양도: 유치권 소멸사유 ×
② 제3자에 유치목적물 보관: 유치권 소멸사유 ×
③ 유치권자가 유치권을 행사하고 있는 중에도 피담보채권의 소멸시효는 진행한다.
④ 타담보제공과 유치권 소멸청구는 채무자의 권리이지, 유치권자의 권리가 아니다.
⑤ 유치권자의 점유 침탈
    ㉠ 유치권에 기한 반환청구 인정 ×
    ㉡ 점유권에 기한 반환청구 인정 ○ ⇒ 승소판결확정: 유치권 부활 ×
                                    ⇒ 점유회복: 유치권 부활 ○

## 10  저당권

### 1. 저당권의 효력

**(1) 피담보채권의 범위**: 지연배상은 1년분만 우선변제

① 저당권자와 후순위권리자 간의 문제

② 저당권설정자와는 무관하므로 채무자는 지연배상 전액을 변제하여야 한다.

③ 저당목적물의 하자로 인한 손해배상금은 피담보채권 범위에 속하지 않는다.

**(2) 목적물의 범위(임의규정)**

**1) 부합물(유류저장탱크)**: 부합이 된 시기는 불문

① 입목등기를 갖춘 입목: 토지 저당권의 효력 미치지 않음

② 전세권자가 식재한 수목: 토지 저당권의 효력 미치지 않음

**2) 종물(종 된 권리)**: 종물이 된 시기는 불문

① 건물 저당권: 건물의 소유를 목적으로 하는 지상권, 임차권에도 미침

② 전유부분의 저당권: 공용부분 지분이나 대지사용권에도 미침

**3) 임의규정**

① 부합물, 종물에 미치지 않게 특약할 수 있음.

② 단 등기를 하지 않으면 제3자에게 대항하지 못한다.

**4) 토지저당권은 건물과 농작물에는 미치지 않음**

**5) 과실**

부동산에 대한 저당권은 압류 '이후'의 과실(차임채권)에만 미침

### 2. 일괄경매청구권

① 저당권 설정 당시 건물이 없었을 것

② 원칙적으로 저당권설정자가 건물을 축조하고 소유하고 있는 경우에만 인정된다.

③ 저당권설정자로부터 토지의 용익권을 취득한 자나 토지소유권을 취득한 자가 건물을 신축한 경우에는 일괄경매청구권 인정되지 않는다.

④ 저당권설정자가 신축한 건물을 제3자가 양수한 경우에는 일괄경매청구권이 인정되지 않는다.

⑤ 제3자가 건물을 축조한 경우라도 저당권설정자가 그 건물의 소유권을 취득한 경우에는 일괄경매청구권이 인정된다.

⑥ 일괄경매가 되는 경우에도 건물의 경락대금에서는 우선변제를 받을 수 없다.

### 3. 제3취득자의 지위

**(1) 의 의**

① 저당부동산에 대하여 소유권, 지상권, 또는 전세권을 취득한 자

② 후순위 (근)저당권자는 제3취득자가 아니므로 채권최고액을 변제하고 선순위 (근)저당권등기말소를 청구할 수 없다.

**(2) 인정되는 권리**

① 경매인이 될 수 있다.

② 변제기에 그 부동산으로 담보된 채권을 대위변제하고 저당권의 소멸을 청구할 수 있다.

③ 비용우선상환청구권이 인정된다.

## 4. 근저당
① 이자는 채권최고액에 포함된 것으로 본다.
② 1년분이 넘는 지연배상금도 채권최고액 한도 내라면 전액 담보
③ 채권최고액은 우선변제한도액을 의미하지 책임의 한도액을 의미하는 것이 아니다.
④ 실제채무액이 채권최고액을 초과하는 경우, 채무자는 실제 채무액 전액을 변제하여야 하나, 물상보증인이나 제3취득자 채권최고액 범위 내에서만 변제하면 된다.
⑤ 근저당권자가 경매를 신청한 경우에는 경매신청시에 피담보채권이 확정된다.
⑥ 후순위권리자가 경매를 신청하는 경우에는 매각대금완납시에 피담보채권이 확정된다.
⑦ 확정 후에 경매신청을 취하하더라도 효과가 번복되지 않는다.
⑧ 공동근저당의 경우 하나의 부동산에 대하여 피담보채권이 확정되었다고 하여 나머지 부동산에 대한 피담보채권이 확정되는 것이 아니다.
⑨ 피담보채권확정 이후에 발생한 원본채권은 근저당권에 의하여 담보되지 않는다.
⑩ 그러나 확정된 원본채권에 대하여 확정 후의 이자나 지연손해금은 여전히 근저당권에 의하여 담보된다.
⑪ 근저당권의 피담보채무 확정되기 전이라면 채무자나 채무원인을 변경할 수 있고,
⑫ 또한 변경에 후순위 권리자의 승낙을 요하지도 않는다.

## 11 동시이행의 항변권

### 1. 동시이행의 항변권이 인정되는 경우
① 전세권 소멸
② 쌍무계약이 무효, 취소, 해제된 경우
③ 가등기담보에 있어 청산금지급의무와 본등기 및 인도의무
④ 매도인의 소유권이전등기의무와 매수인의 잔금지급의무
⑤ 임차목적물 반환의무와 보증금 반환의무(연체차임 공제)
⑥ 지상물매수청구권을 행사한 경우, 임차인의 건물명도 및 소유권이전등기의무와 토지임대인의 건물대금지급의무
⑦ 구분소유적 공유관계가 해소되는 경우, 쌍방의 지분소유권이전등기의무

### 2. 동시이행의 항변권이 인정되지 않는 경우
① 채무자의 저당채무변제와 (근)저당권등기말소의무
② 피담보채무의 변제와 가등기담보(소유권이전등기)말소의무
③ 임차권등기명령에 의한 임차권등기말소의무와 보증금반환의무
④ 근저당권실행을 위한 경매가 무효가 된 경우, 낙찰자의 소유권이전등기말소의무와 근저당권자의 배당금반환의무
⑤ 매도인의 토지거래허가 신청절차에 협력할 의무와 매수인의 매매대금지급의무
⑥ 임차인의 임차목적물 반환의무와 임대인의 권리금회수 방해로 인한 손해배상의무

## 12 제3자를 위한 계약

① 계약의 당사자: 요약자와 낙약자(채무자)
② 제3자: 취소권 ×, 해제권 ×, 원상회복청구(의무) ×
③ 낙약자에게 수익의 의사표시 ○: 권리 취득 ○(소급효 ×)
④ 낙약자에 직접 이행청구 가능 ○, 불이행시 손해배상청구 가능 ○
⑤ 권리확정 후 요약자와 낙약자는 제3자의 권리 변경·소멸 ×
⑥ 다만 미리 변경·소멸의 권한을 유보하거나 제3자의 동의가 있는 경우에는 변경·소멸 가 ○
⑦ 민법의 제3자 보호규정에서 보호받는 제3자 ×
⑧ 제3자의 권리확정 후에도 요약자는 제3자의 동의 없이 해제 가 ○
⑨ 보상관계(기본관계): 요약자와 낙약자의 관계: 대항 ○, 항변 ○
⑩ 대가관계: 요약자와 수익자의 관계: 대항 ×, 항변 ×
⑪ 낙약자는 제3자에게 최고 가 ○
⑫ 제3자가 기간 내에 확답 × ⇒ 수익을 거절한 것으로 간주 ○
⑬ 제3자는 계약 당시 현존할 필요 ×
⑭ 병존적(중첩적) 채무인수: 제3자를 위한 계약 ○
⑮ 낙약자가 제3자에 대해 갖는 채무면제계약: 제3자를 위한 계약 ○


## 13 계약의 해제·해지

### 1. 법정해제권의 발생
(1) 이행지체
① 기간을 정하지 않거나 기간을 명시하지 않은 최고도 유효
② 채무자가 이행거절의 의사를 표시(명백)한 경우, 채권자는 최고나 자기채무의 이행제공 필요 없이, 또한 이행기까지 기다릴 필요 없이 계약을 해제하고 손해배상을 청구할 수 있다.
③ 이행불능의 경우에도 마찬가지이다.
④ 정기행위의 경우에도 최고가 필요 없다. 다만 해제의 의사표시는 필요하다. 즉 정기행위의 경우 채무불이행이 있다고 하여 계약이 자동적으로 실효되는 것이 아니다.
⑤ 이행불능으로 인한 계약해제권과 손해배상청구권은 채무자에게 귀책사유가 있는 경우에만 인정된다.
⑥ 일부 이행불능의 경우, 원칙적으로 계약전부를 해제할 수 없으나, 나머지 부분만의 이행으로 계약의 목적의 달성할 수 없는 경우에만 계약전부의 해제가 가능하다.
⑦ 해제에는 원칙적으로 조건과 기한을 붙일 수 없으나, 정지조건부 계약해제도 가능하다.
⑧ 해제는 모든 사람이 모든 사람에게 하여야 하고, 당사자 1인에 대하여 해제권 소멸하면 다른 당사자에 대해서도 소멸한다.

## 2. 해제의 효과 : 원상회복의무, 손해배상청구

(1) **제3자 보호**(등기·인도를 갖춘 자)

① 계약체결 후 해제 전에 이해관계를 맺은 자: 선·악 불문
② 해제 후 등기말소 전에 이해관계를 맺은 자: 선의만

1) 보호되는 제3자 ○

① 가등기를 갖춘 자
② 부동산(목적물)에 가압류 한 자
③ 소유자(임대인)에게 주택을 임차하여 대항요건을 갖춘 자
④ 임대인(임대권한) + 대항요건을 갖춘 자

2) 보호되는 제3자에 해당하지 않는 경우

① 미등기건물의 양수인
② 토지의 매수인이 신축한 건물을 매수한 제3자
③ 채권(대금지급청구권, 소유권이전등기청구권)을 양수한 자, 채권을 압류, 가압류, 가처분한 자

(2) **원상회복의무와 손해배상**

① 해제의 경우, 선·악이나, 이익의 현존여부를 묻지 않고, 그가 받은 급부 전부를 반환하여야 한다.
② 따라서 매매계약의 존속을 전제로 수령한 지연손해금도 반환하여야 한다.
③ 과실상계 적용 ×
④ 계약의 해제·해지는 손해배상의 청구에 영향을 미치지 아니한다.

## 3. 합의해제(해제계약)

① 채불손배책임 발생(채무불이행을 원인으로 하지 않으므로) ×
② 이자가산의무(원상회복의무가 없으므로) ×
③ 제3자 보호규정 적용 ○

## 4. 법정해제·합의해제·약정해제·계약금해제

(1) **법정해제** : 채무불이행(귀책사유 ○)

① 채무불이행의 경우에만 인정
② 따라서 채무자에게 채불손배청구 가 ○
③ 그리고 법에 의하여 원상회복의무 발생 ○

(2) **합의해제**(계약)

(3) **약정해제권**

① 매도인과 매수인의 특약으로 일방에게 해제권 부여(예: 공장허가 × ⇒ 매수인에게 해제권 인정)
② 역시 채무불이행을 원인으로 하지 않으므로 채불손배책임 발생 ×
③ 계약금해제가 아니므로 이행에 착수한 후에도, 즉 중도금을 지급한 후에도 공장허가가 나지 않으면 약정해제권 행사 가 ○
④ 또한 이는 법정해제권과 상관이 없으므로 약정해제권을 유보한 경우에도 채무불이행이 있으면 당사자는 계약을 (법정)해제하고 손해배상을 청구할 수 있다.

(4) **계약금 해제**

① 채무불이행을 원인으로 하지 않으므로 채불손배책임 발생 ×
② 이행에 착수하기 전에만 가능하므로 원상회복의무가 발생할 여지가 없다.
③ 역시 계약금약정이 있는 경우에도 채무불이행이 있으면 당사자는 계약을 (법정)해제하고, 손해배상을 청구할 수 있다.

## 14  계약금

1. **계약금의 의의**: 임의 규정
   ① 계약금 계약은 요물계약이자 종 된 계약이다. 다만 주된 계약과 동시에 성립할 필요는 없다.
   ② 약정된 계약금의 전부가 지급되지 않는 한 계약금계약은 성립하지 않으므로 계약금해제가 인정되지 않는다.
   ③ 계약금해제가 가능해도 해약금의 기준이 되는 금원은 실제 교부받은 계약금이 아니라 약정계약금이다.
   ④ 매매계약이 무효, 취소가 되면 계약금계약도 실효가 된다.

2. **계약금의 종류**

(1) **증약금**(증거금): 계약금의 최소한의 성질

(2) **계약금은 해약금으로 추정된다.**

1) **방 법**
   매수인은 해제의 의사표시만 있으면 되나, 매도인은 해제의 의사표시 외에 계약금의 배액의 이행제공이 있어야 한다. 다만 상대방이 이를 수령하지 아니한다 하여 공탁까지 할 필요는 없다.

2) **해제의 시기**
   ① 이행의 착수(중도금 지급) 전까지만 가능하다.
   ② 토지거래허가 구역 내에서의 토지매매에 대하여 허가를 받았다거나 소송의 제기, 1심의 승소판결 확정만으로는 이행의 착수로 보지 않는다. 즉 여전히 계약금해제가 가능하다.
   ③ 매도인이 전혀 이행에 착수한 바가 없다 하더라도 매수인이 중도금을 지급한 이상 매수인도 계약금해제를 할 수 없다.
   ④ 특약이 없는 한 이행기 전에도 이행에 착수할 수 있다.

3) **해제의 효과**
   ① 원상회복의무 ×
   ② 채불손배책임 ×
   ③ 계약금 약정이 있어도 위와 무관하게 채무불이행이 있으면 (법정)해제를 하고 손해배상을 청구할 수 있다.

(3) **위약금**
   ① 특약이 없는 한 계약금은 위약금의 성질을 갖지 못한다.
   ② 위약금의 약정이 있으면 계약금은 해약금과 손해배상액의 예정의 성질을 겸한다.

## 15 매도인의 담보책임: 법정·무과실책임

1. 개 관
(1) 담보책임은 매매(경매)가 유효인 경우에만 문제된다.
(2) 매수인이 악의라도 담보책임을 물을 수 있는 경우
1) **전부타인권리매매**: 계약해제
2) **일부타인권리매매**: 대금감액청구
3) **저당권·전세권 실행**: 계약해제
　　**가압류, 가등기**　: 출재상환청구
　　　　　　　　　　 : 손해배상청구
(2) **제척기간 1년**
　　기산점 - 선의: 안 날로부터
　　　　　 - 악의: 계약한 날로부터
(3) **대금감액청구**: 일부타인권리매매
　　　　　　　　　: 수량부족·일부멸실
(4) **물건의 하자**: 선의·무과실의 매수인
　　　　　　　　　: 안 날로부터 6개월

2. 수량부족·일부멸실: 선의의 매수인만
1) **수량지정매매**
　　매매의 목적이 일정한 수량을 가지고 있다는 데 주안을 두고 대금도 그 수량을 기준으로 정한 경우(평수를 기준으로 한 아파트 매매)
2) 계약의 해제는 잔존부분만이면 매수하지 아니하였을 경우에만
3) **실제면적이 계약면적에 미달한 경우**: 유효
　　담보책임 ○
　　계약체결상의 과실책임 ×, 부당이득반환청구 ×

3. **용익적 권리에 의한 제한**: 선의의 매수인만
　　**목적달성이 불가능한 경우**: 계약해제 ○
　　**목적달성이 가능한 경우**: 손해배상청구만 가능 ○

4. **물건의 하자**: 법정·무과실책임
1) **담보책임**
　　① 특정물
　　　　목적달성이 불가능한 경우: 계약해제 ○
　　　　목적달성이 가능한 경우: 손해배상청구만 가능 ○
　　② 불특정물
　　　　계약해제나 손해배상청구 외에 완전물급부청구 가능 ○
　　　　대금감액청구 ×
　　③ 경매의 경우 물건의 하자에 대해서는 담보책임 성립 ×

2) **법률적 장애(제한)**: 권리의 하자 ×
   **건축허가** ×     : 물건의 하자 ○

3) **하자 존부의 판단시기**: 매매계약성립 당시 ○
                    : 인도시 ×, 위험이전시 ×

5. **경매와 담보책임**
   ① 1차책임: 채무자
   ② 2차책임: 채권자(채무자가 무자력인 경우)
   ③ 경매가 무효인 경우: 부당이득반환청구 ○
                    : 담보책임(손배청구) ×

6. **담보책임 면제특약**: 임의규정
   면제특약을 한 경우에도 매도인이 알고 고지하지 아니한 사실 및 제3자에게 권리를 설정 또는 양도한 경우에는 책임 ○

## 16  지상물매수청구권과 부속물매수청구권의 비교

1. **공통점**
   ① 임대차 종료시에만 행사 가능 ○
   ② 강행규정
   ③ 형성권(동시이행관계)
   ④ 임차인의 귀책사유로 임대차 종료시 인정 ×
   ⑤ 원칙: 지상물·부속물의 소유자인 임차인(전차인)에게만 인정
      ㉠ 임차인이 지상물의 소유권을 타인에게 이전한 경우 지상물매수청구권 인정 ×
      ㉡ 임차권과 부속물매수청구권의 분리양도 인정 ×

2. **차이점**
   ① 지상물매수청구권은 토지임차인, 부속물매수청구권은 건물임차인에게 인정
   ② 지상물매수청구권은 원칙 갱신청구가 필요 ○
   ③ 지상물과 달리 부속물은 임대인의 동의나 임대인으로부터 매수한 물건에만 인정

3. **지상물매수청구권**
   ① 임차권과 미등기건물을 매수한 매수인도 지상물매수청구 가능 ○
   ② 소유자가 아닌 제3자로부터 토지를 임차한 임차인은 특별한 사정이 없는 한 토지소유자에게 지상물매수청구권 행사 인정 ×
   ③ 임차인이 대항력을 갖춘 경우에는 임대차종료 후 그 토지를 양수한 제3자에게도 행사 가능 ○
   ④ 임차인 토지 외에 다른 토지에 걸쳐서 건립된 경우에는 전부매수청구 ×
   ⑤ 임차 토지 위에 있는 건물이 구분소유권이 성립할 수 있다면 그 부분의 매수청구는 가능 ○
   ⑥ 지상건물에 근저당권이 설정되어 있는 경우에도 가능 ○
   ⑦ 기간의 정함이 없는 토지임대차가 임대인의 해지통고에 의하여 소멸되는 경우에는 갱신청구가 없어도 매수청구 가능 ○

4. 부속물매수청구권

증축부분: 부속물매수청구 ×(강행규정)
: 유익비상환청구 ○(임의규정)
임차인의 특수목적에 사용하기 위하여 부속된 물건: 부속물 ×

## 17 주택임대차보호법

1. **대항력**(대항력의 요건 및 의미)
   ① 대항요건: 주민등록 + 인도, 다음 날 오전 0시
   ② 대항력을 갖춘 후에 주택의 소유권이 이전된 경우 양수인이 임대인의 지위 승계 ○ ⇒ 보증금반환채무도 이전
   ③ 양수인이 임차인에게 보증금을 반환한 경우에도 양도인(종전의 임대인)에게 부당이득반환청구 ×
   ④ 인수 후 임차인이 대항요건을 상실해도 양수인의 보증금반환채무 소멸 ×
   ⑤ 주택의 소유권이 이전된 경우에도 기왕에 발생한 연체차임채권은 양수인에게 이전 ×

2. **임차주택의 양수인**
   ① 대항력을 갖춘 임차인이 당해 주택을 양수(경락)한 때에도 임대인의 보증금반환채무는 소멸 ○
   ② 임대차보증금반환채권이 가압류된 상태에서 임대주택이 양도되면 양수인이 채권가압류의 제3채무자의 지위도 승계 ⇒ 가압류채권자는 양수인에 대해서만 가압류의 효력 주장 가능 ○
   ③ 주택의 양도담보권자는 양수인 ×

3. **우선변제권**: 대항요건 + 확정일자
   ① 임차인이 보증금 일부만을 지급하고 대항요건과 확정일자를 갖춘 후 나중에 나머지 보증금을 지급한 경우에도 대항요건과 확정일자를 갖춘 때를 기준으로 보증금 전액 우선변제 가능 ○
   ② (소액) 보증금반환채권
      원칙: 배당요구채권
      예외: 당연배당채권 - 임차인이 경매신청한 경우
      - 임차권등기명령신청에 의하여 등기가 된 경우

4. **주택임차인이 대항력을 갖추고 전세권 등기도 한 경우**
   ① 권리의 존속, 행사, 소멸 ⇒ 따로 따로 판단
   ② 전세권등기를 마친 경우에도 대항요건을 상실하면 주임법상의 대항력 및 우선변제권을 상실한다.

5. **소액보증금임차인**
   ① 대항요건만 갖추면 되고, 확정일자는 필요 ×
   ② 주택가격(대지가격 포함)의 2분의 1 범위 내에서: 상가도 마찬가지
   ③ 대지만이 경매될 경우에도 우선변제 ○, 임대차 성립 당시 임대인 소유였던 대지가 타인에 양도되어 임차주택과 대지의 소유자가 달라진 후 대지가 경매된 경우에도 우선변제 가능 ○
   ④ 임차권 설정 당시 주택이 미등기인 채로 존재 ⇒ 대지의 경매절차에서 최우선변제 ○
   ⑤ 점포 및 사무실로 사용되던 건물에 근저당권이 설정된 후 그 건물이 주거용 건물로 변경된 경우에도 소액임차인은 최우선변제권 인정

## 6. 임차권등기명령
① 임차권 '종료 후' 보증금을 반환받지 못한 경우, '임차주택의 소재지(임대인의 주소지 ×)' 지방법원에 신청
② 소요 비용은 임대인에게 청구 가능 ○
③ 임차권등기가 되면 대항력과 우선변제권 취득 ○
　기왕에 존재하던 대항력과 우선변제권은 그대로 유지 ○
④ 임차권등기 후에는 대항요건을 상실해도 대항력 소멸 ×
⑤ 임차권등기가 경료된 후에 주택을 임차한 소액임차인은 소액임차인으로 보호 ×
⑥ 보증금반환이 임차권등기말소보다 선이행의무 ○

## 7. 임대차의 존속기간과 법정갱신
### (1) 존속기간
① 2년 보장 ○
② 임차인은 2년 미만의 기간이 유효함을 주장 가능 ○
③ 임대차가 종료한 경우에도 보증금 반환 × ⇒ 임대차 존속 ○

### (2) 법정갱신
① 주택임대차 기간 만료 전 6월 ~ 2월 전까지 의사표시 ×
② 임차인이 기간 만료 전 2월까지 통지 ×
③ 임대인 해지 통고 ×
④ 임차인은 언제든지 해지통고 ○ ⇒ 3월 경과하면 임차권 소멸
⑤ 임차인이 2기 차임 연체, 임차인으로서의 의무를 현저히 위반 ⇒ 법정갱신 인정 ×

## 8. 계약갱신요구권 : 기간만료 전 6월 ~ 2월 전까지 갱신요구 가능
### (1) 거절사유 : 9가지
① 2기 차임연체
② 임차권의 무단전대
③ 임대인(직계 존·비속 포함)이 목적주택에 실제 거주하려는 경우

### (2) 갱신의 효력
① 1회에 한하여 갱신요구 가능
② 갱신되는 임대차의 기간은 2년
③ 전임대차와 동일한 조건
④ 보증금, 차임 1/20 범위에서 증액청구 가능
⑤ 임차인은 언제든지 해지 통고 가능 ○ ⇒ 3월 지나면 임대차 종료
⑥ 즉 임차인의 적법한 계약갱신요구권 행사에 의하여 임대차가 갱신된 경우에도 임차인은 갱신된 임대차의 존속기간이 시작되기 전에도 임대차를 해지통지할 수 있고, 해지통지의 의사가 임대인에게 도달하고 3월이 경과하면 임차권은 소멸한다.

### (3) 손해배상
임대인(직계 존·비속 포함)이 실제 거주를 이유로 갱신을 거절한 후 정당한 사유 없이 그 기간 내에 제3자에게 임대차 한 경우 : 큰 금액 기준

9. **차임증감청구권**: 형성권
   ① 증액 1/20 초과 금지
   ② 임대차 계약 후 또는 증액 후 1년 내에는 증액 금지
   ③ 서울시, 광역시, 특별자치시·도: 5% 범위 내에서 조례로 달리 정할 수 있음
   ④ 합의로 증액한 경우에는 제한 ×

## 18 상가건물 임대차보호법

1. **적용범위**
(1) **원칙**: 서울 기준 9억 이하의 임대차에 적용
    차임이 있는 경우 보증금 + (차임×100)
(2) **예외**: 9억을 초과하는 경우에도 적용 ○ ⇒ 대권계산(3)표(폐)
   ① 대항력
   ② 권리금 보호규정
   ③ 계약갱신요구(5% 증액제한 규정 적용 ×)
   ④ 3기의 차임연체 규정
   ⑤ 표준계약서
   ⑥ 폐업으로 인한 임차권 해지 규정
   ⑦ 다만 초과임차인이 임대차기간을 정하지 않은 경우에는 계약갱신요구 ×
(3) **적용 ×**
   ① 우선변제권(확정일자 부여규정)
   ② 임차권 등기명령 신청
   ③ 최단기간 1년 보호규정

2. **권리금**
   임대차 기간이 끝나기 6개월 전부터 임대차 종료시까지 정당한 사유 없이 임차인의 권리금 회수 방해금지
(1) **정당한 사유(4가지)가 있으면 방해 가 ○**
(2) **예 외**
   ① 8가지의 계약갱신요구 거절사유가 있는 경우, 권리금회수 방해 가
   ② 8가지의 거절사유가 없는 한 10년을 초과하여 계약갱신을 요구할 수 없는 경우에도 권리금 보호 ○
(3) **위반에 대한 손해배상책임**
   ① 신규임차인이 임차인에게 지급하기로 한 권리금과 임대차 종료 당시의 권리금 중 '낮은' 금액을 넘지 못한다.
   ② 임대차가 종료한 날(방해행위가 있은 날 ×)로부터 3년 내에
3. **차임증감청구권 등**
   ① 5%의 범위 내에서만 증액청구 가 ○
   ② 제1급 감염병에 의하여 차임이 감액된 후 증액하는 경우에는 5% 제한 ×
   ③ 감염병으로 집합제한 또는 금지 등을 3개월 이상 받는 경우 임대차 해지 가 ○

## 3. 차임증감청구권 등
① 5%의 범위 내에서만 증액청구 가능
② 제1급 감염병에 의하여 차임이 감액된 후 증액하는 경우에는 5% 제한 ×
③ 감염병으로 집합제한 또는 금지 등을 3개월 이상 받는 경우 임대차 해지 가능 ○

## 19 가등기담보법

### 1. 적용범위
① 대여금, 차용금의 경우에만 적용 ○
② 매매대금, 공사대금, 외상대금 채권 등의 경우에는 적용 ×
③ 등기, 등록이 되지 않으면 적용 × 즉, 고려청자 적용 ×
④ 소비대차에 기한 대물변제예약을 한 경우에도 가등기나 소유권이전등기를 경료하지 않는 한 가등기담보법 적용 × ⇒ 따라서 귀속청산이 아닌 처분정산약정도 유효
⑤ 목적부동산의 예약 당시의 시가가 피담보채무액에 미치지 못하는 경우 가등기담보법 적용 × ⇒ 청산금평가액의 통지를 할 여지 ×
⑥ 선순위 저당권이 있는 경우에는 그 액수를 공제하고 남은 목적물 가액이 차용액 및 이자를 초과하는 경우에만 적용 ○
⑦ 일반가등기인지 담보가등기인지 여부는 등기부상의 표시가 아니라 거래 실질과 당사자의 의사해석에 따라 결정

### 2. 가등기담보의 성질 = 저당권
(1) 가등기담보권의 성질은 저당권과 같다. 즉 부종성, 수반성, 불가분성, 물상대위성이 있고, 제3자(물상보증인) 소유의 부동산에 가등기담보권도 설정할 수 있다.
(2) 가등기담보권의 피담보권채권도 계약서의 기재된 내용으로 제한되는 것은 아니고 당사자의 약정 내용에 따른다.
(3) 목적물의 사용·수익권
① 원칙: 담보권 설정자
② 예외: 청산절차가 종료된 경우 채권자에게 귀속
③ 담보권실행통지만으로는 채권자에 귀속 ×
(4) 담보권설정자가 목적물을 임대한 경우
① 담보권자는 임차인에게 부당이득반환청구 ×
② 양도담보권자는 임차인에게 소유권에 기한 인도청구 ×
③ 담보권실행을 위한 인도청구는 가능 ○

## 3. 가등기담보권의 실행

### (1) 실행방법 – 귀속청산
– 경매(공적실행에 의한 처분정산)

사적실행에 의한 처분정산은 허용 ×

### (2) 귀속청산
① 채권자가 나름대로 평가한 청산금액이 객관적인 청산금평가액에 미달하더라도 담보권실행통지는 유효
② 청산금이 없으면 없다는 뜻이라도 통지하여야 한다.
③ 통지의 상대방 : '채무자 등'(채무자, 물상보증인, 담보가등기 후 소유권을 취득한 자)
④ 한 사람에게라도 통지가 누락되면 청산기간 진행 ×
⑤ 청산절차 없이 담보권자 앞으로 등기가 경료되면 무효, 다만 나중에라도 청산절차를 마치면 유효
⑥ 청산금은 목적물 가액에서 피담보채권액을 공제한 차액, 선순위 권리자의 채권액도 공제하나, 후순위 권리자의 채권액은 고려 ×
⑦ 채권자는 그가 통지한 청산금 평가액에 구속된다.
⑧ 후순위권리자는 청산기간 내라면 그의 채권의 변제기가 도래하기 전이라도 목적부동산의 경매를 청구할 수 있다. 이 경우 귀속청산은 중단되고 담보권자는 배당참가만 할 수 있다.
⑨ 후순위권리자가 경매를 청구하면 가등기담보권자는 채무자에게 소유권이전등기를 청구할 수 없고, 설사 등기하더라도 무효다.
⑩ '채무자 등'은 청산기간이 경과하기 전에는 청산금청구권을 처분하지 못하고, 처분을 하여도 후순위권리자에게 대항 ×
⑪ 청산금의 지급과 상환으로 본등기를 갖춘 때 소유권 취득한다(동시이행관계).
⑫ 담보권자가 소유권을 취득하면 담보권은 혼동으로 소멸 ○
⑬ 원칙 : '채무자 등'은 청산금을 지급받을 때까지는 청산기간이 지났다 하더라도 채무액을 채권자에게 지급하여 등기의 말소청구 가능 ○
⑭ 예외 : 변제기로부터 10년이 경과하거나, 선의의 제3자가 소유권을 취득한 때에는 등기말소 청구 ×
⑮ 담보권설정자는 담보권자에게 불법손배청구 가능 ○

## 4. 경매에 의한 실행
가등기담보권자는 경매를 신청할 수 있고, 경매에 관해서는 가등기담보권을 저당권으로 본다. 따라서 담보목적물이 경락되면 모든 담보권도 소멸한다.

## 20 부동산실명법

1. **적용범위**
   ① 소유권 이외의 부동산물권의 명의신탁도 허용 ×
   ② 가등기의 명의신탁도 허용 ×

2. **부동산실명법이 적용되지 않는 경우**
   ① 양도담보
   ② 가등기담보
   ③ 상호명의신탁
   ④ 신탁법, 자본시장법에 의한 신탁

3. **부동산실명법이 적용되지만 유효한 명의신탁**
   ① 탈법 목적 없는 종중, 배우자, 종교단체 내부간의 명의신탁
   ② 탈법 목적 없는 부자(父子) 사이의 명의신탁: 무효
   ③ 배우자: 법률혼 배우자
   ④ 사실혼 배우자가 탈법 목적 없이 명의신탁을 한 후 혼인을 한 경우, 혼인을 한 때로부터 유효(소급효 ×)

   1) **내부관계**: 신탁자 소유
      ① 수탁자의 점유는 타주점유 ○, 시효취득 ×
      ② 수탁자가 건물을 신축한 경우: 법정지상권 성립 ×
      ③ 신탁자가 신탁계약을 해지하고 소유권이전등기를 청구하는 경우, 소유권에 기한 물청이므로 소멸시효 ×
      ④ 신탁자가 신탁부동산을 매도한 경우: 타인권리매매 ×

   2) **외부관계**: 수탁자 소유
      ① 신탁부동산에 대하여 제3자의 침해가 있거나 무효등기가 된 경우, 수탁자만이 소유권에 기한 물청 행사 가능 ○
      ② 신탁자는 직접 청구 ×, 대위행사는 가능 ○
      ③ 수탁자가 부동산을 처분한 경우, 제3자는 수탁자의 배임행위에 적극가담하지 않는 한 선악 불문하고 소유권 취득 ○

4. **2자간 명의신탁**: 무효
   ① 명의신탁약정과 그에 따른 등기는 무효
   ② 신탁자는 수탁자에 대해 소유권에 기한 등기말소청구(진정명) 행사 ○
   ③ 명의신탁해지에 따른 소유권이전등기청구 ×(무효인 명의신탁의 해지는 인정되지 않으므로)
   ④ 신탁자는 수탁자에게 부당이득반환청구 ×(등기가 무효로 부당이득이 없으므로)
   ⑤ 제3자는 수탁자의 배임행위에 적극가담하지 않는 한 선악 불문하고 소유권 취득 ○
   ⑥ 명의신탁자에게서 매수하고 등기명의만을 수탁자로부터 이전받은 자는 부동산실명법의 제3자 ×
   ⑦ 수탁자가 제3자에게 처분한 후, 다시 소유권을 취득한 경우 ⇒ 신탁자는 소유권에 기한 등기말소청구 ×

## 5. 3자간(중간생략형 명의신탁)

### 1) 기본적 효과
① 甲·乙간의 명의신탁약정은 무효, 乙의 등기도 무효
② 여전히 소유자는 丙
③ 乙이 丁에게 처분한 경우, 丁이 乙의 배임행위에 적극가담한 경우가 아니라면 丁은 선악 불문하고 소유권 취득 ○
④ 명의신탁자는 명의수탁자에 대한 손해배상청구권을 피담보채권으로 하여 유치권 인정 ×

### 2) 직접청구 불가
① 무효: 甲은 乙에게 직접 이전등기청구 ×
② 무효: 해지에 따른 소유권이전등기청구 ×
③ 부당이득 ×: 부당이득반환청구 ×
④ 乙이 甲에게 소유권이전등기를 경료하면 등기는 유효 ○

### 3) 채권자대위권 행사 가능
① 丙과 甲 사이의 계약은 유효
② 甲은 丙에게 소유권이전등기청구 ○(즉 丙은 여전히 甲에게 소유권이전등기의무 부담 ○)
③ 甲은 丙에게 지급한 매매대금을 부당이득반환청구 ×
④ 소유자는 丙이므로 丙은 乙에게 소유권이전등기청구(진정명) 가능 ○
⑤ 따라서 甲은 丙을 대위하여 소유권이전등기청구 가능 ○

## 6. 계약명의신탁
명의수탁자가 계약의 당사자로 되어 있다 하더라도 명의신탁자에게 계약에 따른 법률효과를 귀속시킬 의도로 계약을 체결한 사정이 인정된다면 3자간 등기명의신탁으로 보아야 한다.

### 1) 매도인 丙이 선의인 경우: 물권변동 유효
① 乙은 丙이나 甲에 대해서도 소유권 주장 가능 ○
② 丙은 乙에게 등기말소청구 ×
③ 乙이 丁에게 처분한 경우, 丁은 선악 불문하고 소유권 취득 ○
④ 丙의 선의 여부는 계약체결 당시를 기준으로 판단 ○, 즉 계약체결 당시 丙이 선의라면 소유권이전등기 당시 악의라도 乙은 소유권취득 ○
⑤ 甲과 乙의 명의신탁약정은 무효 ○
⑥ 乙은 부동산에 대해서는 부당이득반환의무 ×
⑦ 매수자금에 대해서만 부당이득반환의무 ○
⑧ 甲은 乙에 대한 부당이득반환청구권을 가지고 유치권 주장 ×
⑨ 乙이 임의로 甲에게 소유권이전등기를 경료하면 甲의 등기는 유효

2) 매도인 丙이 악의인 경우
   ① 丙이 악의인 경우, 乙은 소유권취득 ×
   ② 丙은 乙 명의의 등기말소청구 가능 ○
   ③ 매수인 지위가 당연히 甲에게 승계되는 것은 아니다. 즉 丙이 당연히 甲에게 소유권이전의무를 부담하는 것은 아니다.
   ④ 乙이 丁에게 처분한 경우, 丁이 적극가담한 경우가 아니라면 丁은 선악 불문하고 소유권 취득 ○
   ⑤ 이는 丙의 소유권 침해로 불법행위 성립 ○, 다만 불법손배책임은 성립 ×(丙의 대금반환의무와 乙의 등기말소의무가 동시이행관계이므로 乙의 이행불능으로 丙도 대금반환의무를 부담하지 않기 때문)

7. 경매와 계약명의신탁
   ① 丙의 부동산을 경락받으려는 甲이 乙에게 경락대금을 제공하여 乙이 경락받고 등기한 경우, 丙이 악의라거나 丙과 甲이 동일인이라 하더라도 乙은 소유권 취득 ○
   ② 甲의 지시에 따라 乙이 그 부동산을 처분하고 그 처분대금을 지급하기로 하는 약정도 무효
   ③ 甲의 지시에 따라 乙이 丁에게 해당 부동산을 명의신탁하고 소유권이전등기를 경료한 경우에도 乙의 소유

박문각 공인중개사

# 부록

01 복습문제
02 복습문제
03 복습문제

본문의 문제를 하나로 모아
다시 한 번 복습할 수 있도록 하였습니다.

# 01 복습문제

**1. 법률행위의 효력에 관한 설명으로 틀린 것은?**
① 개업공인중개사가 임대인으로서 직접 중개의뢰인과 체결한 주택임대차계약은 유효하다.
② 공인중개사 자격이 없는 자가 우연히 1회성으로 행한 중개행위에 대한 적정한 수준의 수수료약정은 유효하다.
③ 부동산등기 특별조치법을 위반한 중간생략등기 약정은 무효이다.
④ 주택법의 전매행위제한을 위반하여 한 전매약정은 유효하다.
⑤ 개업공인중개사가 공인중개사법상 한도를 초과하여 중개보수를 지급받기로 하는 약정은 무효이다.

**2. 다음 중 반사회질서 법률행위에 해당하지 않는 것은?**
① 수사기관에서 허위진술의 대가로 급부를 제공받기로 한 약정
② 공무원의 직무에 관하여 특별한 청탁을 하게하고 그 대가로 돈을 지급하기로 한 약정
③ 다수의 보험계약을 통하여 보험금을 부정 취득할 목적으로 보험계약을 체결한 경우
④ 강제집행을 면할 목적으로 부동산에 허위의 근저당권설정등기를 경료한 행위
⑤ 도박채무를 변제하기 위해 채권자와 체결한 토지양도계약

**3. 甲은 자신의 X토지를 乙에게 매도하고 중도금을 수령한 후, 다시 丙에게 매도하고 소유권이전등기를 경료해 주었다. 다음 설명 중 옳은 것은?**
① 특별한 사정이 없는 한 乙은 최고 없이도 甲과의 매매계약을 해제할 수 있다.
② 丙이 甲의 乙에 대한 배임행위에 적극 가담한 경우, 乙은 丙을 상대로 등기말소를 청구할 수 있다.
③ 丙이 토지를 점유하고 있는 乙에게 X토지의 반환을 청구한 경우, 乙은 甲에 대한 손해배상청구권을 피담보채권으로 하여 X토지에 대하여 유치권을 행사할 수 있다.
④ 甲과 丙의 계약이 반사회질서 법률행위로 무효인 경우에도 丙으로부터 X토지를 전득한 선의의 丁은 제2매매의 유효를 주장할 수 있다.
⑤ 乙은 채권자취소권을 행사하여 甲과 丙의 계약을 취소할 수 있다.

**4. 불공정한 법률행위에 관한 설명으로 틀린 것은?**
① 종중총회결의에도 불공정한 법률행위에 관한 규정이 적용될 수 있다.
② 대리인에 의한 법률행위가 이루어진 경우, 궁박상태는 본인을 기준으로 판단한다.
③ 급부와 반대급부의 현저한 불균형 판단에 있어서는 특별한 사정이 없는 한 피해자의 궁박, 경솔, 무경험의 정도 등은 고려되지 않는다.
④ 법률행위 성립 당시 불공정한 법률행위가 아니라면 사후에 외부적 환경의 급격한 변화로 불공정한 결과가 발생하더라도 불공정한 법률행위에 해당하지 않는다.
⑤ 법률행위가 현저하게 공정을 잃었다고 하여 곧 그것이 궁박, 경솔, 또는 무경험으로 이루어진 것으로 추정되지 않는다.

5. 甲이 증여의 의사 없이 乙에게 자신의 X토지를 증여하였다. 다음 설명 중 틀린 것은?

① 乙이 통상인의 주의만 기울였어도 甲이 증여의 의사가 없음을 알 수 있었다면, 乙은 X토지의 소유권을 취득할 수 없다.
② 乙이 甲의 진의가 아님을 알았을 경우, 甲은 진의 아닌 의사표시를 취소할 수 있다.
③ 甲의 증여의 의사표시는 乙이 선의·무과실인 경우에 한하여 유효하다.
④ 甲이 乙의 악의나 과실을 증명하지 못하면 乙이 X토지의 소유권을 취득한다.
⑤ 甲의 의사표시가 무효라도 乙로부터 X토지를 전득한 선의의 丙은 X토지의 소유권을 취득한다.

6. 채권자 A의 강제집행을 면탈하기 위하여 甲은 친구 乙과 통모하여 자신의 X부동산을 가장매매하고 乙에게 소유권이전등기를 경료하였다. 다음 설명 중 틀린 것은?

① 甲은 언제든지 乙에게 진정명의회복을 위한 소유권이전등기를 청구할 수 있다.
② 선의의 丙이 乙로부터 X부동산을 취득한 경우, 甲은 丙에게 등기말소를 청구할 수 없다.
③ ②의 경우, 丙이 선의라도 과실이 있으면 X부동산의 소유권을 취득할 수 없다.
④ 丙이 X부동산의 소유권을 취득한 경우, 甲은 乙에게 매매대금 상당의 부당이득반환청구나 불법행위에 따른 손해배상을 청구할 수 있다.
⑤ 甲의 가장채권을 선의로 가압류한 가압류채권자도 보호되는 제3자에 포함된다.

7. 착오에 관한 설명으로 틀린 것은?

① 동기의 착오가 상대방에 의하여 유발된 경우에는 표시되지 않더라도 중요부분의 착오가 될 수 있다.
② 표의자가 착오를 이유로 법률행위를 취소한 경우, 상대방은 표의자에게 불법행위에 따른 손해배상을 청구할 수 없다.
③ 상대방이 표의자의 착오를 알면서 이용한 경우에는 중과실이 있는 표의자도 의사표시를 취소할 수 있다.
④ 매도인이 매매계약을 적법하게 해제한 경우에도 매수인은 착오를 이유로 매매계약을 취소할 수 있다.
⑤ 매도인의 하자담보책임이 성립하면 매수인은 착오를 이유로 매매계약을 취소할 수 없다.

8. 사기·강박에 의한 의사표시에 관한 설명으로 틀린 것은?

① 교환계약의 일방당사자가 자신의 목적물의 시가를 허위로 시가보다 높은 가액을 고지한 경우 이는 기망행위에 해당하지 않는다.
② 강박에 의하여 의사결정의 자유가 완전히 박탈되어 그 외형만 있는 법률행위는 무효이다.
③ 상대방 있는 의사표시에 관하여 제3자가 사기나 강박을 한 경우, 상대방이 그 사실을 알았을 경우에 한하여 그 의사표시를 취소할 수 있다.
④ 대리인의 기망행위에 의해 계약이 체결된 경우, 상대방은 본인이 선의라도 계약을 취소할 수 있다.
⑤ 제3자의 기망으로 계약을 체결한 경우, 제3자에게 불법행위에 따른 손해배상을 청구하기 위해서는 먼저 계약을 취소할 필요는 없다.

### 9. 의사표시의 효력발생에 관한 설명으로 틀린 것은?

① 표의자가 매매의 청약을 발송한 후 사망하여도 그 청약의 효력에는 아무런 영향을 미치지 않는다.
② 의사표시자는 의사표시가 도달하기 전에는 그 의사표시를 철회할 수 있다.
③ 상대방이 정당한 사유 없이 수령을 거절한 경우에도 그가 통지의 내용을 알 수 있는 객관적 상태에 놓인 때에 의사표시의 효력이 생긴다.
④ 우편물이 내용증명의 방법으로 발송되고 반송되지 않았다면 특별한 사정이 없는 한 상대방에게 도달하였다고 봄이 상당하다.
⑤ 표의자가 그 통지를 발송한 후 제한능력자가 된 경우, 그 법정대리인이 통지 사실을 알기 전에는 의사표시의 효력이 없다.

### 10. 의사표시에 관한 설명으로 틀린 것은?

① 진의 아닌 의사표시는 상대방과 통정이 없다는 점에서 통정허위표시와 구별된다.
② 甲에 대한 대출한도를 회피하기 위하여 乙을 형식상의 주채무자로 내세우고 은행도 이를 양해한 경우, 乙은 대출금에 대해서 책임을 지지 않는다.
③ 甲이 자신의 X토지를 乙에게 증여하면서 세금을 탈루하기 위하여 매매로 가장하여 乙에게 이전등기를 하였고, 악의의 丙이 乙로부터 토지를 매수하여 이전등기를 하면 丙은 X토지의 소유권을 취득한다.
④ 비진의표시는 상대방과 통정이 없다는 점에서 착오와 구분된다.
⑤ 채무자의 동일성에 관한 물상보증인의 착오는 중요부분의 착오이다.

### 11. 대리권의 범위와 제한에 관한 설명으로 틀린 것은?

① 대리권의 범위를 정하지 않은 대리인은 보존행위만을 할 수 있다.
② 대리인에 대한 금전채무가 기한이 도래한 경우 대리인은 본인의 허락이 없어도 그 채무를 변제할 수 있다.
③ 대리인이 수인인 경우에도 각자대리가 원칙이다.
④ 부동산의 매도권한을 부여받은 대리인은 특별한 사정이 없는 한 중도금과 잔금을 수령할 권한도 있다.
⑤ 대리인은 본인의 허락이 있으면 자기계약을 할 수 있다.

### 12. 대리에 관한 설명으로 틀린 것은?

① 대리인의 한정후견개시는 대리권 소멸사유가 아니다.
② 대리인이 대리권한 내에서 자기의 이익을 위하여 대리행위를 한 경우에는 특별한 사정이 없는 한 본인은 그 대리인의 행위에 대하여 책임이 없다.
③ 매매계약의 체결과 이행에 관하여 포괄적인 대리권을 수여받은 대리인은 매매대금지급기일을 연기해 줄 권한도 있다.
④ 본인의 허락이 없는 자기계약이라도 본인이 추인하면 유효한 대리행위로 될 수 있다.
⑤ 상대방이 대리인을 기망하지 않은 한 본인이 기망을 당했다고 하더라도 대리행위를 취소할 수는 없다.

**13. 甲의 대리인 乙은 甲 소유의 부동산을 丙에게 매도하기로 하였다. 다음 설명 중 옳은 것은?**

① 甲이 계약의 중요부분에 관하여 착오가 있는 경우에는 착오를 이유로 대리행위를 취소할 수 있다.
② 乙이 丙의 기망행위로 매매계약을 체결한 경우, 乙은 매매계약을 취소할 수 있다.
③ 만일 乙이 미성년자인 경우, 乙의 법정대리인은 乙이 제한능력자임을 이유로 대리행위를 취소할 수 있다.
④ 丙이 매매계약을 적법하게 해제한 경우, 丙은 乙에게 손해배상을 청구할 수 없다.
⑤ 乙이 매매계약을 체결하면서 甲을 위한 것임을 표시하지 않은 경우, 특별한 사정이 없으면 그 의사표시는 자기를 위한 것으로 추정한다.

**14. 대리에 관한 설명으로 옳은 것은?**

① 임의대리인이 본인의 승낙을 얻어 복대리인을 선임한 경우에는 선임·감독에 관한 책임이 없다.
② 대리인의 능력에 따라 사업의 성공여부가 결정되는 사무에 관한 대리인은 본인의 명시적인 승낙이 없는 한 복대리인을 선임할 수 없다.
③ 복대리인은 그 권한 내에서 대리인의 이름으로 법률행위를 한다.
④ 복대리인은 대리인의 대리행위에 의하여 선임된 본인의 대리인이다.
⑤ 상대방이 대리인에게 대금을 지급해도 대리인이 본인에게 전달하지 않는 한 상대방의 채무는 소멸하지 않는다.

**15. 대리권 없는 乙이 甲을 대리하여 丙에게 甲 소유의 토지를 매도하였다. 다음 설명 중 틀린 것은?**

① 甲이 乙에게 추인을 한 경우 丙이 추인이 있었다는 사실을 알지 못한 경우, 甲은 丙에게 추인의 효과를 주장하지 못한다.
② 甲이 일부에 대하여 추인한 경우에는 丙의 동의를 얻지 못하는 한 무효이다.
③ 乙이 미성년자인 경우, 甲이 추인을 거절하면 丙은 乙에게 계약의 이행을 청구할 수는 있지만 손해배상을 청구할 수는 없다.
④ 乙과 丙의 매매계약은 원칙적으로 甲에게 효력이 없다.
⑤ 乙이 甲을 단독상속한 경우, 본인 甲의 지위에서 추인을 거절할 수 없다.

**16. 대리권 없는 乙이 甲을 대리하여 丙에게 甲 소유의 토지를 매도하였다. 다음 설명 중 옳은 것은?**

① 甲이 추인을 하면 추인을 한 때로부터 유권대리와 마찬가지의 효력이 생긴다.
② 丙이 甲에게 상당한 기간을 정하여 매매계약의 추인 여부의 확답을 최고하였으나, 甲의 확답이 없었던 경우, 甲이 이를 추인한 것으로 본다.
③ 丙은 계약 당시에 乙에게 대리권 없음을 안 경우에도 乙에게 계약의 이행을 청구할 수 있다.
④ 계약 당시에 乙에게 대리권이 없음을 안 丙은 甲에게 추인여부의 최고를 할 수 없다.
⑤ 乙이 甲을 단독상속한 경우, 丙 명의의 등기는 실체관계에 부합하여 유효가 된다.

**17. 무권대리에 관한 설명으로 틀린 것은?**

① 추인은 상대방, 무권대리인, 상대방의 승계인에 대해서도 할 수 있다.
② 상대방의 악의나 과실에 대해서는 무권대리인이 증명책임을 진다.
③ 본인이 상대방에게 추인을 한 경우에는 상대방은 무권대리행위를 철회할 수 없다.
④ 본인이 추인을 거절한 경우, 무권대리인은 자신의 선택에 따라 계약을 이행하거나 손해를 배상할 책임이 있다.
⑤ 상대방 없는 단독행위의 무권대리는 본인이 이를 추인하더라도 무효이다.

**18. 권한을 넘은 표현대리에 관한 설명으로 틀린 것은?**

① 특별한 사정이 없는 한 소멸한 대리권을 기본대리권으로 하는 권한을 넘은 표현대리는 성립할 수 없다.
② 복대리인 선임권이 없는 대리인에 의하여 선임된 복대리인의 권한도 기본대리권이 될 수 있다.
③ 甲의 X토지에 대한 담보권설정의 대리권을 수여받은 乙이 X토지를 자신 앞으로 소유권이전등기를 하고 丙에게 처분한 경우, 표현대리가 성립할 여지가 없다.
④ 기본대리권과 월권행위는 동종·유사할 필요가 없다.
⑤ 대리행위가 강행규정 위반으로 무효가 된 경우에는 표현대리가 성립할 여지가 없다.

**19. 표현대리에 관한 설명으로 옳은 것은?**

① 상대방의 유권대리의 주장에는 표현대리의 주장이 포함되어 있다.
② 대리권수여표시에 의한 표현대리에서 대리권수여표시는 대리권 또는 대리인이라는 표현을 사용한 경우에 한정된다.
③ 표현대리가 성립한 경우에도, 상대방은 대리행위를 철회할 수 있다.
④ 표현대리가 성립한 경우, 상대방에게 과실이 있으면 과실상계 규정을 준용하여 본인의 책임을 경감할 수 있다.
⑤ 대리권수여표시에 의한 표현대리가 성립하기 위해서는 본인과 무권대리인 사이에 기본적인 법률관계가 존재하여야 한다.

**20. 법률행위의 무효에 관한 설명으로 틀린 것은?**

① 비진의표시로 무효인 법률행위를 표의자가 무효임을 알고 추인한 때에는 처음부터 새로운 법률행위를 한 것으로 본다.
② 불법조건이 붙은 법률행위는 추인하여도 효력이 생기지 않는다.
③ 불공정한 법률행위로서 무효인 경우, 무효행위의 전환의 법리가 적용될 수 있다.
④ 폭리행위의 추인은 인정되지 않는다.
⑤ 묵시적 추인이 인정되기 위해서는 이전의 법률행위가 무효임을 알거나 적어도 의심하면서 후속행위를 하였음이 인정되어야 한다.

21. 법률행위의 무효에 관한 설명으로 틀린 것은?

① 강행규정 위반의 법률행위는 유효한 행위로 전환될 수 없다.
② 처음부터 토지거래허가를 배제하거나 잠탈하기 위한 계약은 허가구역지정이 해제되더라도 확정적 무효이다.
③ 이전의 법률행위가 유효함을 전제로 후속행위를 하였다고 하여 묵시적 추인을 하였다고 단정할 수 없다.
④ 법률행위가 불가분인 경우에는 일부무효의 법리가 적용될 여지가 없다.
⑤ 무효인 법률행위에 따른 법률효과를 침해하는 것처럼 보이는 위법행위나 채무불이행이 있다고 하여도 손해배상을 청구할 수 없다.

22. 취소할 수 있는 법률행위에 관한 설명으로 틀린 것은?

① 제한능력자는 취소할 수 있는 법률행위를 단독으로 취소할 수 있다.
② 임의대리인은 취소권에 대하여 따로 수권을 받지 않는 한 취소권을 행사할 수 없다.
③ 취소할 수 있는 법률행위의 상대방이 확정된 경우, 그 취소는 상대방에 대한 의사표시로 하여야 한다.
④ 법률행위의 취소를 당연한 전제로 한 소송상의 이행청구에는 취소의 의사표시가 포함되어 있다고 볼 수 있다.
⑤ 법률행위를 취소하면 그 법률행위는 취소한 때로부터 무효가 된다.

23. 취소할 수 있는 법률행위에 관한 설명으로 옳은 것은?

① 제한능력을 이유로 법률행위가 취소된 경우 악의의 제한능력자는 받은 이익에 이자를 붙여서 반환해야 한다.
② 미성년자 甲이 乙에게 매도한 부동산을 선의의 丙이 매수하여 이전등기를 한 후에 甲이 미성년자임을 이유로 매매계약을 취소한 경우에도 丙은 소유권을 취득한다.
③ 법정대리인의 추인은 취소의 원인이 소멸한 후에 하여야만 효력이 있다.
④ 추인 요건을 갖추면 취소로 무효가 된 법률행위의 추인도 허용된다.
⑤ 취소권자가 상대방으로부터 이행의 청구를 받는 경우에도 법정추인이 된다.

24. 법률행위의 조건과 기한에 관한 설명으로 틀린 것은?

① 정지조건이 불성취로 확정되면 그 법률행위는 무효이다.
② 해제조건부 법률행위는 조건이 성취되지 않으면 효력이 소멸하지 않는다.
③ 조건을 붙일 수 없는 법률행위에 조건을 붙인 경우, 조건 없는 법률행위가 된다.
④ 불능조건을 해제조건으로 한 법률행위는 조건 없는 법률행위가 된다.
⑤ 기한의 도래가 미정인 권리·의무는 일반 규정에 의하여 처분, 상속, 보존, 담보로 할 수 있다.

**25. 법률행위의 조건과 기한에 관한 설명으로 옳은 것은?**

① 형성권적 기한이익 상실특약이 있는 경우, 기한이익상실사유가 발생해도 채권자의 의사표시가 있어야 이행기가 도래한다.
② 불확정한 사실이 발생한 때를 이행기한으로 정한 경우, 그 사실의 발생이 불가능하게 되었다고 하여 이행기한이 도래한 것으로 볼 수는 없다.
③ 기한이익상실의 특약은 특별한 사정이 없는 한 정지조건부 기한이익상실의 특약으로 추정한다.
④ 조건을 붙일 수 없는 법률행위에 조건을 붙인 경우, 다른 정함이 없으면 조건만 분리하여 무효로 할 수 있다.
⑤ 정지조건부 법률행위에서 조건이 성취되면 법률행위가 성립한 때로부터 효력이 발생한다.

**26. 물권적 청구권에 관한 설명으로 옳은 것은?**

① 소유권에 기한 방해제거청구권은 현재 계속되고 있는 방해의 원인과 함께 방해결과의 제거를 내용으로 한다.
② 소유자는 물권적 청구권에 의하여 방해제거비용 또는 방해예방비용을 청구할 수 있다.
③ 유치권자가 점유를 침탈당한 경우, 유치권에 기한 반환청구권을 행사할 수 있다.
④ 저당권자는 저당권의 침해를 이유로 자신에게 저당목적물의 반환할 것을 청구할 수 있다.
⑤ 승역지의 점유가 침탈된 때에도 지역권자는 승역지의 반환을 청구할 수 없다.

**27. 甲의 X토지 위에 乙이 무단으로 Y건물을 신축하였다. 다음 설명 중 틀린 것은?**

① 甲은 乙에게 Y건물에서의 퇴거를 청구할 수 없다.
② 乙이 Y건물을 丙에게 매도하고 소유권이전등기를 경료한 경우, 甲은 乙에게 건물철거를 청구할 수 없다.
③ 乙이 보존등기 없이 Y건물을 丙에게 매도하고 丙이 Y건물을 점유하고 있는 경우, 甲은 丙에게 건물의 철거를 청구할 수 없다.
④ 乙이 Y건물을 丙에게 임대차하고 丙이 대항요건을 갖춘 경우에도 甲은 丙에게 Y건물에서의 퇴거를 청구할 수 있다.
⑤ 甲이 X토지를 丙에게 매도하고, 소유권이전등기를 경료한 경우, 甲은 乙에게 건물의 철거를 청구할 수 없다.

**28. 甲은 자신의 X토지를 乙에게 매도하고 매매대금을 수령하고 점유를 이전하였으나, 소유권이전등기는 경료하지 않았다. 다음 설명 중 틀린 것은?**

① X토지에서 발생하는 과실은 乙에게 귀속된다.
② 乙의 소유권이전등기청구권은 소멸시효에 걸리지 않는다.
③ 乙이 X토지를 丙에게 처분하고 점유를 이전해 준 경우에는 乙의 소유권이전등기청구권은 소멸시효가 진행한다.
④ 甲은 丙에게 소유권에 기한 토지반환을 청구할 수 없다.
⑤ 丙은 甲에게 직접 소유권이전등기를 청구할 수 없다.

**29. 등기에 관한 설명으로 틀린 것은?**

① 甲의 X토지에 대한 등기가 불법말소된 경우, 甲이 회복기간 내에 회복등기를 하지 않으면 甲은 X토지에 대한 소유권을 상실한다.
② 甲 명의의 저당권등기가 불법말소된 후 후순위 저당권자 乙의 경매신청으로 X토지가 제3자에게 매각되면 甲은 저당권의 말소회복등기를 청구할 수 없다.
③ 물권에 관한 등기가 원인 없이 말소된 경우에도 그 물권의 효력에는 아무런 영향을 미치지 않는다.
④ 매매계약의 합의해제로 인한 매도인의 매수인에 대한 등기청구권은 물권적 청구권이다.
⑤ 기존 건물 멸실 후 건물이 신축된 경우, 기존 건물에 대한 등기는 신축건물에 대한 등기로서 효력이 없다.

**30. 乙은 甲 소유의 토지를 매수하여 다시 이를 丙에게 매도하였으며, 甲, 乙, 丙은 甲에서 丙으로 이전등기를 해 주기로 합의하였다. 다음 중 틀린 것은?**

① 乙에 甲에 대한 소유권이전등기청구권은 소멸하지 않는다.
② 丙은 甲에게 직접 소유권이전등기청구권을 행사할 수 있다.
③ 甲은 乙이 매매대금을 지급하지 않았음을 이유로 丙의 소유권이전등기청구를 거절할 수 있다.
④ 甲·乙 사이의 매매계약이 합의해제된 경우, 甲은 丙 명의로의 소유권이전등기의무의 이행을 거절할 수 있다.
⑤ 만약 乙이 丙에게 소유권이전등기청구권을 양도하고 그 사실을 甲에게 통지한 경우, 丙은 甲에게 직접 소유권이전등기를 청구할 수 있다.

**31. 등기의 추정력에 관한 설명으로 틀린 것은?**

① 등기명의인이 등기원인행위의 태양이나 과정을 다소 다르게 주장한다고 하여 그러한 사실만으로 추정력이 깨어지는 것이 아니다.
② 甲의 토지가 乙에 의하여 丙 앞으로 소유권이전등기가 경료된 경우, 乙에게 甲을 대리할 대리권한이 있다고 추정되지 않는다.
③ 소유권이전등기가 된 경우, 등기명의인은 전소유자에 대하여도 적법한 등기원인에 의하여 소유권을 취득한 것으로 추정된다.
④ 건물 소유권 보존등기의 명의인이 건물을 신축하지 않은 것으로 밝혀진 경우 등기의 추정력이 깨어진다.
⑤ 소유권이전청구권 보전을 위한 가등기가 있다고 하여, 소유권이전등기를 청구할 어떠한 법률관계가 있다고 추정되지 않는다.

**32. 甲 소유의 토지에 乙 명의로 소유권이전청구권 보전을 위한 가등기가 경료되어 있다. 다음 설명 중 옳은 것은?**

① 乙이 가등기에 기한 본등기를 하면 乙은 가등기를 경료한 때부터 토지에 대한 소유권을 취득한다.
② 甲이 토지에 대한 소유권을 丙에게 이전한 경우, 乙은 丙에게 본등기를 청구하여야 한다.
③ 丙에게 소유권이전등기가 경료된 경우, 乙은 가등기 상태에서 甲에게 丙의 등기를 말소해 줄 것을 청구할 수 있다.
④ 乙은 가등기된 소유권이전등기청구권을 가등기에 대한 부기등기의 방법으로 타인에게 양도할 수 없다.
⑤ 丙 앞으로 소유권이전등기가 경료된 후 乙의 가등기가 불법말소된 경우, 乙은 丙을 상대로 말소회복등기를 청구하여야 한다.

**33. 등기가 있어야 부동산물권이 변동되는 경우는?**
① 존속기간 만료에 의한 지상권의 소멸
② 피담보채권의 소멸에 의한 저당권의 소멸
③ 법정지상권이 있는 건물이 매매된 경우, 매수인의 법정지상권 취득
④ 건물전세권이 법정갱신된 경우
⑤ 집합건물의 구분소유권을 취득하는 자의 공용부분에 대한 지분 취득

**34. 부동산물권변동에 관한 설명으로 틀린 것은?**
① 상속에 의하여 부동산물권을 취득하기 위해서는 등기가 필요 없다.
② 분묘기지권은 등기가 없더라도 시효취득을 할 수 있다.
③ 이행판결에 기한 부동산 물권의 변동시기는 판결확정시이다.
④ 등기된 입목에 대한 저당권취득은 등기가 필요하다.
⑤ 공유물분할의 소에서 협의로 조정이 성립한 경우 등기를 하여야 단독소유권을 취득한다.

**35. 혼동에 관한 설명으로 틀린 것은?**
① 甲의 토지에 乙이 지상권을 취득한 후, 그 토지에 저당권을 취득한 丙이 그 토지의 소유권을 취득하더라도 丙의 저당권은 소멸하지 않는다.
② 甲의 토지 위에 乙이 1번 저당권, 丙이 2번 저당권을 가지고 있다가 乙이 토지소유권을 취득하면 1번 저당권은 소멸하지 않는다.
③ 乙이 甲의 토지 위에 지상권을 설정 받고 丙이 그 지상권 위에 저당권을 취득한 후, 乙이 그 토지의 소유권을 취득한 경우, 乙의 지상권은 소멸하지 않는다.
④ 甲의 토지를 乙이 점유하다가 乙이 이 토지의 소유권을 취득하더라도 乙의 점유권은 소멸하지 않는다.
⑤ 가등기에 기한 본등기 절차에 의하지 않고 별도로 본등기를 경료받은 경우, 제3자 명의로 중간처분의 등기가 있어도 가등기에 기한 본등기 절차의 이행을 구할 수 있다.

**36. 점유에 관한 설명으로 틀린 것은?**
① 점유매개관계의 직접점유자는 타주점유이다.
② 점유매개관계를 발생시키는 법률행위가 무효라 하더라도 간접점유는 인정될 수 있다.
③ 甲이 乙로부터 임차한 건물을 乙의 동의 없이 丙에게 전대한 경우, 乙만이 간접점유자이다.
④ 점유물이 점유자의 책임 있는 사유로 멸실된 경우 소유의 의사가 없는 점유자는 선의라도 손해의 전부를 배상하여야 한다.
⑤ 선의의 점유자라도 본권에 관한 소에서 패소하면 소가 제기된 때로부터 악의의 점유자로 본다.

**37. 점유에 관한 설명으로 틀린 것은?**

① 점유자가 매매 등의 자주점유의 권원을 주장하였으나 이것이 인정되지 않는다는 이유만으로 자주점유의 추정이 깨어지는 것이 아니다.
② 점유자는 소유의 의사로 과실 없이 점유한 것으로 추정된다.
③ 악의의 점유자에게도 비용상환청구권이 인정된다.
④ 점유자의 유익비상환청구에 대하여 법원이 상당한 상환기간을 허여하면 유치권은 성립하지 않는다.
⑤ 점유자가 점유물에 대하여 행사하는 권리는 적법하게 보유한 것으로 추정된다.

**38. 점유자와 회복자에 관한 설명으로 틀린 것은?**

① 악의의 점유자가 과실 없이 과실을 수취하지 못한 경우에는 그 대가를 보상할 의무가 없다.
② 점유자가 과실을 수취한 경우에는 통상의 필요비는 청구하지 못한다.
③ 점유자는 필요비는 지출 즉시 그 상환을 청구할 수 있다.
④ 필요비상환청구에 대하여 회복자는 법원에 그 상환기간의 허여를 청구할 수 없다.
⑤ 유익비는 가액증가가 현존한 때에 한하여 회복자의 선택에 따라 그 상환을 청구할 수 있다.

**39. 주위토지통행권에 관한 설명으로 틀린 것은?**

① 주위토지통행권의 성립에는 등기가 필요 없다.
② 통행지 소유자가 주위토지통행권에 기한 통행에 방해가 되는 축조물을 설치한 경우, 통행지 소유자가 그 철거의무를 부담한다.
③ 주위토지통행권자는 통행에 필요한 통로를 개설한 경우 그 통로개설이나 유지비용을 부담해야 한다.
④ 주위토지통행권이 인정되면 통행 시기나 횟수, 통행방법 등을 제한할 수는 없다.
⑤ 토지분할로 무상주위토지통행권을 취득한 분할토지의 소유자가 그 토지를 양도한 경우, 양수인에게는 무상의 주위토지통행권이 인정되지 않는다.

**40. 甲의 X토지에 대하여 乙이 취득시효를 완성하였다. 다음 설명 중 틀린 것은?**

① 甲이 丙에게 X토지를 매도하고 소유권이전등기를 경료한 경우, 乙은 丙에게 취득시효완성을 주장할 수 없다.
② 甲이 시효완성 후 X토지에 대하여 丁에게 설정해 준 저당권의 피담보채무를 乙이 대위변제한 경우, 乙은 甲에게 구상권을 행사할 수 없다.
③ 乙이 점유를 상실하더라도 乙의 소유권이전등기청구권은 즉시 소멸하는 것은 아니다.
④ 乙이 甲에 대한 소유권이전등기청구권을 丁에게 양도하고 그 사실을 甲에게 통지한 경우에도 甲의 승낙이 없는 한 丁은 甲에게 직접 소유권이전등기를 청구할 수 없다.
⑤ 甲이 乙의 시효완성사실을 안 후 丙에게 X토지를 매도하고 소유권이전등기를 경료한 경우, 乙은 甲에게 채무불이행책임을 물을 수 없다.

**41. 부동산의 점유취득시효에 관한 설명으로 틀린 것은?**

① 취득시효완성 후 명의신탁해지를 원인으로 명의신탁자에게 소유권이전등기가 경료된 경우, 명의신탁자는 시효완성자에게 대항할 수 있다.
② 2차 시효취득 기간 중에 소유자가 변경된 경우에는 2차 시효취득을 주장할 수 없다.
③ 시효진행 중에 목적부동산이 전전양도된 후 시효가 완성된 경우, 시효완성자는 최종등기명의인 대하여 이전등기를 청구할 수 있다.
④ 시효완성으로 이전등기를 경료받은 자가 취득시효기간 중에 체결한 임대차에서 발생한 임료는 시효완성자에게 귀속된다.
⑤ 등기부상 소유자가 진정한 소유자가 아니면 원칙적으로 그를 상대로 취득시효완성을 원인으로 소유권이전등기를 청구할 수 없다.

**42. 부동산의 부합에 관한 설명으로 틀린 것은?**

① 지상권이 설정된 토지의 소유자로부터 토지의 사용을 허락받은 자는 제256조의 정당한 권원이 있다고 할 수 없다.
② 토지의 담보가치 하락을 막기 위하여 토지에 저당권과 함께 지상권을 설정한 토지소유자로부터 토지의 사용을 허락받은 자는 제256조의 정당한 권원이 있다고 할 수 없다.
③ 건물임차인이 권원에 기하여 증축한 부분이 건물의 구성부분이 되면 임차인은 그 부분에 대하여 소유권을 취득하지 못한다.
④ 부동산 간에도 부합이 인정될 수 있다.
⑤ 토지소유자의 승낙 없이 임차인의 승낙만을 받아 임차토지에 수목을 식재한 자는 토지소유자에 대하여 수목의 소유권을 주장할 수 없다.

**43. X토지를 甲이 3/5, 乙이 2/5 지분으로 공유하고 있다. 다음 설명 중 틀린 것은?**

① 甲이 乙과 협의 없이 X토지를 丙에게 임대하여 인도한 경우, 乙은 丙에게 X토지의 인도를 청구할 수 없다.
② ①의 경우, 乙은 丙에게 2/5 지분에 상응하는 차임 상당액을 부당이득으로 반환을 청구할 수 있다.
③ 乙은 X토지의 2/5 지분에 상응하는 특정부분을 배타적으로 사용·수익할 수 없다.
④ 甲이 乙의 동의 없이 X토지 전부를 丙에게 매도하고 소유권이전등기를 경료해 준 경우, 乙은 등기전부의 말소를 청구할 수 없다.
⑤ 甲은 乙의 동의 없이 X토지 위에 건물을 신축할 수 없다.

**44. 甲과 乙이 1/2 지분으로 X토지를 공유하고 있다. 다음 설명 중 틀린 것은?**

① 丙이 X토지를 불법점유하는 경우, 甲은 X토지 전부의 반환을 청구할 수 있다.
② 丙의 불법점유로 손해가 발생한 경우, 甲은 1/2 지분 범위 내에서만 손해배상을 청구할 수 있다.
③ 乙이 甲의 동의 없이 X토지 위에 건물을 신축하는 경우, 甲은 건물 전부의 철거를 청구할 수 있다.
④ ③의 경우, 甲은 토지의 인도를 청구할 수 있다.
⑤ 乙의 1/2 지분이 丙 앞으로 원인무효의 등기가 된 경우, 甲은 그 부분의 등기말소를 청구할 수 없다.

**45. 민법상 공동소유에 관한 설명으로 틀린 것은?**

① 과반수 공유지분권자는 단독으로 공유토지 위에 지상권을 설정할 수 있다.
② 공유지분권의 본질적 권리를 침해하는 공유물의 관리에 관한 특약은 특별한 사정이 없는 한 공유지분의 특정승계인에게 효력이 미치지 않는다.
③ 공유물을 공유자 1인의 단독명의로 등기를 한 경우에 그 공유자의 지분범위 내에서는 유효한 등기이다.
④ 합유자는 다른 합유자의 동의 없이 자신의 지분을 처분하지 못한다.
⑤ 합유자의 1인이 사망하면 특별한 사정이 없는 한 그의 상속인은 그 지분을 승계하지 못한다.

**46. 지상권에 관한 설명으로 틀린 것은?**

① 지상권설정의 목적이 된 건물이 전부 멸실하더라도 지상권은 소멸하지 않는다.
② 지상권자는 토지소유자의 의사에 반하여도 자유롭게 지상권을 양도할 수 있다.
③ 토지의 담보가치하락을 막기 위해 저당권과 함께 지상권을 설정한 경우, 피담보채권이 소멸하면 지상권도 소멸한다.
④ 지료를 등기하지 않는 한 지상권설정자는 지상권자의 지료연체를 이유로 지상권의 양수인에게 대항할 수 없다.
⑤ 분묘기지권을 시효취득한 경우, 분묘기지권자는 분묘기지권이 성립한 때로부터 지료를 지급할 의무가 있다.

**47. 甲의 X토지 위에 설정된 乙의 지상권에 관한 설명으로 옳은 것은?**

① X토지를 양수한 자는 지상권의 존속 중에 乙에게 그 토지의 인도를 청구할 수 없다.
② 乙은 그가 X토지 위에 신축한 Y건물의 소유권을 유보하여 지상권을 양도할 수 없다.
③ 甲의 토지를 양수한 丙은 乙의 甲에 대한 지료연체액을 합산하여 2년 이상의 지료가 연체되면 지상권의 소멸을 청구할 수 있다.
④ 지상권의 존속기간을 정하지 않은 경우, 甲은 언제든지 지상권의 소멸을 청구할 수 있다.
⑤ 乙이 丙에게 지상권을 목적으로 한 저당권을 설정한 경우, 지료연체를 이유로 하는 甲의 지상권소멸청구는 丙에게 통지하면 즉시 효력이 생긴다.

**48. 甲은 자신의 토지와 그 지상건물 중 건물만을 乙에게 소유권이전등기를 해 주었다. 乙은 이 건물을 다시 丙에게 매도하고 소유권이전등기를 마쳐주었다. 다음 설명 중 틀린 것은?**

① 반대특약이 없는 한 지상물의 양도는 관습상의 법정지상권의 양도도 포함한다.
② 만일 甲이 丁에게 토지를 매도한 경우, 乙은 丁에게 관습상의 법정지상권을 주장할 수 없다.
③ 甲은 丙에게 토지의 사용에 대한 부당이득반환을 청구할 수 있다.
④ 甲의 丙에 대한 건물철거 및 토지인도청구는 신의성실의 원칙상 허용될 수 없다.
⑤ 만약 丙이 경매에 의하여 건물의 소유권을 취득한 경우라면, 특별한 사정이 없는 한 丙은 등기 없이도 관습상의 법정지상권을 취득한다.

**49. 지역권에 관한 설명으로 틀린 것은?**

① 요역지의 지상권자는 자신의 용익권 범위 내에서 지역권을 행사할 수 있다.
② 지역권은 요역지와 분리하여 양도하거나 다른 권리의 목적으로 하지 못한다.
③ 토지공유자의 1인은 지분에 관하여 그 토지를 위한 지역권을 소멸하게 하지 못한다.
④ 요역지의 공유자 1인이 지역권을 취득한 때에는 다른 공유자도 이를 취득한다.
⑤ 통행지역권을 시효취득하였다면, 특별한 사정이 없는 한 요역지 소유자는 도로설치로 인하여 승역지 소유자가 입은 손실을 보상하지 않아도 된다.

**50. 지역권에 관한 설명으로 틀린 것은?**

① 토지의 불법점유자는 통행지역권을 시효취득할 수 없다.
② 승역지 공유자 중 1인은 자신의 지분만에 대해서 지역권을 소멸시킬 수 없다.
③ 계속되고 표현된 지역권은 등기가 없어도 시효취득을 할 수 있다.
④ 요역지가 수인의 공유인 경우에 그 1인에 의한 지역권소멸시효의 중단은 다른 공유자를 위하여 효력이 있다.
⑤ 지역권의 점유취득시효를 중단시키기 위해서는 모든 공유자에게 중단을 시켜야 한다.

**51. 전세권에 관한 설명으로 틀린 것은?**

① 기존의 채권으로 전세금의 지급에 갈음할 수 있다.
② 전세권존속기간이 시작되기 전에 마친 전세권설정등기는 원칙적으로 무효이다.
③ 주로 채권담보의 목적으로 전세권을 설정하고 그 설정과 동시에 목적물을 인도하지 않은 경우라도 장차 전세권자의 사용·수익을 완전히 배제하는 것이 아니라면 그 전세권은 유효하다.
④ 전세권이 성립한 후 전세목적물의 소유권이 이전되면, 전세금반환채무도 신소유자에게 이전된다.
⑤ 전세권자가 소유자의 동의 없이 전전세를 하여도 원전세권은 소멸하지 않는다.

**52. 甲은 그 소유의 X건물의 일부에 관하여 乙 명의의 전세권을 설정하였다. 다음 설명 중 옳은 것은?**

① 존속기간 만료시 乙이 전세금을 반환받지 못하면 乙은 전세권에 기하여 X건물의 경매를 신청할 수 있다.
② 乙의 전세권이 법정갱신되는 경우, 그 존속기간은 2년이다.
③ 존속기간 만료시 乙은 특별한 사정이 없는 한 전세금반환채권을 타인에게 양도할 수 없다.
④ X건물이 경락된 경우, 乙은 X건물 전부의 경락대금에 대해서 우선변제를 받을 수 있다.
⑤ 乙의 전세권 존속기간이 만료한 경우에도 등기를 말소하지 않으면 전세권의 용익물권적 성격은 소멸하지 않는다.

**53. 유치권에 관한 설명으로 틀린 것은?**
① 점유는 유치권의 성립요건이자 존속요건이다.
② 유치권포기특약이 있는 경우, 제3자도 특약의 효력을 주장할 수 있다.
③ 채무자를 직접점유자로 하여 채권자가 간접점유하는 경우에도 유치권은 성립할 수 있다.
④ 건축자재를 매도한 자는 그 자재로 건축된 건물에 대해 자신의 대금채권을 담보하기 위하여 유치권을 행사할 수 없다.
⑤ 임대차종료 후 법원이 임차인의 유익비상환청구에 유예기간을 인정한 경우, 임차인은 그 기간 내에는 유치권을 주장할 수 없다.

**54. 유치권에 관한 설명으로 옳은 것은?**
① 유치목적물이 경매가 된 경우, 유치권보다 선순위 저당권이 소멸하는 경우에는 유치권자는 경락인에게 대항할 수 없다.
② 물건이 압류가 된 후에는 유치권을 취득할 수 없다.
③ 유치권자가 유치물인 주택에 거주하며 이를 사용하는 경우, 특별한 사정이 없는 한 채무자는 유치권소멸을 청구할 수 있다.
④ 유치권자가 유치목적물을 적법하게 임대차 한 후 임대차가 종료하였는데 임차인이 목적물의 반환을 거절하면 특별한 사정이 없는 한 유치권은 소멸한다.
⑤ 경매개시결정의 기입등기 후 그 건물의 점유를 이전받은 공사대금채권자는 경매절차의 매수인에게 유치권으로 대항할 수 없다.

**55. 유치권에 관한 설명으로 틀린 것은?**
① 유치권자는 경락인에 대해서는 피담보채권의 변제를 청구할 수 없다.
② 목적물에 대한 점유를 취득한 뒤 그 목적물에 관하여 성립한 채권을 담보하기 위한 유치권도 성립한다.
③ 유치권의 성립을 배제하는 당사자의 특약은 유효하다.
④ 유치권자가 유치권을 주장하기 위해서는 자신의 점유가 불법행위로 인한 것이 아님을 증명하여야 한다.
⑤ 가압류 등기가 설정된 부동산에 대하여 유치권을 취득한 자는 경매절차의 매수인에게 유치권으로 대항할 수 있다.

**56. 저당권에 관한 설명으로 틀린 것은?**
① 저당목적물에 지상권을 취득한 자가 필요비를 지출한 경우, 경매절차에서 저당권자에 우선하여 상환을 받을 수 없다.
② 저당권은 그 담보한 채권과 분리하여 타인에게 양도할 수 없다.
③ 저당권으로 담보한 채권이 소멸하면 저당권은 말소등기가 없어도 소멸한다.
④ 대위할 물건이 제3자에 의하여 압류된 경우에도 물상대위성이 인정된다.
⑤ 건물의 소유를 목적으로 한 토지임차인이 건물에 저당권을 설정한 경우, 저당권은 토지임차권에도 미친다.

**57. 저당권에 관한 설명으로 틀린 것은?**

① 저당물의 소유권을 취득한 제3자는 그 저당물의 경매에서 경매인이 될 수 있다.
② 나대지에 저당권이 설정된 후에 토지에 용익권을 취득한 자가 신축한 건물에 대해서는 일괄경매청구권이 인정되지 않는다.
③ 저당부동산에 대한 압류가 있으면 압류 이전의 저당권설정자의 저당부동산에 관한 차임채권에도 저당권의 효력이 미친다.
④ 일괄경매청구권이 인정되는 경우에도 저당권자는 건물의 경락대금에 대해서는 우선변제를 받을 수 없다.
⑤ 저당권의 효력은 저당권 설정 전에 목적부동산에 권원 없이 부합된 물건에 미친다.

**58. (관습상) 법정지상권에 관한 설명으로 틀린 것은?**

① 강제경매의 경우 관습상의 법정지상권이 성립하기 위해서는 매각대금완납시 토지와 건물이 동일인 소유이어야 한다.
② 저당권설정 당사자 간의 특약으로 저당목적물인 토지에 대하여 법정지상권을 배제하는 약정을 하더라도 그 약정은 무효이다.
③ 甲과 乙이 구분소유적 공유하는 토지 중, 甲이 구분소유적으로 공유하는 토지 위에 乙이 건물을 신축한 경우에는 법정지상권이 성립하지 않는다.
④ 나대지에 저당권을 설정할 당시 저당권자가 토지소유자의 건물 신축에 동의한 경우에도 법정지상권은 성립하지 않는다.
⑤ 토지에 저당권을 설정할 당시 건물이 건축 중인 경우에도 법정지상권이 성립할 수 있다.

**59. 저당권에 관한 설명으로 틀린 것은?**

① 저당권의 목적인 건물에 증축되어 독립적 효용이 없는 부분에 대해서는 저당권의 효력이 미친다.
② 공동근저당권자는 공동근저당권의 각 목적부동산에 대하여 채권최고액만큼 반복적, 누적적으로 배당을 받을 수 있다.
③ 채무자 소유의 부동산과 물상보증인 소유의 부동산에 공동저당이 설정된 후 함께 경매되는 경우에는 안분배당의 규정이 적용되지 않는다.
④ 채무자 소유의 부동산의 후순위 저당권자는 물상보증인 소유부동산에 대하여 대위할 수 없다.
⑤ 저당목적물이 경매되는 경우, 용익권이 소멸하는지는 그 부동산 위의 최선순위 저당권과의 우열관계에 의한다.

**60. 근저당권에 관한 설명으로 틀린 것은?**

① 실제채무액이 채권최고액을 초과하는 경우, 물상보증인은 채권최고액만 변제하고 근저당권등기의 말소를 청구할 수 있다.
② 근저당권자가 경매를 신청하면 경매신청시에 근저당권의 피담보채권이 확정된다.
③ 후순위권리자가 경매를 신청하면 선순위근저당권의 피담보채권은 매각대금완납시에 확정된다.
④ 공동근저당의 경우, 하나의 부동산에 대하여 피담보채권이 확정되면 나머지 부동산에 대한 피담보채권도 확정된다.
⑤ 피담보채권이 확정되면 그 이후에 발생하는 채권은 더 이상 근저당권에 의해 담보되지 않는다.

**61. 계약에 관한 설명으로 틀린 것은?**
① 모든 쌍무계약은 유상계약이다.
② 증여계약과 사용대차계약은 편무·무상계약이다.
③ 일방예약은 언제나 채권계약이다.
④ 현상광고는 요물계약이다.
⑤ 계약의 본질적 내용에 대하여 무의식적 불합의가 있는 경우, 계약을 취소할 수 있다.

**62. 계약의 성립에 관한 설명으로 틀린 것은?**
① 청약의 상대방은 불특정 다수라도 무방하다.
② 승낙은 청약자에 대하여 하여야 하고, 불특정 다수인에 대한 승낙은 허용되지 않는다.
③ 당사자 사이에 동일한 내용의 청약이 서로 교차된 경우, 양 청약이 상대방에게 도달한 때에 계약은 성립한다.
④ 계약의 합의해제의 청약에 대하여 상대방이 조건을 붙여 승낙한 때에는 그 청약은 효력을 잃는다.
⑤ 청약자가 '일정한 기간 내에 회답이 없으면 승낙한 것으로 본다.'고 표시한 경우, 특별한 사정이 없으면 상대방은 이에 구속된다.

**63. 계약에 관한 설명으로 틀린 것은?**
① 계약의 청약은 이를 철회하지 못한다.
② 승낙기간을 정하지 않은 청약에 대하여 연착된 승낙은 청약자가 이를 새로운 청약으로 볼 수 있다.
③ 격지자 간의 계약에서 청약은 그 통지가 상대방에게 도달한 때에 효력이 생긴다.
④ 승낙기간을 정하여 청약을 하였으나 청약자가 승낙의 통지를 그 기간 내에 받지 못한 경우, 원칙적으로 청약은 효력을 상실한다.
⑤ 의사의 불합치로 계약이 성립하지 않은 경우 그 사실을 알았거나 알 수 있었을 상대방에 대하여 계약체결상의 과실책임 규정을 유추적용하여 손해배상을 청구할 수 있다.

**64. 동시이행의 항변권에 관한 설명으로 틀린 것은?**
① 동시이행의 관계에 있는 쌍방의 채무 중 어느 한 채무가 이행불능이 되어 손해배상채무로 바뀌는 경우, 동시이행의 항변권은 소멸한다.
② 동시이행의 항변권은 당사자의 원용이 없으면 법원이 직권으로 고려할 수 없다.
③ 동시이행의 관계에 있는 어느 일방의 채권이 양도되더라도 그 동일성이 인정되는 한 동시이행관계는 존속한다.
④ 선이행의무자가 이행을 지체하는 동안에 상대방의 채무의 변제기가 도래한 경우, 특별한 사정이 없는 한 쌍방의 의무는 동시이행관계가 된다.
⑤ 일방의 이행제공으로 수령지체에 빠진 상대방은 그 후 그 일방이 이행제공 없이 이행을 청구하는 경우에는 동시이행의 항변권을 주장할 수 있다.

**65. 동시이행의 항변권이 인정되지 않는 경우는?**

① 계약해제로 인한 당사자 쌍방의 원상회복의무
② 구분소유적 공유관계를 해소하기 위한 공유지분권자 상호간의 지분이전등기의무
③ 가등기담보에 있어 채권자의 청산금지급의무와 채무자의 목적부동산에 대한 본등기 및 인도의무
④ 임대차 종료시 임차목적물의 반환과 연체차임 등을 공제한 보증금 반환
⑤ 임차인의 임차목적물 반환의무와 임대인의 권리금회수 방해로 인한 손해배상의무

**66. 甲과 乙이 甲 소유의 주택에 대한 매매계약을 체결하고 계약금을 수령하였는데, 주택이 매매계약 체결 후 소유권이전 및 인도 전에 소실되었다. 다음 설명 중 틀린 것은?**

① 甲과 乙의 책임 없는 사유로 주택이 소실된 경우, 甲은 乙에게 매매대금의 지급을 청구할 수 없다.
② 乙은 甲에게 계약금을 부당이득으로 반환을 청구할 수 있다.
③ 乙의 과실로 주택이 소실된 경우, 甲은 乙에게 매매대금의 지급을 청구할 수 있다.
④ 乙의 수령지체 중에 쌍방의 책임 없는 사유로 주택이 소실된 경우, 甲은 乙에게 매매대금의 지급을 청구할 수 있다.
⑤ ④의 경우, 乙의 수령지체 중에 이행이 불가능하게 되었으므로 甲은 자기의 채무를 면함으로써 얻은 이익을 乙에게 반환할 의무가 없다.

**67. 甲은 자신이 토지를 乙에게 매도하고 중도금까지 수령하였으나, 그 토지가 공용(재결)수용되는 바람에 乙에게 소유권을 이전할 수 없게 되었다. 다음 설명 중 옳은 것은?**

① 乙은 이행불능을 이유로 계약을 해제하고 손해배상을 청구할 수 있다.
② 乙은 계약체결상의 과실책임을 이유로 신뢰이익의 배상을 청구할 수 있다.
③ 乙이 매매대금 전부를 지급하면 甲의 수용보상금청구권 자체가 乙에게 귀속된다.
④ 甲은 乙에게 중도금을 부당이득으로 반환할 의무는 없다.
⑤ 乙이 대상청구권을 행사하여 甲에게 수용보상금을 청구하기 위해서는 자기 채무의 이행을 제공하여야 한다.

**68. 제3자를 위한 계약에 관한 설명으로 옳은 것은?**

① 낙약자의 채무불이행이 있으면 제3자는 요약자와 낙약자의 계약을 해제할 수 있다.
② 낙약자의 최고에 대하여 수익자가 확답을 하지 않은 경우, 제3자가 수익의 의사를 표시한 것으로 본다.
③ 제3자의 권리가 발생한 후에 요약자와 낙약자가 제3자를 위한 계약을 합의해제한 경우에도 제3자에게는 효력이 없다.
④ 요약자와 낙약자의 계약이 통정허위표시인 경우, 수익의 의사표시를 한 선의의 수익자에게 대항하지 못한다.
⑤ 제3자가 하는 수익의 의사표시의 상대방은 요약자이다.

69. 甲(요약자)과 乙(낙약자)은 丙을 수익자로 하는 제3자를 위한 계약을 체결하였다. 다음 설명 중 틀린 것은?
① 乙은 甲과의 계약에 기한 항변으로 丙에게 대항할 수 있다.
② 甲은 대가관계의 부존재를 이유로 자신이 기본관계에 기하여 乙에게 부담하는 채무의 이행을 거부할 수 있다.
③ 丙의 수익의 의사표시 후, 乙의 채무불이행이 있으면 甲은 丙의 동의 없이 계약을 해제할 수 있다.
④ 수익의 의사표시를 한 丙은 乙에게 직접 권리를 취득한다.
⑤ 乙이 丙에게 급부를 한 후에 계약이 해제된 경우, 乙은 丙을 상대로 원상회복을 청구할 수 없다.

70. 계약해제에 관한 설명으로 틀린 것은?
① 이행의 최고는 반드시 미리 일정한 기간을 명시하여 최고하여야 하는 것은 아니다.
② 이행불능을 이유로 계약을 해제하기 위해서는 자기채무의 이행제공이 필요 없다.
③ 합의해제의 경우에는 매도인은 받은 날로부터 이자를 가산할 의무가 없다.
④ 당사자 일방이 정기행위를 일정한 시기에 이행하지 않으면 상대방은 이행의 최고 없이 계약을 해제할 수 있다.
⑤ 매수인으로부터 미등기·무허가 건물을 매수하여 무허가건축물대장에 소유자로 등재한 자는 해제의 경우 보호되는 제3자에 해당한다.

71. 계약해제에 관한 설명으로 틀린 것은?
① 계약이 합의해제된 경우, 다른 사정이 없으면 채무불이행으로 인한 손해배상을 청구할 수 없다.
② 계약의 상대방이 여럿인 경우, 해제권자는 그 전원에 대하여 해제권을 행사하여야 한다.
③ 매수인과 매매예약을 체결하고 그에 기한 소유권이전청구권보전을 위한 가등기를 마친 자는 해제의 경우 보호되는 제3자에 포함되지 않는다.
④ 계약을 합의해제한 경우에도 민법상 해제의 효과에 따른 제3자 보호규정이 적용된다.
⑤ 중도금을 지급한 부동산매수인도 약정해제사유가 발생하면 계약을 해제할 수 있다.

72. 계약해제에 관한 설명으로 틀린 것은?
① 토지매수인으로부터 그 토지 위에 신축된 건물을 매수한 자는 토지매매계약의 해제로 인하여 보호되는 제3자에 해당하지 않는다.
② 계약이 해제된 경우, 선의의 수익자는 현존이익만 반환하면 되나, 악의의 수익자는 전손해를 반환하여야 한다.
③ 주택의 임대권한을 부여받은 매수인으로부터 매매계약이 해제되기 전에 주택을 임차한 후 대항요건을 갖춘 임차인은 해제의 경우 보호되는 제3자에 포함된다.
④ 계약의 해제는 손해배상청구에 영향을 미치지 않는다.
⑤ 해제대상 매매계약에 의하여 채무자 명의로 이전등기된 부동산을 가압류 집행한 가압류채권자는 해제의 경우 보호되는 제3자에 포함된다.

**73. 매매에 관한 설명으로 틀린 것은?**

① 매매예약완결권의 제척기간이 도과하였는지의 여부는 법원의 직권조사사항이다.
② 당사자 사이에 약정이 없는 경우, 예약완결권은 그 예약이 성립한 때로부터 10년 내에 행사하여야 한다.
③ 지상권은 매매의 대상이 될 수 없다.
④ 예약완결권의 존속기간이 지난 때에는 설사 예약목적물인 부동산을 인도받은 경우라도 예약완결권은 소멸한다.
⑤ 매매의 일방예약은 상대방이 매매를 완결할 의사를 표시하는 때에 매매의 효력이 생긴다.

**74. 계약금에 관한 설명으로 틀린 것은?**

① 甲과 乙 사이의 매매계약이 무효이거나 취소되더라도 계약금계약의 효력은 소멸하지 않는다.
② 계약금계약은 매매 기타의 주된 계약에 부수하여 행해지는 종된 계약이다.
③ 매수인 乙이 계약금의 전부를 지급하지 않으면, 계약금계약은 성립하지 않는다.
④ 계약금은 언제나 증약금으로서의 성질이 있다.
⑤ 매도인이 계약금의 배액을 상환하여 계약을 해제하는 경우, 그 이행의 제공을 하면 족하고 매수인이 이를 수령하지 아니한다 하여 이를 공탁까지 할 필요는 없다.

**75. 계약금에 관한 설명으로 틀린 것은?**

① 매도인은 실제 받은 일부금액의 배액을 상환하고 매매계약을 해제할 수 있다.
② 계약금은 다른 약정이 없는 한 해약금으로 추정한다.
③ 매수인이 중도금을 지급한 경우, 매도인은 계약금의 배액을 상환하고 계약금해제를 할 수 없다.
④ 이행행위 착수 전에 매수인 乙이 해약금 해제를 한 경우, 매도인 甲은 해제에 따른 손해배상청구권을 행사할 수 없다.
⑤ 매수인 乙이 계약금을 전부 지급하였더라도 정당한 사유 없이 잔금 지급을 지체한 때에는 매도인 甲은 손해배상을 청구할 수 있다.

**76. 매매에 관한 설명으로 틀린 것은?**

① 매매의 당사자 일방에 대한 의무이행의 기한이 있는 때에는 상대방의 의무이행에 대하여도 동일한 기한이 있는 것으로 추정한다.
② 매매목적물의 인도와 동시에 대금에 지급할 경우에는 특별한 사정이 없으면 그 인도장소에서 이를 지급하여야 한다.
③ X토지가 인도되지 않았다면 乙이 대금을 완제하더라도 특별한 사정이 없는 한 X토지에서 발생하는 과실은 매도인 甲에게 귀속된다.
④ 매수인 乙이 대금지급을 거절할 정당한 사유가 있는 경우, X토지를 미리 인도받았더라도 그 대금에 대한 이자를 지급할 의무는 없다.
⑤ 매매계약에 관한 비용은 특별한 사정이 없는 한 당사자가 균분하여 부담한다.

77. 매도인의 담보책임에 관한 설명으로 틀린 것은?
① 매수인이 매매 목적인 권리의 전부가 제3자에게 속한 사실을 알고 있었더라도 매도인이 이를 취득하여 이전할 수 없는 때에는 매매계약을 해제할 수 있다.
② 권리의 일부가 타인에게 속하여 매도인이 그 권리를 취득하여 이전할 수 없는 경우 대금감액청구권은 악의의 매수인도 행사할 수 있다.
③ 권리의 일부가 타인에게 속한 경우, 선의의 매수인이 갖는 손해배상청구권은 계약한 날로부터 1년 내에 행사되어야 한다.
④ 수량을 지정한 토지매매계약에서 실제면적이 계약면적에 미달하는 경우에는 계약체결상의 과실책임이 문제될 수 없다.
⑤ 저당권이 설정된 부동산의 매수인이 저당권의 행사로 그 소유권을 취득할 수 없는 경우, 악의의 매수인은 특별한 사정이 없는 한 계약을 해제하고 손해배상을 청구할 수 있다.

78. 매도인의 담보책임에 관한 설명으로 옳은 것은?
① 매매목적인 권리의 전부가 타인에게 속하여 권리의 전부를 이전할 수 없게 된 경우, 매도인은 선의의 매수인에게 신뢰이익을 배상하여야 한다.
② 수량을 지정한 매매에서 계약 당시 매매목적물의 수량부족을 안 매수인은 대금감액을 청구할 수 없다.
③ 토지 위에 설정된 지상권으로 인하여 계약의 목적을 달성할 수 없는 경우, 악의의 매수인도 계약을 해제할 수 있다.
④ 매도인의 담보책임은 무과실책임이므로 하자의 발생 및 그 확대에 가공한 매수인의 잘못을 참작하여 손해배상범위를 정할 수 없다.
⑤ 매수인 乙이 토지가 오염되어 있다는 사실을 계약체결시에 알고 있었더라도 매도인 甲에게 하자담보책임을 물을 수 있다.

79. 채무자 甲의 X건물에 설정된 채권자 乙의 저당권이 실행되어 丙이 경락을 받았다. 다음 설명 중 틀린 것은?
① X건물 자체에 하자가 있는 경우, 丙은 담보책임을 물을 수 없다.
② 경매절차가 무효인 경우, 丙은 배당을 받은 乙에게 손해배상을 청구할 수 있다.
③ 담보책임이 인정되는 경우, 丙은 甲이 무자력인 경우에 한하여 乙에게 담보책임을 물을 수 있다.
④ 채무자 甲이 권리의 하자를 알고 고지하지 않은 경우에는 丙은 甲에게 손해배상을 청구할 수 있다.
⑤ 乙보다 선순위 저당권자 丁의 등기가 불법말소된 경우에도 담보책임의 문제는 발생하지 않는다.

80. 환매에 관한 설명으로 틀린 것은?
① 환매특약은 매매계약과 동시에 하여야 한다.
② 환매기간을 정한 때에는 다시 이를 연장하지 못한다.
③ 특별한 약정이 없는 한 환매대금에는 매수인이 부담한 매매비용이 포함된다.
④ 부동산에 관한 환매는 환매권 특약의 등기가 없어도 제3자에 대해 효력이 있다.
⑤ 부동산의 매수인은 전득자인 제3자에 대하여 환매특약의 등기사실만으로 제3자의 소유권이전등기청구를 거절할 수 없다.

81. 甲은 자신의 X건물과 乙의 Y토지를 교환하기로 하면서 乙에게 보충금 1억원을 지급받기로 하였다. 다음 설명 중 틀린 것은?
① 乙이 보충금을 지급하지 않으면 甲은 교환계약을 해제할 수 있다.
② 교환계약체결 후 X건물이 지진으로 붕괴된 경우, 甲은 乙에게 Y토지의 인도와 보충금지급을 청구하지 못한다.
③ 乙의 과실로 X건물이 소실된 경우, 甲은 乙에게 Y토지의 인도와 보충금지급을 청구할 수 있다.
④ X건물에 설정된 저당권의 실행으로 乙이 X건물의 소유권을 취득하지 못한 경우, 악의의 乙은 손해배상을 청구할 수는 없다.
⑤ 甲과 乙은 서로 하자담보책임을 진다.

82. 임대차에 관한 설명으로 틀린 것은?
① 임차물에 필요비를 지출한 임차인은 임대차 종료시 그 가액증가가 현존한 때에 한하여 그 상환을 청구할 수 있다.
② 일시사용을 위한 임대차의 임차인에게도 비용상환청구권은 인정된다.
③ 건물임대차에서 임차인이 증축부분에 대한 원상회복의무를 면하는 대신 유익비상환청구권을 포기하기로 하는 약정은 특별한 사정이 없는 한 유효하다.
④ 토지임대차가 묵시적으로 갱신된 경우, 임대인과 임차인은 언제든지 임차권의 해지를 통고할 수 있다.
⑤ 임차인이 지상물의 소유권을 타인에게 이전한 경우, 임차인은 지상물매수청구권을 행사할 수 없다.

83. 임대차에 관한 설명으로 틀린 것은?
① 임대인의 동의를 얻어 임차인으로부터 토지임차권과 미등기건물을 매수한 임차인도 지상물매수청구를 할 수 있다.
② 임대차기간을 영구로 정한 경우, 임차인이 언제든지 임대차계약의 해지통고를 할 수 있는 것은 아니다.
③ 임대인의 해지통고로 기간의 정함이 없는 토지임차권이 소멸한 경우, 임차인은 지상물의 매수를 청구할 수 있다.
④ 임차목적물의 구성부분은 부속물매수청구권의 객체가 될 수 없다.
⑤ 일시사용을 위한 임대차임이 명백한 경우에는 부속물매수청구권이 인정되지 않는다.

84. 임대차에 관한 설명으로 틀린 것은?
① 대항력을 갖춘 甲의 임차권이 기간만료로 소멸한 후 임대인 乙이 X토지를 丙에게 양도한 경우, 甲은 丙을 상대로 지상물매수청구권을 행사할 수 있다.
② 적법한 건물전차인은 임차인의 동의를 얻어 부속한 물건에 대하여 매수를 청구할 수 있다.
③ 동의 있는 전대차의 경우, 임대인과 임차인이 합의로 임차권을 종료한 경우에도 전차권은 소멸하지 않는다.
④ 임차인의 지위와 분리하여 부속물매수청구권만을 양도할 수 없다.
⑤ 임대차계약이 임차인의 채무불이행으로 해지된 경우, 부속물매수청구권은 인정되지 않는다.

**85. 甲 소유의 건물을 임차하고 있던 乙이 甲의 동의 없이 이를 다시 丙에게 전대하였다. 다음 설명 중 틀린 것은?**

① 乙과 丙의 전대차 계약은 유효하다.
② 乙은 丙에게 임대인 甲의 동의를 받아 줄 의무가 있다.
③ 甲은 임대차계약이 존속하는 한도 내에서는 전차인 丙에게 불법점유를 이유로 한 차임상당의 손해배상청구를 할 수 없다.
④ 甲은 乙과의 임대차계약이 존속하는 동안에는 전차인 丙에게 불법점유를 이유로 부당이득반환을 청구할 수 없다.
⑤ 丙은 乙에 대한 차임지급으로 甲에게 대항하지 못하므로 甲의 차임지급청구를 거절할 수 없다.

**86. 주택임대차보호법에 관한 설명으로 틀린 것은?**

① 일시사용을 위한 임대차임이 명백한 경우에는 주택임대차보호법이 적용되지 않는다.
② 미등기주택에 대해서도 주택임대차보호법이 적용된다.
③ 저당권이 설정된 주택을 임차하여 대항요건을 갖춘 이상, 후순위저당권이 실행되더라도 매수인이 된 자에게 대항할 수 있다.
④ 주민등록의 신고는 행정청에 도달한 때가 아니라, 행정청이 수리한 때 효력이 발생한다.
⑤ 임대차기간이 끝난 경우, 대항력이 있는 임차인이 보증금을 반환받지 못하였다면 임대차관계는 종료하지 않는다.

**87. 주택임대차보호법에 관한 설명으로 틀린 것은?**

① 임차인이 대항요건과 확정일자를 갖춘 때 보증금의 일부만을 지급하고 나머지 보증금을 나중에 지급하였다고 하더라도 특별한 사정이 없는 한 대항요건과 확정일자를 갖춘 때를 기준으로 보증금 전액에 대하여 우선변제를 받을 수 있다.
② 주택임차인이 전세권설정등기를 한 후, 대항요건을 상실하더라도 주택임대차보호법상 대항력 및 우선변제권을 상실하지 않는다.
③ 임차인의 우선변제권은 대지의 환가대금에도 미친다.
④ 주택임대차계약이 묵시적으로 갱신되면 그 임대차의 존속기간은 2년으로 본다.
⑤ ④의 경우, 임차인은 언제든지 임대인에게 계약해지를 통지할 수 있다.

**88. 주택임대차보호법에 관한 설명으로 틀린 것은?**

① 임차권보다 선순위의 저당권이 존재하는 주택이 경매로 매각된 경우, 경매의 매수인은 임대인의 지위를 승계한다.
② 임대차 성립시에 임차주택과 그 대지가 임대인의 소유인 경우, 대항력과 확정일자를 갖춘 임차인은 대지만 경매되더라도 그 매각대금으로부터 우선변제를 받을 수 있다.
③ 대항요건 및 확정일자를 갖춘 주택임차인은 임대차 성립 당시 임대인 소유였던 대지가 타인에게 양도되어 임차주택과 대지 소유자가 달라지더라도, 대지의 환가대금에 대해 우선변제권을 행사할 수 있다.
④ 주택의 소유자는 아니지만 적법한 임대권한을 가진 자와 임대차계약을 체결한 경우에도 주택임대차보호법이 적용된다.
⑤ 사무실로 사용되던 건물이 주거용 건물로 용도변경된 경우에도 주택임대차보호법이 적용된다.

### 89. 주택임대차보호법에 관한 설명으로 틀린 것은?

① 임차인이 2기의 차임액에 해당하는 금액에 이르도록 차임을 연체한 사실이 있는 경우, 임대인은 임차인의 계약갱신요구를 거절할 수 있다.
② 임대인(임대인의 직계존속·직계비속을 포함한다)이 주택에 실제 거주하려는 경우 임대인은 임차인의 계약갱신요구를 거절할 수 있다.
③ 계약갱신요구권 행사에 의하여 갱신되는 임대차의 존속기간은 2년으로 본다.
④ 임차인의 계약갱신요구권은 최초임대차 기간을 포함하여 10년 범위 내에서만 행사할 수 있다.
⑤ 특별시, 광역시, 특별자치시·도, 및 특별자치도는 5%의 범위 내에서 차임의 증액청구의 상한을 조례로 달리 정할 수 있다.

### 90. 상가건물 임대차보호법에 관한 설명으로 틀린 것은?

① 임대차기간이 10년을 초과하여 계약갱신을 요구할 수 없는 임차인은 권리금보호규정에 의하여 보호받을 수 없다.
② 보증금 9억원을 초과하는 임차인도 집합 제한 또는 금지조치를 받음으로써 폐업한 경우에는 임대차계약을 해지할 수 있다.
③ 임차인이 3기의 차임을 연체한 경우에는 임대인은 임차인이 권리금을 받는 것을 방해할 수 있다.
④ 권리금회수기회를 방해한 임대인의 손해배상액은 신규임차인이 임차인에게 지급하기로 한 권리금과 임대차 종료 당시의 권리금 중 낮은 금액을 넘지 못한다.
⑤ 임차인이 상가를 인도받고 사업자등록을 신청하면 신청한 다음날부터 대항력이 인정된다.

### 91. 상가건물 임대차보호법에 관한 설명으로 틀린 것은?

① 보증금 9억을 초과하는 임차인이 계약갱신을 요구하는 경우, 임대인은 5%의 제한을 받지 않고 보증금의 증액을 청구할 수 있다.
② 권리금회수방해를 원인으로 하는 손해배상청구권은 방해행위가 있는 날로부터 3년 내에 행사하여야 한다.
③ 보증금 9억을 초과하는 임차인은 임차권등기명령을 신청할 수 없다.
④ 보증금 9억을 초과하는 임차인과 임대인이 임대차존속기간을 6개월로 정한 경우, 임대인도 6개월의 기간이 유효함을 주장할 수 있다.
⑤ 보증금 9억을 초과하는 임차인은 상가건물의 경매절차에서 일반채권자보다 우선변제를 받을 수 없다.

### 92. 집합건물의 소유 및 관리에 관한 법률에 관한 설명으로 틀린 것은?

① 집합건축물대장에 등록되지 않거나 구분건물로 등기되지 않은 경우에도 구분소유권이 성립할 수 있다.
② 구분소유자 중 일부가 복도, 계단과 같은 공용부분을 아무런 권원 없이 배타적으로 점유·사용하는 경우, 특별한 사정이 없는 한 다른 구분소유자들은 임료 상당의 부당이득반환을 청구할 수 없다.
③ 구분소유건물의 공용부분에 관한 물권의 득실변경은 등기가 필요하지 않다.
④ 관리인은 구분소유자일 필요가 없다.
⑤ 일부의 구분소유자만이 공용하도록 제공되는 것임이 명백한 공용부분은 그들 구분소유자의 공유에 속한다.

### 93. 집합건물의 소유 및 관리에 관한 법률에 관한 설명으로 틀린 것은?

① 관리인은 매년 회계연도 종료 후 3개월 이내에 정기 관리단집회를 소집하여야 한다.
② 집합건물을 재건축하려면, 구분소유자 및 의결권의 각 5분의 4 이상의 다수에 의한 결의가 있어야 한다.
③ 재건축 결의 후 재건축 참가 여부를 서면으로 촉구받은 재건축반대자가 법정기간 내에 회답하지 않으면 재건축에 참가하겠다는 회답을 한 것으로 본다.
④ 관리단집회는 구분소유자 전원이 동의하면 소집절차를 거치지 않고 소집할 수 있다.
⑤ 구분소유자 전원의 동의로 소집된 관리단집회는 소집절차에서 통지되지 않은 사항에 대해서도 결의할 수 있다.

### 94. 가등기담보 등에 관한 법률에 관한 설명으로 틀린 것은?

① 공사대금채권을 담보하기 위한 가등기에는 가등기담보법이 적용되지 않는다.
② 소비대차에 기한 대물변제약정을 한 경우에는 그에 따른 가등기나 소유권이전등기를 경료하지 않은 경우에도 사적실행에 의한 처분정산은 허용되지 않는다.
③ 1억원을 차용하면서 3천만원 상당의 부동산을 양도담보로 제공한 경우에는 가등기담보법이 적용되지 않으므로 청산금의 통지를 할 여지가 없다.
④ 가등기담보권이 설정된 경우, 설정자는 담보권자에 대하여 그 목적물의 소유권을 자유롭게 행사할 수 있다.
⑤ 가등기담보권자는 담보목적물의 경매를 청구할 수 있다.

### 95. 가등기담보 등에 관한 법률에 관한 설명으로 틀린 것은?

① 채권자가 채무자에게 담보권실행을 통지하고 난 후부터는 담보목적물에 대한 과실수취권은 채권자에게 귀속한다.
② 가등기담보권 실행통지는 채무자, 물상보증인 및 담보가등기 후 소유권을 취득한 제3자 모두에게 하여야 한다.
③ 가등기담보권자 甲이 담보계약에 따른 담보권을 실행하여 X토지의 소유권을 취득하기 위해서는 청산절차를 거쳐야 한다.
④ 가등기담보법에서 정한 청산절차를 거치지 않은 담보가등기에 기한 본등기는 원칙적으로 무효이다.
⑤ 청산금을 계산함에 있어서는 선순위담보권자의 피담보채권액도 고려한다.

### 96. 가등기담보 등에 관한 법률에 관한 설명으로 틀린 것은?

① 귀속청산의 경우, 채권자는 담보권실행의 통지절차에 따라 통지한 청산금의 금액에 대해서는 다툴 수 없다.
② 후순위권리자는 청산기간 내에 한하여 그 피담보채권의 변제기가 되기 전이라도 목적부동산의 경매를 청구할 수 있다.
③ 채무자 乙이 청산기간이 지나기 전에 한 청산금에 관한 권리의 양도는 이로써 후순위 저당권자 丙에게 대항할 수 없다.
④ 양도담보권자 甲이 채무자 乙에게 청산금을 지급함으로써 소유권을 취득하면 甲의 양도담보권은 혼동으로 소멸한다.
⑤ 제3자가 경매로 담보목적물의 소유권을 취득한 경우, 선순위 가등기담보권은 소멸하지 않는다.

**97. 명의신탁에 관한 설명으로 옳은 것은?**

① 소유권 이외의 부동산 물권의 명의신탁은 부동산실명법의 적용을 받지 않는다.
② 甲과 乙이 명의신탁약정을 하고 乙이 丙으로부터 건물을 매수하면서 乙 명의로 소유권이전등기청구권 보전을 위한 가등기를 한 경우에도 부동산실명법이 적용된다.
③ 법령회피 등의 목적이 없다면 사실혼 배우자 간의 명의신탁도 유효하다.
④ 채무변제를 담보하기 위해 채권자가 부동산 소유권을 이전받기로 하는 약정은 부동산실명법상의 명의신탁약정에 해당한다.
⑤ 유효한 명의신탁에서 제3자가 명의신탁된 토지를 불법점유하는 경우, 명의신탁자 甲은 소유권에 기하여 직접 방해배제를 청구할 수 있다.

**98. A(a부분)와 B(b부분)가 X토지를 구분소유적 공유하고 있다. 다음 설명 중 틀린 것은?**

① A가 a부분을 C에게 매도하고 지분이전등기를 경료하면 B와 C가 X토지를 구분소유적 공유한다.
② A의 지분이 경매가 되어 C가 경락을 받으면 구분소유적 공유는 종료되고 보통의 공유가 된다.
③ A와 B는 각 당사자에 대하여 언제든지 공유물의 분할을 청구할 수 있다.
④ A의 토지 위에 B의 건물이 신축된 경우, 관습상의 법정지상권이 성립할 여지가 없다.
⑤ A의 a부분 점유는 자주점유이다.

**99. 甲이 乙과 명의신탁약정을 하고 丙 소유의 X부동산을 매수하면서 丙에게 부탁하여 乙 명의로 소유권이전등기를 하였다. 다음 설명 중 옳은 것은?**

① 丙은 더 이상 甲에게 소유권이전등기의무를 부담하지 않는다.
② 甲은 丙에게 매매대금을 부당이득으로 반환청구할 수 있다.
③ 甲은 명의신탁의 해지를 원인으로 乙에게 소유권이전등기를 청구할 수 있다.
④ 甲은 부당이득반환을 원인으로 乙에게 소유권이전등기를 청구할 수 있다.
⑤ 丙은 乙에게 진정명의회복을 위한 소유권이전등기를 청구할 수 있다.

**100. 丙의 토지를 구입하고자 하는 甲은 乙과 명의신탁약정을 맺고 매수자금을 제공하였고 乙은 명의신탁약정에 따라 丙의 토지를 구입하여 자신 명의로 소유권이전등기를 경료하였다. 다음 설명 중 틀린 것은?**

① 丙이 선의인 경우, 丙은 乙 명의의 등기말소를 청구할 수 없다.
② 丙이 악의인 경우, 丙은 乙 명의의 등기말소를 청구할 수 있다.
③ 丙이 선의라도 甲과 丙 사이의 명의신탁약정은 무효이다.
④ 丙이 선의인 경우, 乙은 甲에게 매매대금상당의 부당이득반환책임을 진다.
⑤ 만약 乙이 경매를 통하여 이전등기를 경료한 경우, 乙은 丙이 악의라면 소유권을 취득하지 못한다.

## 02 복습문제

1. 법률행위의 효력에 관한 설명으로 틀린 것은?
① 개업공인중개사가 임대인으로서 직접 중개의뢰인과 체결한 주택임대차계약은 유효하다.
② 공인중개사 자격이 없는 자가 우연히 1회성으로 행한 중개행위에 대한 적정한 수준의 수수료약정은 유효하다.
③ 부동산등기 특별조치법을 위반한 중간생략등기 약정은 무효이다.
④ 주택법의 전매행위제한을 위반하여 한 전매약정은 유효하다.
⑤ 개업공인중개사가 공인중개사법상 한도를 초과하여 중개보수를 지급받기로 하는 약정은 무효이다.

2. 다음 중 반사회질서 법률행위에 해당하지 않는 것은?
① 수사기관에서 허위진술의 대가로 급부를 제공받기로 한 약정
② 공무원의 직무에 관하여 특별한 청탁을 하게하고 그 대가로 돈을 지급하기로 한 약정
③ 다수의 보험계약을 통하여 보험금을 부정 취득할 목적으로 보험계약을 체결한 경우
④ 강제집행을 면할 목적으로 부동산에 허위의 근저당권설정등기를 경료한 행위
⑤ 도박채무를 변제하기 위해 채권자와 체결한 토지양도계약

3. 甲은 자신의 X토지를 乙에게 매도하고 중도금을 수령한 후, 다시 丙에게 매도하고 소유권이전등기를 경료해 주었다. 다음 설명 중 옳은 것은?
① 특별한 사정이 없는 한 乙은 최고 없이도 甲과의 매매계약을 해제할 수 있다.
② 丙이 甲의 乙에 대한 배임행위에 적극 가담한 경우, 乙은 丙을 상대로 등기말소를 청구할 수 있다.
③ 丙이 토지를 점유하고 있는 乙에게 X토지의 반환을 청구한 경우, 乙은 甲에 대한 손해배상청구권을 피담보채권으로 하여 X토지에 대하여 유치권을 행사할 수 있다.
④ 甲과 丙의 계약이 반사회질서 법률행위로 무효인 경우에도 丙으로부터 X토지를 전득한 선의의 丁은 제2매매의 유효를 주장할 수 있다.
⑤ 乙은 채권자취소권을 행사하여 甲과 丙의 계약을 취소할 수 있다.

4. 불공정한 법률행위에 관한 설명으로 틀린 것은?
① 종중총회결의에도 불공정한 법률행위에 관한 규정이 적용될 수 있다.
② 대리인에 의한 법률행위가 이루어진 경우, 궁박상태는 본인을 기준으로 판단한다.
③ 급부와 반대급부의 현저한 불균형 판단에 있어서는 특별한 사정이 없는 한 피해자의 궁박, 경솔, 무경험의 정도 등은 고려되지 않는다.
④ 법률행위 성립 당시 불공정한 법률행위가 아니라면 사후에 외부적 환경의 급격한 변화로 불공정한 결과가 발생하더라도 불공정한 법률행위에 해당하지 않는다.
⑤ 법률행위가 현저하게 공정을 잃었다고 하여 곧 그것이 궁박, 경솔, 또는 무경험으로 이루어진 것으로 추정되지 않는다.

**5. 甲이 증여의 의사 없이 乙에게 자신의 X토지를 증여하였다. 다음 설명 중 틀린 것은?**

① 乙이 통상인의 주의만 기울였어도 甲이 증여의 의사가 없음을 알 수 있었다면, 乙은 X토지의 소유권을 취득할 수 없다.
② 乙이 甲의 진의가 아님을 알았을 경우, 甲은 진의 아닌 의사표시를 취소할 수 있다.
③ 甲의 증여의 의사표시는 乙이 선의·무과실인 경우에 한하여 유효하다.
④ 甲이 乙의 악의나 과실을 증명하지 못하면 乙이 X토지의 소유권을 취득한다.
⑤ 甲의 의사표시가 무효라도 乙로부터 X토지를 전득한 선의의 丙은 X토지의 소유권을 취득한다.

**6. 채권자 A의 강제집행을 면탈하기 위하여 甲은 친구 乙과 통모하여 자신의 X부동산을 가장매매하고 乙에게 소유권이전등기를 경료하였다. 다음 설명 중 틀린 것은?**

① 甲은 언제든지 乙에게 진정명의회복을 위한 소유권이전등기를 청구할 수 있다.
② 선의의 丙이 乙로부터 X부동산을 취득한 경우, 甲은 丙에게 등기말소를 청구할 수 없다.
③ ②의 경우, 丙이 선의라도 과실이 있으면 X부동산의 소유권을 취득할 수 없다.
④ 丙이 X부동산의 소유권을 취득한 경우, 甲은 乙에게 매매대금 상당의 부당이득반환청구나 불법행위에 따른 손해배상을 청구할 수 있다.
⑤ 甲의 가장채권을 선의로 가압류한 가압류채권자도 보호되는 제3자에 포함된다.

**7. 착오에 관한 설명으로 틀린 것은?**

① 동기의 착오가 상대방에 의하여 유발된 경우에는 표시되지 않더라도 중요부분의 착오가 될 수 있다.
② 표의자가 착오를 이유로 법률행위를 취소한 경우, 상대방은 표의자에게 불법행위에 따른 손해배상을 청구할 수 없다.
③ 상대방이 표의자의 착오를 알면서 이용한 경우에는 중과실이 있는 표의자도 의사표시를 취소할 수 있다.
④ 매도인이 매매계약을 적법하게 해제한 경우에도 매수인은 착오를 이유로 매매계약을 취소할 수 있다.
⑤ 매도인의 하자담보책임이 성립하면 매수인은 착오를 이유로 매매계약을 취소할 수 없다.

**8. 사기·강박에 의한 의사표시에 관한 설명으로 틀린 것은?**

① 교환계약의 일방당사자가 자신의 목적물의 시가를 허위로 시가보다 높은 가액을 고지한 경우 이는 기망행위에 해당하지 않는다.
② 강박에 의하여 의사결정의 자유가 완전히 박탈되어 그 외형만 있는 법률행위는 무효이다.
③ 상대방 있는 의사표시에 관하여 제3자가 사기나 강박을 한 경우, 상대방이 그 사실을 알았을 경우에 한하여 그 의사표시를 취소할 수 있다.
④ 대리인의 기망행위에 의해 계약이 체결된 경우, 상대방은 본인이 선의라도 계약을 취소할 수 있다.
⑤ 제3자의 기망으로 계약을 체결한 경우, 제3자에게 불법행위에 따른 손해배상을 청구하기 위해서는 먼저 계약을 취소할 필요는 없다.

## 9. 의사표시의 효력발생에 관한 설명으로 틀린 것은?

① 표의자가 매매의 청약을 발송한 후 사망하여도 그 청약의 효력에는 아무런 영향을 미치지 않는다.
② 의사표시자는 의사표시가 도달하기 전에는 그 의사표시를 철회할 수 있다.
③ 상대방이 정당한 사유 없이 수령을 거절한 경우에도 그가 통지의 내용을 알 수 있는 객관적 상태에 놓인 때에 의사표시의 효력이 생긴다.
④ 우편물이 내용증명의 방법으로 발송되고 반송되지 않았다면 특별한 사정이 없는 한 상대방에게 도달하였다고 봄이 상당하다.
⑤ 표의자가 그 통지를 발송한 후 제한능력자가 된 경우, 그 법정대리인이 통지 사실을 알기 전에는 의사표시의 효력이 없다.

## 10. 의사표시에 관한 설명으로 틀린 것은?

① 진의 아닌 의사표시는 상대방과 통정이 없다는 점에서 통정허위표시와 구별된다.
② 甲에 대한 대출한도를 회피하기 위하여 乙을 형식상의 주채무자로 내세우고 은행도 이를 양해한 경우, 乙은 대출금에 대해서 책임을 지지 않는다.
③ 甲이 자신의 X토지를 乙에게 증여하면서 세금을 탈루하기 위하여 매매로 가장하여 乙에게 이전등기를 하였고, 악의의 丙이 乙로부터 토지를 매수하여 이전등기를 하면 丙은 X토지의 소유권을 취득한다.
④ 비진의표시는 상대방과 통정이 없다는 점에서 착오와 구분된다.
⑤ 채무자의 동일성에 관한 물상보증인의 착오는 중요부분의 착오이다.

## 11. 대리권의 범위와 제한에 관한 설명으로 틀린 것은?

① 대리권의 범위를 정하지 않은 대리인은 보존행위만을 할 수 있다.
② 대리인에 대한 금전채무가 기한이 도래한 경우 대리인은 본인의 허락이 없어도 그 채무를 변제할 수 있다.
③ 대리인이 수인인 경우에도 각자대리가 원칙이다.
④ 부동산의 매도권한을 부여받은 대리인은 특별한 사정이 없는 한 중도금과 잔금을 수령할 권한도 있다.
⑤ 대리인은 본인의 허락이 있으면 자기계약을 할 수 있다.

## 12. 대리에 관한 설명으로 틀린 것은?

① 대리인의 한정후견개시는 대리권 소멸사유가 아니다.
② 대리인이 대리권한 내에서 자기의 이익을 위하여 대리행위를 한 경우에는 특별한 사정이 없는 한 본인은 그 대리인의 행위에 대하여 책임이 없다.
③ 매매계약의 체결과 이행에 관하여 포괄적인 대리권을 수여받은 대리인은 매매대금지급기일을 연기해 줄 권한도 있다.
④ 본인의 허락이 없는 자기계약이라도 본인이 추인하면 유효한 대리행위로 될 수 있다.
⑤ 상대방이 대리인을 기망하지 않은 한 본인이 기망을 당했다고 하더라도 대리행위를 취소할 수는 없다.

**13. 甲의 대리인 乙은 甲 소유의 부동산을 丙에게 매도하기로 하였다. 다음 설명 중 옳은 것은?**

① 甲이 계약의 중요부분에 관하여 착오가 있는 경우에는 착오를 이유로 대리행위를 취소할 수 있다.
② 乙이 丙의 기망행위로 매매계약을 체결한 경우, 乙은 매매계약을 취소할 수 있다.
③ 만일 乙이 미성년자인 경우, 乙의 법정대리인은 乙이 제한능력자임을 이유로 대리행위를 취소할 수 있다.
④ 丙이 매매계약을 적법하게 해제한 경우, 丙은 乙에게 손해배상을 청구할 수 없다.
⑤ 乙이 매매계약을 체결하면서 甲을 위한 것임을 표시하지 않은 경우, 특별한 사정이 없으면 그 의사표시는 자기를 위한 것으로 추정한다.

**14. 대리에 관한 설명으로 옳은 것은?**

① 임의대리인이 본인의 승낙을 얻어 복대리인을 선임한 경우에는 선임·감독에 관한 책임이 없다.
② 대리인의 능력에 따라 사업의 성공여부가 결정되는 사무에 관한 대리인은 본인의 명시적인 승낙이 없는 한 복대리인을 선임할 수 없다.
③ 복대리인은 그 권한 내에서 대리인의 이름으로 법률행위를 한다.
④ 복대리인은 대리인의 대리행위에 의하여 선임된 본인의 대리인이다.
⑤ 상대방이 대리인에게 대금을 지급해도 대리인이 본인에게 전달하지 않는 한 상대방의 채무는 소멸하지 않는다.

**15. 대리권 없는 乙이 甲을 대리하여 丙에게 甲 소유의 토지를 매도하였다. 다음 설명 중 틀린 것은?**

① 甲이 乙에게 추인을 한 경우 丙이 추인이 있었다는 사실을 알지 못한 경우, 甲은 丙에게 추인의 효과를 주장하지 못한다.
② 甲이 일부에 대하여 추인한 경우에는 丙의 동의를 얻지 못하는 한 무효이다.
③ 乙이 미성년자인 경우, 甲이 추인을 거절하면 丙은 乙에게 계약의 이행을 청구할 수는 있지만 손해배상을 청구할 수는 없다.
④ 乙과 丙의 매매계약은 원칙적으로 甲에게 효력이 없다.
⑤ 乙이 甲을 단독상속한 경우, 본인 甲의 지위에서 추인을 거절할 수 없다.

**16. 대리권 없는 乙이 甲을 대리하여 丙에게 甲 소유의 토지를 매도하였다. 다음 설명 중 옳은 것은?**

① 甲이 추인을 하면 추인을 한 때로부터 유권대리와 마찬가지의 효력이 생긴다.
② 丙이 甲에게 상당한 기간을 정하여 매매계약의 추인 여부의 확답을 최고하였으나, 甲의 확답이 없었던 경우, 甲이 이를 추인한 것으로 본다.
③ 丙은 계약 당시에 乙에게 대리권 없음을 안 경우에도 乙에게 계약의 이행을 청구할 수 있다.
④ 계약 당시에 乙에게 대리권이 없음을 안 丙은 甲에게 추인여부의 최고를 할 수 없다.
⑤ 乙이 甲을 단독상속한 경우, 丙 명의의 등기는 실체관계에 부합하여 유효가 된다.

**17. 무권대리에 관한 설명으로 틀린 것은?**

① 추인은 상대방, 무권대리인, 상대방의 승계인에 대해서도 할 수 있다.
② 상대방의 악의나 과실에 대해서는 무권대리인이 증명책임을 진다.
③ 본인이 상대방에게 추인을 한 경우에는 상대방은 무권대리행위를 철회할 수 없다.
④ 본인이 추인을 거절한 경우, 무권대리인은 자신의 선택에 따라 계약을 이행하거나 손해를 배상할 책임이 있다.
⑤ 상대방 없는 단독행위의 무권대리는 본인이 이를 추인하더라도 무효이다.

**18. 권한을 넘은 표현대리에 관한 설명으로 틀린 것은?**

① 특별한 사정이 없는 한 소멸한 대리권을 기본대리권으로 하는 권한을 넘은 표현대리는 성립할 수 없다.
② 복대리인 선임권이 없는 대리인에 의하여 선임된 복대리인의 권한도 기본대리권이 될 수 있다.
③ 甲의 X토지에 대한 담보권설정의 대리권을 수여받은 乙이 X토지를 자신 앞으로 소유권이전등기를 하고 丙에게 처분한 경우, 표현대리가 성립할 여지가 없다.
④ 기본대리권과 월권행위는 동종·유사할 필요가 없다.
⑤ 대리행위가 강행규정 위반으로 무효가 된 경우에는 표현대리가 성립할 여지가 없다.

**19. 표현대리에 관한 설명으로 옳은 것은?**

① 상대방의 유권대리의 주장에는 표현대리의 주장이 포함되어 있다.
② 대리권수여표시에 의한 표현대리에서 대리권수여표시는 대리권 또는 대리인이라는 표현을 사용한 경우에 한정된다.
③ 표현대리가 성립한 경우에도, 상대방은 대리행위를 철회할 수 있다.
④ 표현대리가 성립한 경우, 상대방에게 과실이 있으면 과실상계 규정을 준용하여 본인의 책임을 경감할 수 있다.
⑤ 대리권수여표시에 의한 표현대리가 성립하기 위해서는 본인과 무권대리인 사이에 기본적인 법률관계가 존재하여야 한다.

**20. 법률행위의 무효에 관한 설명으로 틀린 것은?**

① 비진의표시로 무효인 법률행위를 표의자가 무효임을 알고 추인한 때에는 처음부터 새로운 법률행위를 한 것으로 본다.
② 불법조건이 붙은 법률행위는 추인하여도 효력이 생기지 않는다.
③ 불공정한 법률행위로서 무효인 경우, 무효행위의 전환의 법리가 적용될 수 있다.
④ 폭리행위의 추인은 인정되지 않는다.
⑤ 묵시적 추인이 인정되기 위해서는 이전의 법률행위가 무효임을 알거나 적어도 의심하면서 후속행위를 하였음이 인정되어야 한다.

**21. 법률행위의 무효에 관한 설명으로 틀린 것은?**

① 강행규정 위반의 법률행위는 유효한 행위로 전환될 수 없다.
② 처음부터 토지거래허가를 배제하거나 잠탈하기 위한 계약은 허가구역지정이 해제되더라도 확정적 무효이다.
③ 이전의 법률행위가 유효함을 전제로 후속행위를 하였다고 하여 묵시적 추인을 하였다고 단정할 수 없다.
④ 법률행위가 불가분인 경우에는 일부무효의 법리가 적용될 여지가 없다.
⑤ 무효인 법률행위에 따른 법률효과를 침해하는 것처럼 보이는 위법행위나 채무불이행이 있다고 하여도 손해배상을 청구할 수 없다.

**22. 취소할 수 있는 법률행위에 관한 설명으로 틀린 것은?**

① 제한능력자는 취소할 수 있는 법률행위를 단독으로 취소할 수 있다.
② 임의대리인은 취소권에 대하여 따로 수권을 받지 않는 한 취소권을 행사할 수 없다.
③ 취소할 수 있는 법률행위의 상대방이 확정된 경우, 그 취소는 상대방에 대한 의사표시로 하여야 한다.
④ 법률행위의 취소를 당연한 전제로 한 소송상의 이행청구에는 취소의 의사표시가 포함되어 있다고 볼 수 있다.
⑤ 법률행위를 취소하면 그 법률행위는 취소한 때로부터 무효가 된다.

**23. 취소할 수 있는 법률행위에 관한 설명으로 옳은 것은?**

① 제한능력을 이유로 법률행위가 취소된 경우 악의의 제한능력자는 받은 이익에 이자를 붙여서 반환해야 한다.
② 미성년자 甲이 乙에게 매도한 부동산을 선의의 丙이 매수하여 이전등기를 한 후에 甲이 미성년자임을 이유로 매매계약을 취소한 경우에도 丙은 소유권을 취득한다.
③ 법정대리인의 추인은 취소의 원인이 소멸한 후에 하여야만 효력이 있다.
④ 추인 요건을 갖추면 취소로 무효가 된 법률행위의 추인도 허용된다.
⑤ 취소권자가 상대방으로부터 이행의 청구를 받는 경우에도 법정추인이 된다.

**24. 법률행위의 조건과 기한에 관한 설명으로 틀린 것은?**

① 정지조건이 불성취로 확정되면 그 법률행위는 무효이다.
② 해제조건부 법률행위는 조건이 성취되지 않으면 효력이 소멸하지 않는다.
③ 조건을 붙일 수 없는 법률행위에 조건을 붙인 경우, 조건 없는 법률행위가 된다.
④ 불능조건을 해제조건으로 한 법률행위는 조건 없는 법률행위가 된다.
⑤ 기한의 도래가 미정인 권리·의무는 일반 규정에 의하여 처분, 상속, 보존, 담보로 할 수 있다.

**25. 법률행위의 조건과 기한에 관한 설명으로 옳은 것은?**

① 형성권적 기한이익 상실특약이 있는 경우, 기한이익상실사유가 발생해도 채권자의 의사표시가 있어야 이행기가 도래한다.
② 불확정한 사실이 발생한 때를 이행기한으로 정한 경우, 그 사실의 발생이 불가능하게 되었다고 하여 이행기한이 도래한 것으로 볼 수는 없다.
③ 기한이익상실의 특약은 특별한 사정이 없는 한 정지조건부 기한이익상실의 특약으로 추정한다.
④ 조건을 붙일 수 없는 법률행위에 조건을 붙인 경우, 다른 정함이 없으면 조건만 분리하여 무효로 할 수 있다.
⑤ 정지조건부 법률행위에서 조건이 성취되면 법률행위가 성립한 때로부터 효력이 발생한다.

**26. 물권적 청구권에 관한 설명으로 옳은 것은?**

① 소유권에 기한 방해제거청구권은 현재 계속되고 있는 방해의 원인과 함께 방해결과의 제거를 내용으로 한다.
② 소유자는 물권적 청구권에 의하여 방해제거비용 또는 방해예방비용을 청구할 수 있다.
③ 유치권자가 점유를 침탈당한 경우, 유치권에 기한 반환청구권을 행사할 수 있다.
④ 저당권자는 저당권의 침해를 이유로 자신에게 저당목적물의 반환할 것을 청구할 수 있다.
⑤ 승역지의 점유가 침탈된 때에도 지역권자는 승역지의 반환을 청구할 수 없다.

**27. 甲의 X토지 위에 乙이 무단으로 Y건물을 신축하였다. 다음 설명 중 틀린 것은?**

① 甲은 乙에게 Y건물에서의 퇴거를 청구할 수 없다.
② 乙이 Y건물을 丙에게 매도하고 소유권이전등기를 경료한 경우, 甲은 乙에게 건물철거를 청구할 수 없다.
③ 乙이 보존등기 없이 Y건물을 丙에게 매도하고 丙이 Y건물을 점유하고 있는 경우, 甲은 丙에게 건물의 철거를 청구할 수 없다.
④ 乙이 Y건물을 丙에게 임대차하고 丙이 대항요건을 갖춘 경우에도 甲은 丙에게 Y건물에서의 퇴거를 청구할 수 있다.
⑤ 甲이 X토지를 丙에게 매도하고, 소유권이전등기를 경료한 경우, 甲은 乙에게 건물의 철거를 청구할 수 없다.

**28. 甲은 자신의 X토지를 乙에게 매도하고 매매대금을 수령하고 점유를 이전하였으나, 소유권이전등기는 경료하지 않았다. 다음 설명 중 틀린 것은?**

① X토지에서 발생하는 과실은 乙에게 귀속된다.
② 乙의 소유권이전등기청구권은 소멸시효에 걸리지 않는다.
③ 乙이 X토지를 丙에게 처분하고 점유를 이전해준 경우에는 乙의 소유권이전등기청구권은 소멸시효가 진행한다.
④ 甲은 丙에게 소유권에 기한 토지반환을 청구할 수 없다.
⑤ 丙은 甲에게 직접 소유권이전등기를 청구할 수 없다.

### 29. 등기에 관한 설명으로 틀린 것은?

① 甲의 X토지에 대한 등기가 불법말소된 경우, 甲이 회복기간 내에 회복등기를 하지 않으면 甲은 X토지에 대한 소유권을 상실한다.
② 甲 명의의 저당권등기가 불법말소된 후 후순위 저당권자 乙의 경매신청으로 X토지가 제3자에게 매각되면 甲은 저당권의 말소회복등기를 청구할 수 없다.
③ 물권에 관한 등기가 원인 없이 말소된 경우에도 그 물권의 효력에는 아무런 영향을 미치지 않는다.
④ 매매계약의 합의해제로 인한 매도인의 매수인에 대한 등기청구권은 물권적 청구권이다.
⑤ 기존 건물 멸실 후 건물이 신축된 경우, 기존 건물에 대한 등기는 신축건물에 대한 등기로서 효력이 없다.

### 30. 乙은 甲 소유의 토지를 매수하여 다시 이를 丙에게 매도하였으며, 甲, 乙, 丙은 甲에게서 丙으로 이전등기를 해 주기로 합의하였다. 다음 중 틀린 것은?

① 乙에 甲에 대한 소유권이전등기청구권은 소멸하지 않는다.
② 丙은 甲에게 직접 소유권이전등기청구권을 행사할 수 있다.
③ 甲은 乙이 매매대금을 지급하지 않았음을 이유로 丙의 소유권이전등기청구를 거절할 수 있다.
④ 甲·乙 사이의 매매계약이 합의해제된 경우, 甲은 丙 명의로의 소유권이전등기의무의 이행을 거절할 수 있다.
⑤ 만약 乙이 丙에게 소유권이전등기청구권을 양도하고 그 사실을 甲에게 통지한 경우, 丙은 甲에게 직접 소유권이전등기를 청구할 수 있다.

### 31. 등기의 추정력에 관한 설명으로 틀린 것은?

① 등기명의인이 등기원인행위의 태양이나 과정을 다소 다르게 주장한다고 하여 그러한 사실만으로 추정력이 깨어지는 것이 아니다.
② 甲의 토지가 乙에 의하여 丙 앞으로 소유권이전등기가 경료된 경우, 乙에게 甲을 대리할 대리권한이 있다고 추정되지 않는다.
③ 소유권이전등기가 된 경우, 등기명의인은 전소유자에 대하여도 적법한 등기원인에 의하여 소유권을 취득한 것으로 추정된다.
④ 건물 소유권 보존등기의 명의인이 건물을 신축하지 않은 것으로 밝혀진 경우 등기의 추정력이 깨어진다.
⑤ 소유권이전청구권 보전을 위한 가등기가 있다고 하여, 소유권이전등기를 청구할 어떠한 법률관계가 있다고 추정되지 않는다.

### 32. 甲 소유의 토지에 乙 명의로 소유권이전청구권 보전을 위한 가등기가 경료되어 있다. 다음 설명 중 옳은 것은?

① 乙이 가등기에 기한 본등기를 하면 乙은 가등기를 경료한 때부터 토지에 대한 소유권을 취득한다.
② 甲이 토지에 대한 소유권을 丙에게 이전한 경우, 乙은 丙에게 본등기를 청구하여야 한다.
③ 丙에게 소유권이전등기가 경료된 경우, 乙은 가등기 상태에서 甲에게 丙의 등기를 말소해 줄 것을 청구할 수 있다.
④ 乙은 가등기된 소유권이전등기청구권을 가등기에 대한 부기등기의 방법으로 타인에게 양도할 수 없다.
⑤ 丙 앞으로 소유권이전등기가 경료된 후 乙의 가등기가 불법말소된 경우, 乙은 丙을 상대로 말소회복등기를 청구하여야 한다.

**33. 등기가 있어야 부동산물권이 변동되는 경우는?**

① 존속기간 만료에 의한 지상권의 소멸
② 피담보채권의 소멸에 의한 저당권의 소멸
③ 법정지상권이 있는 건물이 매매된 경우, 매수인의 법정지상권 취득
④ 건물전세권이 법정갱신된 경우
⑤ 집합건물의 구분소유권을 취득하는 자의 공용부분에 대한 지분 취득

**34. 부동산물권변동에 관한 설명으로 틀린 것은?**

① 상속에 의하여 부동산물권을 취득하기 위해서는 등기가 필요 없다.
② 분묘기지권은 등기가 없더라도 시효취득을 할 수 있다.
③ 이행판결에 기한 부동산 물권의 변동시기는 판결확정시이다.
④ 등기된 입목에 대한 저당권취득은 등기가 필요하다.
⑤ 공유물분할의 소에서 협의로 조정이 성립한 경우 등기를 하여야 단독소유권을 취득한다.

**35. 혼동에 관한 설명으로 틀린 것은?**

① 甲의 토지에 乙이 지상권을 취득한 후, 그 토지에 저당권을 취득한 丙이 그 토지의 소유권을 취득하더라도 丙의 저당권은 소멸하지 않는다.
② 甲의 토지 위에 乙이 1번 저당권, 丙이 2번 저당권을 가지고 있다가 乙이 토지소유권을 취득하면 1번 저당권은 소멸하지 않는다.
③ 乙이 甲의 토지 위에 지상권을 설정 받고 丙이 그 지상권 위에 저당권을 취득한 후, 乙이 그 토지의 소유권을 취득한 경우, 乙의 지상권은 소멸하지 않는다.
④ 甲의 토지를 乙이 점유하다가 乙이 이 토지의 소유권을 취득하더라도 乙의 점유권은 소멸하지 않는다.
⑤ 가등기에 기한 본등기 절차에 의하지 않고 별도로 본등기를 경료받은 경우, 제3자 명의로 중간처분의 등기가 있어도 가등기에 기한 본등기 절차의 이행을 구할 수 있다.

**36. 점유에 관한 설명으로 틀린 것은?**

① 점유매개관계의 직접점유자는 타주점유이다.
② 점유매개관계를 발생시키는 법률행위가 무효라 하더라도 간접점유는 인정될 수 있다.
③ 甲이 乙로부터 임차한 건물을 乙의 동의 없이 丙에게 전대한 경우, 乙만이 간접점유자이다.
④ 점유물이 점유자의 책임 있는 사유로 멸실된 경우 소유의 의사가 없는 점유자는 선의라도 손해의 전부를 배상하여야 한다.
⑤ 선의의 점유자라도 본권에 관한 소에서 패소하면 소가 제기된 때로부터 악의의 점유자로 본다.

**37. 점유에 관한 설명으로 틀린 것은?**

① 점유자가 매매 등의 자주점유의 권원을 주장하였으나 이것이 인정되지 않는다는 이유만으로 자주점유의 추정이 깨어지는 것이 아니다.
② 점유자는 소유의 의사로 과실 없이 점유한 것으로 추정된다.
③ 악의의 점유자에게도 비용상환청구권이 인정된다.
④ 점유자의 유익비상환청구에 대하여 법원이 상당한 상환기간을 허여하면 유치권은 성립하지 않는다.
⑤ 점유자가 점유물에 대하여 행사하는 권리는 적법하게 보유한 것으로 추정된다.

**38. 점유자와 회복자에 관한 설명으로 틀린 것은?**

① 악의의 점유자가 과실 없이 과실을 수취하지 못한 경우에는 그 대가를 보상할 의무가 없다.
② 점유자가 과실을 수취한 경우에는 통상의 필요비는 청구하지 못한다.
③ 점유자는 필요비는 지출 즉시 그 상환을 청구할 수 있다.
④ 필요비상환청구에 대하여 회복자는 법원에 그 상환기간의 허여를 청구할 수 없다.
⑤ 유익비는 가액증가가 현존한 때에 한하여 회복자의 선택에 따라 그 상환을 청구할 수 있다.

**39. 주위토지통행권에 관한 설명으로 틀린 것은?**

① 주위토지통행권의 성립에는 등기가 필요 없다.
② 통행지 소유자가 주위토지통행권에 기한 통행에 방해가 되는 축조물을 설치한 경우, 통행지 소유자가 그 철거의무를 부담한다.
③ 주위토지통행권자는 통행에 필요한 통로를 개설한 경우 그 통로개설이나 유지비용을 부담해야 한다.
④ 주위토지통행권이 인정되면 통행 시기나 횟수, 통행방법 등을 제한할 수는 없다.
⑤ 토지분할로 무상주위토지통행권을 취득한 분할토지의 소유자가 그 토지를 양도한 경우, 양수인에게는 무상의 주위토지통행권이 인정되지 않는다.

**40. 甲의 X토지에 대하여 乙이 취득시효를 완성하였다. 다음 설명 중 틀린 것은?**

① 甲이 丙에게 X토지를 매도하고 소유권이전등기를 경료한 경우, 乙은 丙에게 취득시효완성을 주장할 수 없다.
② 甲이 시효완성 후 X토지에 대하여 丁에게 설정해 준 저당권의 피담보채무를 乙이 대위변제한 경우, 乙은 甲에게 구상권을 행사할 수 없다.
③ 乙이 점유를 상실하더라도 乙의 소유권이전등기청구권은 즉시 소멸하는 것은 아니다.
④ 乙이 甲에 대한 소유권이전등기청구권을 丁에게 양도하고 그 사실을 甲에게 통지한 경우에도 甲의 승낙이 없는 한 丁은 甲에게 직접 소유권이전등기를 청구할 수 없다.
⑤ 甲이 乙의 시효완성사실을 안 후 丙에게 X토지를 매도하고 소유권이전등기를 경료한 경우, 乙은 甲에게 채무불이행책임을 물을 수 없다.

### 41. 부동산의 점유취득시효에 관한 설명으로 틀린 것은?

① 취득시효완성 후 명의신탁해지를 원인으로 명의신탁자에게 소유권이전등기가 경료된 경우, 명의신탁자는 시효완성자에게 대항할 수 있다.
② 2차 시효취득 기간 중에 소유자가 변경된 경우에는 2차 시효취득을 주장할 수 없다.
③ 시효진행 중에 목적부동산이 전전양도된 후 시효가 완성된 경우, 시효완성자는 최종등기명의인 대하여 이전등기를 청구할 수 있다.
④ 시효완성으로 이전등기를 경료받은 자가 취득시효기간 중에 체결한 임대차에서 발생한 임료는 시효완성자에게 귀속된다.
⑤ 등기부상 소유자가 진정한 소유자가 아니면 원칙적으로 그를 상대로 취득시효완성을 원인으로 소유권이전등기를 청구할 수 없다.

### 42. 부동산의 부합에 관한 설명으로 틀린 것은?

① 지상권이 설정된 토지의 소유자로부터 토지의 사용을 허락받은 자는 제256조의 정당한 권원이 있다고 할 수 없다.
② 토지의 담보가치 하락을 막기 위하여 토지에 저당권과 함께 지상권을 설정한 토지소유자로부터 토지의 사용을 허락받은 자는 제256조의 정당한 권원이 있다고 할 수 없다.
③ 건물임차인이 권원에 기하여 증축한 부분이 건물의 구성부분이 되면 임차인은 그 부분에 대하여 소유권을 취득하지 못한다.
④ 부동산 간에도 부합이 인정될 수 있다.
⑤ 토지소유자의 승낙 없이 임차인의 승낙만을 받아 임차토지에 수목을 식재한 자는 토지소유자에 대하여 수목의 소유권을 주장할 수 없다.

### 43. X토지를 甲이 3/5, 乙이 2/5 지분으로 공유하고 있다. 다음 설명 중 틀린 것은?

① 甲이 乙과 협의 없이 X토지를 丙에게 임대하여 인도한 경우, 乙은 丙에게 X토지의 인도를 청구할 수 없다.
② ①의 경우, 乙은 丙에게 2/5 지분에 상응하는 차임 상당액을 부당이득으로 반환을 청구할 수 있다.
③ 乙은 X토지의 2/5 지분에 상응하는 특정부분을 배타적으로 사용·수익할 수 없다.
④ 甲이 乙의 동의 없이 X토지 전부를 丙에게 매도하고 소유권이전등기를 경료해 준 경우, 乙은 등기전부의 말소를 청구할 수 없다.
⑤ 甲은 乙의 동의 없이 X토지 위에 건물을 신축할 수 없다.

### 44. 甲과 乙이 1/2 지분으로 X토지를 공유하고 있다. 다음 설명 중 틀린 것은?

① 丙이 X토지를 불법점유하는 경우, 甲은 X토지 전부의 반환을 청구할 수 있다.
② 丙의 불법점유로 손해가 발생한 경우, 甲은 1/2 지분 범위 내에서만 손해배상을 청구할 수 있다.
③ 乙이 甲의 동의 없이 X토지 위에 건물을 신축하는 경우, 甲은 건물 전부의 철거를 청구할 수 있다.
④ ③의 경우, 甲은 토지의 인도를 청구할 수 있다.
⑤ 乙의 1/2 지분이 丙 앞으로 원인무효의 등기가 된 경우, 甲은 그 부분의 등기말소를 청구할 수 없다.

**45. 민법상 공동소유에 관한 설명으로 틀린 것은?**

① 과반수 공유지분권자는 단독으로 공유토지 위에 지상권을 설정할 수 있다.
② 공유지분권의 본질적 권리를 침해하는 공유물의 관리에 관한 특약은 특별한 사정이 없는 한 공유지분의 특정승계인에게 효력이 미치지 않는다.
③ 공유물을 공유자 1인의 단독명의로 등기를 한 경우에 그 공유자의 지분범위 내에서는 유효한 등기이다.
④ 합유자는 다른 합유자의 동의 없이 자신의 지분을 처분하지 못한다.
⑤ 합유자의 1인이 사망하면 특별한 사정이 없는 한 그의 상속인은 그 지분을 승계하지 못한다.

**46. 지상권에 관한 설명으로 틀린 것은?**

① 지상권설정의 목적이 된 건물이 전부 멸실하더라도 지상권은 소멸하지 않는다.
② 지상권자는 토지소유자의 의사에 반하여도 자유롭게 지상권을 양도할 수 있다.
③ 토지의 담보가치하락을 막기 위해 저당권과 함께 지상권을 설정한 경우, 피담보채권이 소멸하면 지상권도 소멸한다.
④ 지료를 등기하지 않는 한 지상권설정자는 지상권자의 지료연체를 이유로 지상권의 양수인에게 대항할 수 없다.
⑤ 분묘기지권을 시효취득한 경우, 분묘기지권자는 분묘기지권이 성립한 때로부터 지료를 지급할 의무가 있다.

**47. 甲의 X토지 위에 설정된 乙의 지상권에 관한 설명으로 옳은 것은?**

① X토지를 양수한 자는 지상권의 존속 중에 乙에게 그 토지의 인도를 청구할 수 없다.
② 乙은 그가 X토지 위에 신축한 Y건물의 소유권을 유보하여 지상권을 양도할 수 없다.
③ 甲의 토지를 양수한 丙은 乙의 甲에 대한 지료 연체액을 합산하여 2년 이상의 지료가 연체되면 지상권의 소멸을 청구할 수 있다.
④ 지상권의 존속기간을 정하지 않은 경우, 甲은 언제든지 지상권의 소멸을 청구할 수 있다.
⑤ 乙이 丙에게 지상권을 목적으로 한 저당권을 설정한 경우, 지료연체를 이유로 하는 甲의 지상권소멸청구는 丙에게 통지하면 즉시 효력이 생긴다.

**48. 甲은 자신의 토지와 그 지상건물 중 건물만을 乙에게 소유권이전등기를 해 주었다. 乙은 이 건물을 다시 丙에게 매도하고 소유권이전등기를 마쳐주었다. 다음 설명 중 틀린 것은?**

① 반대특약이 없는 한 지상물의 양도는 관습상의 법정지상권의 양도도 포함한다.
② 만일 甲이 丁에게 토지를 매도한 경우, 乙은 丁에게 관습상의 법정지상권을 주장할 수 없다.
③ 甲은 丙에게 토지의 사용에 대한 부당이득반환을 청구할 수 있다.
④ 甲의 丙에 대한 건물철거 및 토지인도청구는 신의성실의 원칙상 허용될 수 없다.
⑤ 만약 丙이 경매에 의하여 건물의 소유권을 취득한 경우라면, 특별한 사정이 없는 한 丙은 등기 없이도 관습상의 법정지상권을 취득한다.

**49. 지역권에 관한 설명으로 틀린 것은?**

① 요역지의 지상권자는 자신의 용익권 범위 내에서 지역권을 행사할 수 있다.
② 지역권은 요역지와 분리하여 양도하거나 다른 권리의 목적으로 하지 못한다.
③ 토지공유자의 1인은 지분에 관하여 그 토지를 위한 지역권을 소멸하게 하지 못한다.
④ 요역지의 공유자 1인이 지역권을 취득한 때에는 다른 공유자도 이를 취득한다.
⑤ 통행지역권을 시효취득하였다면, 특별한 사정이 없는 한 요역지 소유자는 도로설치로 인하여 승역지 소유자가 입은 손실을 보상하지 않아도 된다.

**50. 지역권에 관한 설명으로 틀린 것은?**

① 토지의 불법점유자는 통행지역권을 시효취득할 수 없다.
② 승역지 공유자 중 1인은 자신의 지분만에 대해서 지역권을 소멸시킬 수 없다.
③ 계속되고 표현된 지역권은 등기가 없어도 시효취득을 할 수 있다.
④ 요역지가 수인의 공유인 경우에 그 1인에 의한 지역권소멸시효의 중단은 다른 공유자를 위하여 효력이 있다.
⑤ 지역권의 점유취득시효를 중단시키기 위해서는 모든 공유자에게 중단을 시켜야 한다.

**51. 전세권에 관한 설명으로 틀린 것은?**

① 기존의 채권으로 전세금의 지급에 갈음할 수 있다.
② 전세권존속기간이 시작되기 전에 마친 전세권설정등기는 원칙적으로 무효이다.
③ 주로 채권담보의 목적으로 전세권을 설정하고 그 설정과 동시에 목적물을 인도하지 않은 경우라도 장차 전세권자의 사용·수익을 완전히 배제하는 것이 아니라면 그 전세권은 유효하다.
④ 전세권이 성립한 후 전세목적물의 소유권이 이전되면, 전세금반환채무도 신소유자에게 이전된다.
⑤ 전세권자가 소유자의 동의 없이 전전세를 하여도 원전세권은 소멸하지 않는다.

**52. 甲은 그 소유의 X건물의 일부에 관하여 乙 명의의 전세권을 설정하였다. 다음 설명 중 옳은 것은?**

① 존속기간 만료시 乙이 전세금을 반환받지 못하면 乙은 전세권에 기하여 X건물의 경매를 신청할 수 있다.
② 乙의 전세권이 법정갱신되는 경우, 그 존속기간은 2년이다.
③ 존속기간 만료시 乙은 특별한 사정이 없는 한 전세금반환채권을 타인에게 양도할 수 없다.
④ X건물이 경락된 경우, 乙은 X건물 전부의 경락대금에 대해서 우선변제를 받을 수 있다.
⑤ 乙의 전세권 존속기간이 만료한 경우에도 등기를 말소하지 않으면 전세권의 용익물권적 성격은 소멸하지 않는다.

**53. 유치권에 관한 설명으로 틀린 것은?**
① 점유는 유치권의 성립요건이자 존속요건이다.
② 유치권포기특약이 있는 경우, 제3자도 특약의 효력을 주장할 수 있다.
③ 채무자를 직접점유자로 하여 채권자가 간접점유하는 경우에도 유치권은 성립할 수 있다.
④ 건축자재를 매도한 자는 그 자재로 건축된 건물에 대해 자신의 대금채권을 담보하기 위하여 유치권을 행사할 수 없다.
⑤ 임대차종료 후 법원이 임차인의 유익비상환청구에 유예기간을 인정한 경우, 임차인은 그 기간 내에는 유치권을 주장할 수 없다.

**54. 유치권에 관한 설명으로 옳은 것은?**
① 유치목적물이 경매가 된 경우, 유치권보다 선순위 저당권이 소멸하는 경우에는 유치권자는 경락인에게 대항할 수 없다.
② 물건이 압류가 된 후에는 유치권을 취득할 수 없다.
③ 유치권자가 유치물인 주택에 거주하며 이를 사용하는 경우, 특별한 사정이 없는 한 채무자는 유치권소멸을 청구할 수 있다.
④ 유치권자가 유치목적물을 적법하게 임대차 한 후 임대차가 종료하였는데 임차인이 목적물의 반환을 거절하면 특별한 사정이 없는 한 유치권은 소멸한다.
⑤ 경매개시결정의 기입등기 후 그 건물의 점유를 이전받은 공사대금채권자는 경매절차의 매수인에게 유치권으로 대항할 수 없다.

**55. 유치권에 관한 설명으로 틀린 것은?**
① 유치권자는 경락인에 대해서는 피담보채권의 변제를 청구할 수 없다.
② 목적물에 대한 점유를 취득한 뒤 그 목적물에 관하여 성립한 채권을 담보하기 위한 유치권도 성립한다.
③ 유치권의 성립을 배제하는 당사자의 특약은 유효하다.
④ 유치권자가 유치권을 주장하기 위해서는 자신의 점유가 불법행위로 인한 것이 아님을 증명하여야 한다.
⑤ 가압류 등기가 설정된 부동산에 대하여 유치권을 취득한 자는 경매절차의 매수인에게 유치권으로 대항할 수 있다.

**56. 저당권에 관한 설명으로 틀린 것은?**
① 저당목적물에 지상권을 취득한 자가 필요비를 지출한 경우, 경매절차에서 저당권자에 우선하여 상환을 받을 수 없다.
② 저당권은 그 담보한 채권과 분리하여 타인에게 양도할 수 없다.
③ 저당권으로 담보한 채권이 소멸하면 저당권은 말소등기가 없어도 소멸한다.
④ 대위할 물건이 제3자에 의하여 압류된 경우에도 물상대위성이 인정된다.
⑤ 건물의 소유를 목적으로 한 토지임차인이 건물에 저당권을 설정한 경우, 저당권은 토지임차권에도 미친다.

### 57. 저당권에 관한 설명으로 틀린 것은?

① 저당물의 소유권을 취득한 제3자는 그 저당물의 경매에서 경매인이 될 수 있다.
② 나대지에 저당권이 설정된 후에 토지에 용익권을 취득한 자가 신축한 건물에 대해서는 일괄경매청구권이 인정되지 않는다.
③ 저당부동산에 대한 압류가 있으면 압류 이전의 저당권설정자의 저당부동산에 관한 차임채권에도 저당권의 효력이 미친다.
④ 일괄경매청구권이 인정되는 경우에도 저당권자는 건물의 경락대금에 대해서는 우선변제를 받을 수 없다.
⑤ 저당권의 효력은 저당권 설정 전에 목적부동산에 권원 없이 부합된 물건에 미친다.

### 58. (관습상) 법정지상권에 관한 설명으로 틀린 것은?

① 강제경매의 경우 관습상의 법정지상권이 성립하기 위해서는 매각대금완납시 토지와 건물이 동일인 소유이어야 한다.
② 저당권설정 당사자 간의 특약으로 저당목적물인 토지에 대하여 법정지상권을 배제하는 약정을 하더라도 그 약정은 무효이다.
③ 甲과 乙이 구분소유적 공유하는 토지 중, 甲이 구분소유적으로 공유하는 토지 위에 乙이 건물을 신축한 경우에는 법정지상권이 성립하지 않는다.
④ 나대지에 저당권을 설정할 당시 저당권자가 토지소유자의 건물 신축에 동의한 경우에도 법정지상권은 성립하지 않는다.
⑤ 토지에 저당권을 설정할 당시 건물이 건축 중인 경우에도 법정지상권이 성립할 수 있다.

### 59. 저당권에 관한 설명으로 틀린 것은?

① 저당권의 목적인 건물에 증축되어 독립적 효용이 없는 부분에 대해서는 저당권의 효력이 미친다.
② 공동근저당권자는 공동근저당권의 각 목적부동산에 대하여 채권최고액만큼 반복적, 누적적으로 배당을 받을 수 있다.
③ 채무자 소유의 부동산과 물상보증인 소유의 부동산에 공동저당이 설정된 후 함께 경매되는 경우에는 안분배당의 규정이 적용되지 않는다.
④ 채무자 소유의 부동산의 후순위 저당권자는 물상보증인 소유부동산에 대하여 대위할 수 없다.
⑤ 저당목적물이 경매되는 경우, 용익권이 소멸하는지는 그 부동산 위의 최선순위 저당권과의 우열관계에 의한다.

### 60. 근저당권에 관한 설명으로 틀린 것은?

① 실제채무액이 채권최고액을 초과하는 경우, 물상보증인은 채권최고액만 변제하고 근저당권등기의 말소를 청구할 수 있다.
② 근저당권자가 경매를 신청하면 경매신청시에 근저당권의 피담보채권이 확정된다.
③ 후순위권리자가 경매를 신청하면 선순위근저당권의 피담보채권은 매각대금완납시에 확정된다.
④ 공동근저당의 경우, 하나의 부동산에 대하여 피담보채권이 확정되면 나머지 부동산에 대한 피담보채권도 확정된다.
⑤ 피담보채권이 확정되면 그 이후에 발생하는 채권은 더 이상 근저당권에 의해 담보되지 않는다.

**61. 계약에 관한 설명으로 틀린 것은?**

① 모든 쌍무계약은 유상계약이다.
② 증여계약과 사용대차계약은 편무·무상계약이다.
③ 일방예약은 언제나 채권계약이다.
④ 현상광고는 요물계약이다.
⑤ 계약의 본질적 내용에 대하여 무의식적 불합의가 있는 경우, 계약을 취소할 수 있다.

**62. 계약의 성립에 관한 설명으로 틀린 것은?**

① 청약의 상대방은 불특정 다수라도 무방하다.
② 승낙은 청약자에 대하여 하여야 하고, 불특정 다수인에 대한 승낙은 허용되지 않는다.
③ 당사자 사이에 동일한 내용의 청약이 서로 교차된 경우, 양 청약이 상대방에게 도달한 때에 계약은 성립한다.
④ 계약의 합의해제의 청약에 대하여 상대방이 조건을 붙여 승낙한 때에는 그 청약은 효력을 잃는다.
⑤ 청약자가 '일정한 기간 내에 회답이 없으면 승낙한 것으로 본다.'고 표시한 경우, 특별한 사정이 없으면 상대방은 이에 구속된다.

**63. 계약에 관한 설명으로 틀린 것은?**

① 계약의 청약은 이를 철회하지 못한다.
② 승낙기간을 정하지 않은 청약에 대하여 연착된 승낙은 청약자가 이를 새로운 청약으로 볼 수 있다.
③ 격지자 간의 계약에서 청약은 그 통지가 상대방에게 도달한 때에 효력이 생긴다.
④ 승낙기간을 정하여 청약을 하였으나 청약자가 승낙의 통지를 그 기간 내에 받지 못한 경우, 원칙적으로 청약은 효력을 상실한다.
⑤ 의사의 불합치로 계약이 성립하지 않은 경우 그 사실을 알았거나 알 수 있었을 상대방에 대하여 계약체결상의 과실책임 규정을 유추적용하여 손해배상을 청구할 수 있다.

**64. 동시이행의 항변권에 관한 설명으로 틀린 것은?**

① 동시이행의 관계에 있는 쌍방의 채무 중 어느 한 채무가 이행불능이 되어 손해배상채무로 바뀌는 경우, 동시이행의 항변권은 소멸한다.
② 동시이행의 항변권은 당사자의 원용이 없으면 법원이 직권으로 고려할 수 없다.
③ 동시이행의 관계에 있는 어느 일방의 채권이 양도되더라도 그 동일성이 인정되는 한 동시이행관계는 존속한다.
④ 선이행의무자가 이행을 지체하는 동안에 상대방의 채무의 변제기가 도래한 경우, 특별한 사정이 없는 한 쌍방의 의무는 동시이행관계가 된다.
⑤ 일방의 이행제공으로 수령지체에 빠진 상대방은 그 후 그 일방이 이행제공 없이 이행을 청구하는 경우에는 동시이행의 항변권을 주장할 수 있다.

**65. 동시이행의 항변권이 인정되지 않는 경우는?**

① 계약해제로 인한 당사자 쌍방의 원상회복의무
② 구분소유적 공유관계를 해소하기 위한 공유지분권자 상호간의 지분이전등기의무
③ 가등기담보에 있어 채권자의 청산금지급의무와 채무자의 목적부동산에 대한 본등기 및 인도의무
④ 임대차 종료시 임차목적물의 반환과 연체차임 등을 공제한 보증금 반환
⑤ 임차인의 임차목적물 반환의무와 임대인의 권리금회수 방해로 인한 손해배상의무

**66. 甲과 乙이 甲 소유의 주택에 대한 매매계약을 체결하고 계약금을 수령하였는데, 주택이 매매계약 체결 후 소유권이전 및 인도 전에 소실되었다. 다음 설명 중 틀린 것은?**

① 甲과 乙의 책임 없는 사유로 주택이 소실된 경우, 甲은 乙에게 매매대금의 지급을 청구할 수 없다.
② 乙은 甲에게 계약금을 부당이득으로 반환을 청구할 수 있다.
③ 乙의 과실로 주택이 소실된 경우, 甲은 乙에게 매매대금의 지급을 청구할 수 있다.
④ 乙의 수령지체 중에 쌍방의 책임 없는 사유로 주택이 소실된 경우, 甲은 乙에게 매매대금의 지급을 청구할 수 있다.
⑤ ④의 경우, 乙의 수령지체 중에 이행이 불가능하게 되었으므로 甲은 자기의 채무를 면함으로써 얻은 이익을 乙에게 반환할 의무가 없다.

**67. 甲은 자신이 토지를 乙에게 매도하고 중도금까지 수령하였으나, 그 토지가 공용(재결)수용되는 바람에 乙에게 소유권을 이전할 수 없게 되었다. 다음 설명 중 옳은 것은?**

① 乙은 이행불능을 이유로 계약을 해제하고 손해배상을 청구할 수 있다.
② 乙은 계약체결상의 과실책임을 이유로 신뢰이익의 배상을 청구할 수 있다.
③ 乙이 매매대금 전부를 지급하면 甲의 수용보상금청구권 자체가 乙에게 귀속된다.
④ 甲은 乙에게 중도금을 부당이득으로 반환할 의무는 없다.
⑤ 乙이 대상청구권을 행사하여 甲에게 수용보상금을 청구하기 위해서는 자기 채무의 이행을 제공하여야 한다.

**68. 제3자를 위한 계약에 관한 설명으로 옳은 것은?**

① 낙약자의 채무불이행이 있으면 제3자는 요약자와 낙약자의 계약을 해제할 수 있다.
② 낙약자의 최고에 대하여 수익자가 확답을 하지 않은 경우, 제3자가 수익의 의사를 표시한 것으로 본다.
③ 제3자의 권리가 발생한 후에 요약자와 낙약자가 제3자를 위한 계약을 합의해제한 경우에도 제3자에게는 효력이 없다.
④ 요약자와 낙약자의 계약이 통정허위표시인 경우, 수익의 의사표시를 한 선의의 수익자에게 대항하지 못한다.
⑤ 제3자가 하는 수익의 의사표시의 상대방은 요약자이다.

**69.** 甲(요약자)과 乙(낙약자)은 丙을 수익자로 하는 제3자를 위한 계약을 체결하였다. 다음 설명 중 틀린 것은?

① 乙은 甲과의 계약에 기한 항변으로 丙에게 대항할 수 있다.
② 甲은 대가관계의 부존재를 이유로 자신이 기본관계에 기하여 乙에게 부담하는 채무의 이행을 거부할 수 있다.
③ 丙의 수익의 의사표시 후, 乙의 채무불이행이 있으면 甲은 丙의 동의 없이 계약을 해제할 수 있다.
④ 수익의 의사표시를 한 丙은 乙에게 직접 권리를 취득한다.
⑤ 乙이 丙에게 급부를 한 후에 계약이 해제된 경우, 乙은 丙을 상대로 원상회복을 청구할 수 없다.

**70.** 계약해제에 관한 설명으로 틀린 것은?

① 이행의 최고는 반드시 미리 일정한 기간을 명시하여 최고하여야 하는 것은 아니다.
② 이행불능을 이유로 계약을 해제하기 위해서는 자기채무의 이행제공이 필요 없다.
③ 합의해제의 경우에는 매도인은 받은 날로부터 이자를 가산할 의무가 없다.
④ 당사자 일방이 정기행위를 일정한 시기에 이행하지 않으면 상대방은 이행의 최고 없이 계약을 해제할 수 있다.
⑤ 매수인으로부터 미등기·무허가 건물을 매수하여 무허가건축물대장에 소유자로 등재한 자는 해제의 경우 보호되는 제3자에 해당한다.

**71.** 계약해제에 관한 설명으로 틀린 것은?

① 계약이 합의해제된 경우, 다른 사정이 없으면 채무불이행으로 인한 손해배상을 청구할 수 없다.
② 계약의 상대방이 여럿인 경우, 해제권자는 그 전원에 대하여 해제권을 행사하여야 한다.
③ 매수인과 매매예약을 체결하고 그에 기한 소유권이전청구권보전을 위한 가등기를 마친 자는 해제의 경우 보호되는 제3자에 포함되지 않는다.
④ 계약을 합의해제한 경우에도 민법상 해제의 효과에 따른 제3자 보호규정이 적용된다.
⑤ 중도금을 지급한 부동산매수인도 약정해제사유가 발생하면 계약을 해제할 수 있다.

**72.** 계약해제에 관한 설명으로 틀린 것은?

① 토지매수인으로부터 그 토지 위에 신축된 건물을 매수한 자는 토지매매계약의 해제로 인하여 보호되는 제3자에 해당하지 않는다.
② 계약이 해제된 경우, 선의의 수익자는 현존이익만 반환하면 되나, 악의의 수익자는 전손해를 반환하여야 한다.
③ 주택의 임대권한을 부여받은 매수인으로부터 매매계약이 해제되기 전에 주택을 임차한 후 대항요건을 갖춘 임차인은 해제의 경우 보호되는 제3자에 포함된다.
④ 계약의 해제는 손해배상청구에 영향을 미치지 않는다.
⑤ 해제대상 매매계약에 의하여 채무자 명의로 이전등기된 부동산을 가압류 집행한 가압류채권자는 해제의 경우 보호되는 제3자에 포함된다.

**73. 매매에 관한 설명으로 틀린 것은?**

① 매매예약완결권의 제척기간이 도과하였는지의 여부는 법원의 직권조사사항이다.
② 당사자 사이에 약정이 없는 경우, 예약완결권은 그 예약이 성립한 때로부터 10년 내에 행사하여야 한다.
③ 지상권은 매매의 대상이 될 수 없다.
④ 예약완결권의 존속기간이 지난 때에는 설사 예약목적물인 부동산을 인도받은 경우라도 예약완결권은 소멸한다.
⑤ 매매의 일방예약은 상대방이 매매를 완결할 의사를 표시하는 때에 매매의 효력이 생긴다.

**74. 계약금에 관한 설명으로 틀린 것은?**

① 甲과 乙 사이의 매매계약이 무효이거나 취소되더라도 계약금계약의 효력은 소멸하지 않는다.
② 계약금계약은 매매 기타의 주된 계약에 부수하여 행해지는 종된 계약이다.
③ 매수인 乙이 계약금의 전부를 지급하지 않으면, 계약금계약은 성립하지 않는다.
④ 계약금은 언제나 증약금으로서의 성질이 있다.
⑤ 매도인이 계약금의 배액을 상환하여 계약을 해제하는 경우, 그 이행의 제공을 하면 족하고 매수인이 이를 수령하지 아니한다 하여 이를 공탁까지 할 필요는 없다.

**75. 계약금에 관한 설명으로 틀린 것은?**

① 매도인은 실제 받은 일부금액의 배액을 상환하고 매매계약을 해제할 수 있다.
② 계약금은 다른 약정이 없는 한 해약금으로 추정한다.
③ 매수인이 중도금을 지급한 경우, 매도인은 계약금의 배액을 상환하고 계약금해제를 할 수 없다.
④ 이행행위 착수 전에 매수인 乙이 해약금 해제를 한 경우, 매도인 甲은 해제에 따른 손해배상청구권을 행사할 수 없다.
⑤ 매수인 乙이 계약금을 전부 지급하였더라도 정당한 사유 없이 잔금 지급을 지체한 때에는 매도인 甲은 손해배상을 청구할 수 있다.

**76. 매매에 관한 설명으로 틀린 것은?**

① 매매의 당사자 일방에 대한 의무이행의 기한이 있는 때에는 상대방의 의무이행에 대하여도 동일한 기한이 있는 것으로 추정한다.
② 매매목적물의 인도와 동시에 대금에 지급할 경우에는 특별한 사정이 없으면 그 인도장소에서 이를 지급하여야 한다.
③ X토지가 인도되지 않았다면 乙이 대금을 완제하더라도 특별한 사정이 없는 한 X토지에서 발생하는 과실은 매도인 甲에게 귀속된다.
④ 매수인 乙이 대금지급을 거절할 정당한 사유가 있는 경우, X토지를 미리 인도받았더라도 그 대금에 대한 이자를 지급할 의무는 없다.
⑤ 매매계약에 관한 비용은 특별한 사정이 없는 한 당사자가 균분하여 부담한다.

**77. 매도인의 담보책임에 관한 설명으로 틀린 것은?**

① 매수인이 매매 목적인 권리의 전부가 제3자에게 속한 사실을 알고 있었더라도 매도인이 이를 취득하여 이전할 수 없는 때에는 매매계약을 해제할 수 있다.
② 권리의 일부가 타인에게 속하여 매도인이 그 권리를 취득하여 이전할 수 없는 경우 대금감액청구권은 악의의 매수인도 행사할 수 있다.
③ 권리의 일부가 타인에게 속한 경우, 선의의 매수인이 갖는 손해배상청구권은 계약한 날로부터 1년 내에 행사되어야 한다.
④ 수량을 지정한 토지매매계약에서 실제면적이 계약면적에 미달하는 경우에는 계약체결상의 과실책임이 문제될 수 없다.
⑤ 저당권이 설정된 부동산의 매수인이 저당권의 행사로 그 소유권을 취득할 수 없는 경우, 악의의 매수인은 특별한 사정이 없는 한 계약을 해제하고 손해배상을 청구할 수 있다.

**78. 매도인의 담보책임에 관한 설명으로 옳은 것은?**

① 매매목적인 권리의 전부가 타인에게 속하여 권리의 전부를 이전할 수 없게 된 경우, 매도인은 선의의 매수인에게 신뢰이익을 배상하여야 한다.
② 수량을 지정한 매매에서 계약 당시 매매목적물의 수량부족을 안 매수인은 대금감액을 청구할 수 없다.
③ 토지 위에 설정된 지상권으로 인하여 계약의 목적을 달성할 수 없는 경우, 악의의 매수인도 계약을 해제할 수 있다.
④ 매도인의 담보책임은 무과실책임이므로 하자의 발생 및 그 확대에 가공한 매수인의 잘못을 참작하여 손해배상범위를 정할 수 없다.
⑤ 매수인 乙이 토지가 오염되어 있다는 사실을 계약체결시에 알고 있었더라도 매도인 甲에게 하자담보책임을 물을 수 있다.

**79. 채무자 甲의 X건물에 설정된 채권자 乙의 저당권이 실행되어 丙이 경락을 받았다. 다음 설명 중 틀린 것은?**

① X건물 자체에 하자가 있는 경우, 丙은 담보책임을 물을 수 없다.
② 경매절차가 무효인 경우, 丙은 배당을 받은 乙에게 손해배상을 청구할 수 있다.
③ 담보책임이 인정되는 경우, 丙은 甲이 무자력인 경우에 한하여 乙에게 담보책임을 물을 수 있다.
④ 채무자 甲이 권리의 하자를 알고 고지하지 않은 경우에는 丙은 甲에게 손해배상을 청구할 수 있다.
⑤ 乙보다 선순위 저당권자 丁의 등기가 불법말소된 경우에도 담보책임의 문제는 발생하지 않는다.

**80. 환매에 관한 설명으로 틀린 것은?**

① 환매특약은 매매계약과 동시에 하여야 한다.
② 환매기간을 정한 때에는 다시 이를 연장하지 못한다.
③ 특별한 약정이 없는 한 환매대금에는 매수인이 부담한 매매비용이 포함된다.
④ 부동산에 관한 환매는 환매권 특약의 등기가 없어도 제3자에 대해 효력이 있다.
⑤ 부동산의 매수인은 전득자인 제3자에 대하여 환매특약의 등기사실만으로 제3자의 소유권이전등기청구를 거절할 수 없다.

81. 甲은 자신의 X건물과 乙의 Y토지를 교환하기로 하면서 乙에게 보충금 1억원을 지급받기로 하였다. 다음 설명 중 틀린 것은?

① 乙이 보충금을 지급하지 않으면 甲은 교환계약을 해제할 수 있다.
② 교환계약체결 후 X건물이 지진으로 붕괴된 경우, 甲은 乙에게 Y토지의 인도와 보충금지급을 청구하지 못한다.
③ 乙의 과실로 X건물이 소실된 경우, 甲은 乙에게 Y토지의 인도와 보충금지급을 청구할 수 있다.
④ X건물에 설정된 저당권의 실행으로 乙이 X건물의 소유권을 취득하지 못한 경우, 악의의 乙은 손해배상을 청구할 수는 없다.
⑤ 甲과 乙은 서로 하자담보책임을 진다.

82. 임대차에 관한 설명으로 틀린 것은?

① 임차물에 필요비를 지출한 임차인은 임대차 종료시 그 가액증가가 현존한 때에 한하여 그 상환을 청구할 수 있다.
② 일시사용을 위한 임대차의 임차인에게도 비용상환청구권은 인정된다.
③ 건물임대차에서 임차인이 증축부분에 대한 원상회복의무를 면하는 대신 유익비상환청구권을 포기하기로 하는 약정은 특별한 사정이 없는 한 유효하다.
④ 토지임대차가 묵시적으로 갱신된 경우, 임대인과 임차인은 언제든지 임차권의 해지를 통고할 수 있다.
⑤ 임차인이 지상물의 소유권을 타인에게 이전한 경우, 임차인은 지상물매수청구권을 행사할 수 없다.

83. 임대차에 관한 설명으로 틀린 것은?

① 임대인의 동의를 얻어 임차인으로부터 토지임차권과 미등기건물을 매수한 임차인도 지상물매수청구권을 할 수 있다.
② 임대차기간을 영구로 정한 경우, 임차인이 언제든지 임대차계약의 해지통고를 할 수 있는 것은 아니다.
③ 임대인의 해지통고로 기간의 정함이 없는 토지임차권이 소멸한 경우, 임차인은 지상물의 매수를 청구할 수 있다.
④ 임차목적물의 구성부분은 부속물매수청구권의 객체가 될 수 없다.
⑤ 일시사용을 위한 임대차임이 명백한 경우에는 부속물매수청구권이 인정되지 않는다.

84. 임대차에 관한 설명으로 틀린 것은?

① 대항력을 갖춘 甲의 임차권이 기간만료로 소멸한 후 임대인 乙이 X토지를 丙에게 양도한 경우, 甲은 丙을 상대로 지상물매수청구권을 행사할 수 있다.
② 적법한 건물전차인은 임차인의 동의를 얻어 부속한 물건에 대하여 매수를 청구할 수 있다.
③ 동의 있는 전대차의 경우, 임대인과 임차인이 합의로 임차권을 종료한 경우에도 전차권은 소멸하지 않는다.
④ 임차인의 지위와 분리하여 부속물매수청구권만을 양도할 수 없다.
⑤ 임대차계약이 임차인의 채무불이행으로 해지된 경우, 부속물매수청구권은 인정되지 않는다.

**85. 甲 소유의 건물을 임차하고 있던 乙이 甲의 동의 없이 이를 다시 丙에게 전대하였다. 다음 설명 중 틀린 것은?**
① 乙과 丙의 전대차 계약은 유효하다.
② 乙은 丙에게 임대인 甲의 동의를 받아 줄 의무가 있다.
③ 甲은 임대차계약이 존속하는 한도 내에서는 전차인 丙에게 불법점유를 이유로 한 차임상당의 손해배상청구를 할 수 없다.
④ 甲은 乙과의 임대차계약이 존속하는 동안에는 전차인 丙에게 불법점유를 이유로 부당이득반환을 청구할 수 없다.
⑤ 丙은 乙에 대한 차임지급으로 甲에게 대항하지 못하므로 甲의 차임지급청구를 거절할 수 없다.

**86. 주택임대차보호법에 관한 설명으로 틀린 것은?**
① 일시사용을 위한 임대차임이 명백한 경우에는 주택임대차보호법이 적용되지 않는다.
② 미등기주택에 대해서도 주택임대차보호법이 적용된다.
③ 저당권이 설정된 주택을 임차하여 대항요건을 갖춘 이상, 후순위저당권이 실행되더라도 매수인이 된 자에게 대항할 수 있다.
④ 주민등록의 신고는 행정청에 도달한 때가 아니라, 행정청이 수리한 때 효력이 발생한다.
⑤ 임대차기간이 끝난 경우, 대항력이 있는 임차인이 보증금을 반환받지 못하였다면 임대차관계는 종료하지 않는다.

**87. 주택임대차보호법에 관한 설명으로 틀린 것은?**
① 임차인이 대항요건과 확정일자를 갖춘 때 보증금의 일부만을 지급하고 나머지 보증금을 나중에 지급하였다고 하더라도 특별한 사정이 없는 한 대항요건과 확정일자를 갖춘 때를 기준으로 보증금 전액에 대하여 우선변제를 받을 수 있다.
② 주택임차인이 전세권설정등기를 한 후, 대항요건을 상실하더라도 주택임대차보호법상 대항력 및 우선변제권을 상실하지 않는다.
③ 임차인의 우선변제권은 대지의 환가대금에도 미친다.
④ 주택임대차계약이 묵시적으로 갱신되면 그 임대차의 존속기간은 2년으로 본다.
⑤ ④의 경우, 임차인은 언제든지 임대인에게 계약해지를 통지할 수 있다.

**88. 주택임대차보호법에 관한 설명으로 틀린 것은?**
① 임차권보다 선순위의 저당권이 존재하는 주택이 경매로 매각된 경우, 경매의 매수인은 임대인의 지위를 승계한다.
② 임대차 성립시에 임차주택과 그 대지가 임대인의 소유인 경우, 대항력과 확정일자를 갖춘 임차인은 대지만 경매되더라도 그 매각대금으로부터 우선변제를 받을 수 있다.
③ 대항요건 및 확정일자를 갖춘 주택임차인은 임대차 성립 당시 임대인 소유였던 대지가 타인에게 양도되어 임차주택과 대지 소유자가 달라지더라도, 대지의 환가대금에 대해 우선변제권을 행사할 수 있다.
④ 주택의 소유자는 아니지만 적법한 임대권한을 가진 자와 임대차계약을 체결한 경우에도 주택임대차보호법이 적용된다.
⑤ 사무실로 사용되던 건물이 주거용 건물로 용도 변경된 경우에도 주택임대차보호법이 적용된다.

**89. 주택임대차보호법에 관한 설명으로 틀린 것은?**

① 임차인이 2기의 차임액에 해당하는 금액에 이르도록 차임을 연체한 사실이 있는 경우, 임대인은 임차인의 계약갱신요구를 거절할 수 있다.
② 임대인(임대인의 직계존속·직계비속을 포함한다)이 주택에 실제 거주하려는 경우 임대인은 임차인의 계약갱신요구를 거절할 수 있다.
③ 계약갱신요구권 행사에 의하여 갱신되는 임대차의 존속기간은 2년으로 본다.
④ 임차인의 계약갱신요구권은 최초임대차 기간을 포함하여 10년 범위 내에서만 행사할 수 있다.
⑤ 특별시, 광역시, 특별자치시·도, 및 특별자치도는 5%의 범위 내에서 차임의 증액청구의 상한을 조례로 달리 정할 수 있다.

**90. 상가건물 임대차보호법에 관한 설명으로 틀린 것은?**

① 임대차기간이 10년을 초과하여 계약갱신을 요구할 수 없는 임차인은 권리금보호규정에 의하여 보호받을 수 없다.
② 보증금 9억원을 초과하는 임차인도 집합 제한 또는 금지조치를 받음으로써 폐업한 경우에는 임대차계약을 해지할 수 있다.
③ 임차인이 3기의 차임을 연체한 경우에는 임대인은 임차인이 권리금을 받는 것을 방해할 수 있다.
④ 권리금회수기회를 방해한 임대인의 손해배상액은 신규임차인이 임차인에게 지급하기로 한 권리금과 임대차 종료 당시의 권리금 중 낮은 금액을 넘지 못한다.
⑤ 임차인이 상가를 인도받고 사업자등록을 신청하면 신청한 다음날부터 대항력이 인정된다.

**91. 상가건물 임대차보호법에 관한 설명으로 틀린 것은?**

① 보증금 9억을 초과하는 임차인이 계약갱신을 요구하는 경우, 임대인은 5%의 제한을 받지 않고 보증금의 증액을 청구할 수 있다.
② 권리금회수방해를 원인으로 하는 손해배상청구권은 방해행위가 있은 날로부터 3년 내에 행사하여야 한다.
③ 보증금 9억을 초과하는 임차인은 임차권등기명령을 신청할 수 없다.
④ 보증금 9억을 초과하는 임차인과 임대인이 임대차존속기간을 6개월로 정한 경우, 임대인도 6개월의 기간이 유효함을 주장할 수 있다.
⑤ 보증금 9억을 초과하는 임차인은 상가건물의 경매절차에서 일반채권자보다 우선변제를 받을 수 없다.

**92. 집합건물의 소유 및 관리에 관한 법률에 관한 설명으로 틀린 것은?**

① 집합건축물대장에 등록되지 않거나 구분건물로 등기되지 않은 경우에도 구분소유권이 성립할 수 있다.
② 구분소유자 중 일부가 복도, 계단과 같은 공용부분을 아무런 권원 없이 배타적으로 점유·사용하는 경우, 특별한 사정이 없는 한 다른 구분소유자들은 임료 상당의 부당이득반환을 청구할 수 없다.
③ 구분소유건물의 공용부분에 관한 물권의 득실변경은 등기가 필요하지 않다.
④ 관리인은 구분소유자일 필요가 없다.
⑤ 일부의 구분소유자만이 공용하도록 제공되는 것임이 명백한 공용부분은 그들 구분소유자의 공유에 속한다.

## 93. 집합건물의 소유 및 관리에 관한 법률에 관한 설명으로 틀린 것은?

① 관리인은 매년 회계연도 종료 후 3개월 이내에 정기 관리단집회를 소집하여야 한다.
② 집합건물을 재건축하려면, 구분소유자 및 의결권의 각 5분의 4 이상의 다수에 의한 결의가 있어야 한다.
③ 재건축 결의 후 재건축 참가 여부를 서면으로 촉구받은 재건축반대자가 법정기간 내에 회답하지 않으면 재건축에 참가하겠다는 회답을 한 것으로 본다.
④ 관리단집회는 구분소유자 전원이 동의하면 소집절차를 거치지 않고 소집할 수 있다.
⑤ 구분소유자 전원의 동의로 소집된 관리단집회는 소집절차에서 통지되지 않은 사항에 대해서도 결의할 수 있다.

## 94. 가등기담보 등에 관한 법률에 관한 설명으로 틀린 것은?

① 공사대금채권을 담보하기 위한 가등기에는 가등기담보법이 적용되지 않는다.
② 소비대차에 기한 대물변제약정을 한 경우에는 그에 따른 가등기나 소유권이전등기를 경료하지 않은 경우에도 사적실행에 의한 처분정산은 허용되지 않는다.
③ 1억원을 차용하면서 3천만원 상당의 부동산을 양도담보로 제공한 경우에는 가등기담보법이 적용되지 않으므로 청산금의 통지를 할 여지가 없다.
④ 가등기담보권이 설정된 경우, 설정자는 담보권자에 대하여 그 목적물의 소유권을 자유롭게 행사할 수 있다.
⑤ 가등기담보권자는 담보목적물의 경매를 청구할 수 있다.

## 95. 가등기담보 등에 관한 법률에 관한 설명으로 틀린 것은?

① 채권자가 채무자에게 담보권실행을 통지하고 난 후부터는 담보목적물에 대한 과실수취권은 채권자에게 귀속한다.
② 가등기담보권 실행통지는 채무자, 물상보증인 및 담보가등기 후 소유권을 취득한 제3자 모두에게 하여야 한다.
③ 가등기담보권자 甲이 담보계약에 따른 담보권을 실행하여 X토지의 소유권을 취득하기 위해서는 청산절차를 거쳐야 한다.
④ 가등기담보법에서 정한 청산절차를 거치지 않은 담보가등기에 기한 본등기는 원칙적으로 무효이다.
⑤ 청산금을 계산함에 있어서는 선순위담보권자의 피담보채권액도 고려한다.

## 96. 가등기담보 등에 관한 법률에 관한 설명으로 틀린 것은?

① 귀속청산의 경우, 채권자는 담보권실행의 통지절차에 따라 통지한 청산금의 금액에 대해서는 다툴 수 없다.
② 후순위권리자는 청산기간 내에 한하여 그 피담보채권의 변제기가 되기 전이라도 목적부동산의 경매를 청구할 수 있다.
③ 채무자 乙이 청산기간이 지나기 전에 한 청산금에 관한 권리의 양도는 이로써 후순위 저당권자 丙에게 대항할 수 없다.
④ 양도담보권자 甲이 채무자 乙에게 청산금을 지급함으로써 소유권을 취득하면 甲의 양도담보권은 혼동으로 소멸한다.
⑤ 제3자가 경매로 담보목적물의 소유권을 취득한 경우, 선순위 가등기담보권은 소멸하지 않는다.

97. 명의신탁에 관한 설명으로 옳은 것은?
① 소유권 이외의 부동산 물권의 명의신탁은 부동산실명법의 적용을 받지 않는다.
② 甲과 乙이 명의신탁약정을 하고 乙이 丙으로부터 건물을 매수하면서 乙 명의로 소유권이전등기청구권 보전을 위한 가등기를 한 경우에도 부동산실명법이 적용된다.
③ 법령회피 등의 목적이 없다면 사실혼 배우자 간의 명의신탁도 유효하다.
④ 채무변제를 담보하기 위해 채권자가 부동산 소유권을 이전받기로 하는 약정은 부동산실명법상의 명의신탁약정에 해당한다.
⑤ 유효한 명의신탁에서 제3자가 명의신탁된 토지를 불법점유하는 경우, 명의신탁자 甲은 소유권에 기하여 직접 방해배제를 청구할 수 있다.

98. A(a부분)와 B(b부분)가 X토지를 구분소유적 공유하고 있다. 다음 설명 중 틀린 것은?
① A가 a부분을 C에게 매도하고 지분이전등기를 경료하면 B와 C가 X토지를 구분소유적 공유한다.
② A의 지분이 경매가 되어 C가 경락을 받으면 구분소유적 공유는 종료되고 보통의 공유가 된다.
③ A와 B는 각 당사자에 대하여 언제든지 공유물의 분할을 청구할 수 있다.
④ A의 토지 위에 B의 건물이 신축된 경우, 관습상의 법정지상권이 성립할 여지가 없다.
⑤ A의 a부분 점유는 자주점유이다.

99. 甲이 乙과 명의신탁약정을 하고 丙 소유의 X부동산을 매수하면서 丙에게 부탁하여 乙 명의로 소유권이전등기를 하였다. 다음 설명 중 옳은 것은?
① 丙은 더 이상 甲에게 소유권이전등기의무를 부담하지 않는다.
② 甲은 丙에게 매매대금을 부당이득으로 반환청구할 수 있다.
③ 甲은 명의신탁의 해지를 원인으로 乙에게 소유권이전등기를 청구할 수 있다.
④ 甲은 부당이득반환을 원인으로 乙에게 소유권이전등기를 청구할 수 있다.
⑤ 丙은 乙에게 진정명의회복을 위한 소유권이전등기를 청구할 수 있다.

100. 丙의 토지를 구입하고자 하는 甲은 乙과 명의신탁약정을 맺고 매수자금을 제공하였고 乙은 명의신탁약정에 따라 丙의 토지를 구입하여 자신 명의로 소유권이전등기를 경료하였다. 다음 설명 중 틀린 것은?
① 丙이 선의인 경우, 丙은 乙 명의의 등기말소를 청구할 수 없다.
② 丙이 악의인 경우, 丙은 乙 명의의 등기말소를 청구할 수 있다.
③ 丙이 선의라도 甲과 丙 사이의 명의신탁약정은 무효이다.
④ 丙이 선의인 경우, 乙은 甲에게 매매대금상당의 부당이득반환책임을 진다.
⑤ 만약 乙이 경매를 통하여 이전등기를 경료한 경우, 乙은 丙이 악의라면 소유권을 취득하지 못한다.

## 03 복습문제

**1. 법률행위의 효력에 관한 설명으로 틀린 것은?**
① 개업공인중개사가 임대인으로서 직접 중개의뢰인과 체결한 주택임대차계약은 유효하다.
② 공인중개사 자격이 없는 자가 우연히 1회성으로 행한 중개행위에 대한 적정한 수준의 수수료약정은 유효하다.
③ 부동산등기 특별조치법을 위반한 중간생략등기 약정은 무효이다.
④ 주택법의 전매행위제한을 위반하여 한 전매약정은 유효하다.
⑤ 개업공인중개사가 공인중개사법상 한도를 초과하여 중개보수를 지급받기로 하는 약정은 무효이다.

**2. 다음 중 반사회질서 법률행위에 해당하지 않는 것은?**
① 수사기관에서 허위진술의 대가로 급부를 제공받기로 한 약정
② 공무원의 직무에 관하여 특별한 청탁을 하게하고 그 대가로 돈을 지급하기로 한 약정
③ 다수의 보험계약을 통하여 보험금을 부정 취득할 목적으로 보험계약을 체결한 경우
④ 강제집행을 면할 목적으로 부동산에 허위의 근저당권설정등기를 경료한 행위
⑤ 도박채무를 변제하기 위해 채권자와 체결한 토지양도계약

**3. 甲은 자신의 X토지를 乙에게 매도하고 중도금을 수령한 후, 다시 丙에게 매도하고 소유권이전등기를 경료해 주었다. 다음 설명 중 옳은 것은?**
① 특별한 사정이 없는 한 乙은 최고 없이도 甲과의 매매계약을 해제할 수 있다.
② 丙이 甲의 乙에 대한 배임행위에 적극 가담한 경우, 乙은 丙을 상대로 등기말소를 청구할 수 있다.
③ 丙이 토지를 점유하고 있는 乙에게 X토지의 반환을 청구한 경우, 乙은 甲에 대한 손해배상청구권을 피담보채권으로 하여 X토지에 대하여 유치권을 행사할 수 있다.
④ 甲과 丙의 계약이 반사회질서 법률행위로 무효인 경우에도 丙으로부터 X토지를 전득한 선의의 丁은 제2매매의 유효를 주장할 수 있다.
⑤ 乙은 채권자취소권을 행사하여 甲과 丙의 계약을 취소할 수 있다.

**4. 불공정한 법률행위에 관한 설명으로 틀린 것은?**
① 종중총회결의에도 불공정한 법률행위에 관한 규정이 적용될 수 있다.
② 대리인에 의한 법률행위가 이루어진 경우, 궁박상태는 본인을 기준으로 판단한다.
③ 급부와 반대급부의 현저한 불균형 판단에 있어서는 특별한 사정이 없는 한 피해자의 궁박, 경솔, 무경험의 정도 등은 고려되지 않는다.
④ 법률행위 성립 당시 불공정한 법률행위가 아니라면 사후에 외부적 환경의 급격한 변화로 불공정한 결과가 발생하더라도 불공정한 법률행위에 해당하지 않는다.
⑤ 법률행위가 현저하게 공정을 잃었다고 하여 곧 그것이 궁박, 경솔, 또는 무경험으로 이루어진 것으로 추정되지 않는다.

**5. 甲이 증여의 의사 없이 乙에게 자신의 X토지를 증여하였다. 다음 설명 중 틀린 것은?**

① 乙이 통상인의 주의만 기울였어도 甲이 증여의 의사가 없음을 알 수 있었다면, 乙은 X토지의 소유권을 취득할 수 없다.
② 乙이 甲의 진의가 아님을 알았을 경우, 甲은 진의 아닌 의사표시를 취소할 수 있다.
③ 甲의 증여의 의사표시는 乙이 선의·무과실인 경우에 한하여 유효하다.
④ 甲이 乙의 악의나 과실을 증명하지 못하면 乙이 X토지의 소유권을 취득한다.
⑤ 甲의 의사표시가 무효라도 乙로부터 X토지를 전득한 선의의 丙은 X토지의 소유권을 취득한다.

**6. 채권자 A의 강제집행을 면탈하기 위하여 甲은 친구 乙과 통모하여 자신의 X부동산을 가장매매하고 乙에게 소유권이전등기를 경료하였다. 다음 설명 중 틀린 것은?**

① 甲은 언제든지 乙에게 진정명의회복을 위한 소유권이전등기를 청구할 수 있다.
② 선의의 丙이 乙로부터 X부동산을 취득한 경우, 甲은 丙에게 등기말소를 청구할 수 없다.
③ ②의 경우, 丙이 선의라도 과실이 있으면 X부동산의 소유권을 취득할 수 없다.
④ 丙이 X부동산의 소유권을 취득한 경우, 甲은 乙에게 매매대금 상당의 부당이득반환청구나 불법행위에 따른 손해배상을 청구할 수 있다.
⑤ 甲의 가장채권을 선의로 가압류한 가압류채권자도 보호되는 제3자에 포함된다.

**7. 착오에 관한 설명으로 틀린 것은?**

① 동기의 착오가 상대방에 의하여 유발된 경우에는 표시되지 않더라도 중요부분의 착오가 될 수 있다.
② 표의자가 착오를 이유로 법률행위를 취소한 경우, 상대방은 표의자에게 불법행위에 따른 손해배상을 청구할 수 없다.
③ 상대방이 표의자의 착오를 알면서 이용한 경우에는 중과실이 있는 표의자도 의사표시를 취소할 수 있다.
④ 매도인이 매매계약을 적법하게 해제한 경우에도 매수인은 착오를 이유로 매매계약을 취소할 수 있다.
⑤ 매도인의 하자담보책임이 성립하면 매수인은 착오를 이유로 매매계약을 취소할 수 없다.

**8. 사기·강박에 의한 의사표시에 관한 설명으로 틀린 것은?**

① 교환계약의 일방당사자가 자신의 목적물의 시가를 허위로 시가보다 높은 가액을 고지한 경우 이는 기망행위에 해당하지 않는다.
② 강박에 의하여 의사결정의 자유가 완전히 박탈되어 그 외형만 있는 법률행위는 무효이다.
③ 상대방 있는 의사표시에 관하여 제3자가 사기나 강박을 한 경우, 상대방이 그 사실을 알았을 경우에 한하여 그 의사표시를 취소할 수 있다.
④ 대리인의 기망행위에 의해 계약이 체결된 경우, 상대방은 본인이 선의라도 계약을 취소할 수 있다.
⑤ 제3자의 기망으로 계약을 체결한 경우, 제3자에게 불법행위에 따른 손해배상을 청구하기 위해서는 먼저 계약을 취소할 필요는 없다.

**9. 의사표시의 효력발생에 관한 설명으로 틀린 것은?**

① 표의자가 매매의 청약을 발송한 후 사망하여도 그 청약의 효력에는 아무런 영향을 미치지 않는다.
② 의사표시자는 의사표시가 도달하기 전에는 그 의사표시를 철회할 수 있다.
③ 상대방이 정당한 사유 없이 수령을 거절한 경우에도 그가 통지의 내용을 알 수 있는 객관적 상태에 놓인 때에 의사표시의 효력이 생긴다.
④ 우편물이 내용증명의 방법으로 발송되고 반송되지 않았다면 특별한 사정이 없는 한 상대방에게 도달하였다고 봄이 상당하다.
⑤ 표의자가 그 통지를 발송한 후 제한능력자가 된 경우, 그 법정대리인이 통지 사실을 알기 전에는 의사표시의 효력이 없다.

**10. 의사표시에 관한 설명으로 틀린 것은?**

① 진의 아닌 의사표시는 상대방과 통정이 없다는 점에서 통정허위표시와 구별된다.
② 甲에 대한 대출한도를 회피하기 위하여 乙을 형식상의 주채무자로 내세우고 은행도 이를 양해한 경우, 乙은 대출금에 대해서 책임을 지지 않는다.
③ 甲이 자신의 X토지를 乙에게 증여하면서 세금을 탈루하기 위하여 매매로 가장하여 乙에게 이전등기를 하였고, 악의의 丙이 乙로부터 토지를 매수하여 이전등기를 하면 丙은 X토지의 소유권을 취득한다.
④ 비진의표시는 상대방과 통정이 없다는 점에서 착오와 구분된다.
⑤ 채무자의 동일성에 관한 물상보증인의 착오는 중요부분의 착오이다.

**11. 대리권의 범위와 제한에 관한 설명으로 틀린 것은?**

① 대리권의 범위를 정하지 않은 대리인은 보존행위만을 할 수 있다.
② 대리인에 대한 금전채무가 기한이 도래한 경우 대리인은 본인의 허락이 없어도 그 채무를 변제할 수 있다.
③ 대리인이 수인인 경우에도 각자대리가 원칙이다.
④ 부동산의 매도권한을 부여받은 대리인은 특별한 사정이 없는 한 중도금과 잔금을 수령할 권한도 있다.
⑤ 대리인은 본인의 허락이 있으면 자기계약을 할 수 있다.

**12. 대리에 관한 설명으로 틀린 것은?**

① 대리인의 한정후견개시는 대리권 소멸사유가 아니다.
② 대리인이 대리권한 내에서 자기의 이익을 위하여 대리행위를 한 경우에는 특별한 사정이 없는 한 본인은 그 대리인의 행위에 대하여 책임이 없다.
③ 매매계약의 체결과 이행에 관하여 포괄적인 대리권을 수여받은 대리인은 매매대금지급기일을 연기해 줄 권한도 있다.
④ 본인의 허락이 없는 자기계약이라도 본인이 추인하면 유효한 대리행위로 될 수 있다.
⑤ 상대방이 대리인을 기망하지 않은 한 본인이 기망을 당했다고 하더라도 대리행위를 취소할 수는 없다.

**13.** 甲의 대리인 乙은 甲 소유의 부동산을 丙에게 매도하기로 하였다. 다음 설명 중 옳은 것은?

① 甲이 계약의 중요부분에 관하여 착오가 있는 경우에는 착오를 이유로 대리행위를 취소할 수 있다.
② 乙이 丙의 기망행위로 매매계약을 체결한 경우, 乙은 매매계약을 취소할 수 있다.
③ 만일 乙이 미성년자인 경우, 乙의 법정대리인은 乙이 제한능력자임을 이유로 대리행위를 취소할 수 있다.
④ 丙이 매매계약을 적법하게 해제한 경우, 丙은 乙에게 손해배상을 청구할 수 없다.
⑤ 乙이 매매계약을 체결하면서 甲을 위한 것임을 표시하지 않은 경우, 특별한 사정이 없으면 그 의사표시는 자기를 위한 것으로 추정한다.

**14.** 대리에 관한 설명으로 옳은 것은?

① 임의대리인이 본인의 승낙을 얻어 복대리인을 선임한 경우에는 선임·감독에 관한 책임이 없다.
② 대리인의 능력에 따라 사업의 성공여부가 결정되는 사무에 관한 대리인은 본인의 명시적인 승낙이 없는 한 복대리인을 선임할 수 없다.
③ 복대리인은 그 권한 내에서 대리인의 이름으로 법률행위를 한다.
④ 복대리인은 대리인의 대리행위에 의하여 선임된 본인의 대리인이다.
⑤ 상대방이 대리인에게 대금을 지급해도 대리인이 본인에게 전달하지 않는 한 상대방의 채무는 소멸하지 않는다.

**15.** 대리권 없는 乙이 甲을 대리하여 丙에게 甲 소유의 토지를 매도하였다. 다음 설명 중 틀린 것은?

① 甲이 乙에게 추인을 한 경우 丙이 추인이 있었다는 사실을 알지 못한 경우, 甲은 丙에게 추인의 효과를 주장하지 못한다.
② 甲이 일부에 대하여 추인한 경우에는 丙의 동의를 얻지 못하는 한 무효이다.
③ 乙이 미성년자인 경우, 甲이 추인을 거절하면 丙은 乙에게 계약의 이행을 청구할 수는 있지만 손해배상을 청구할 수는 없다.
④ 乙과 丙의 매매계약은 원칙적으로 甲에게 효력이 없다.
⑤ 乙이 甲을 단독상속한 경우, 본인 甲의 지위에서 추인을 거절할 수 없다.

**16.** 대리권 없는 乙이 甲을 대리하여 丙에게 甲 소유의 토지를 매도하였다. 다음 설명 중 옳은 것은?

① 甲이 추인을 하면 추인을 한 때로부터 유권대리와 마찬가지의 효력이 생긴다.
② 丙이 甲에게 상당한 기간을 정하여 매매계약의 추인 여부의 확답을 최고하였으나, 甲의 확답이 없었던 경우, 甲이 이를 추인한 것으로 본다.
③ 丙은 계약 당시에 乙에게 대리권 없음을 안 경우에도 乙에게 계약의 이행을 청구할 수 있다.
④ 계약 당시에 乙에게 대리권이 없음을 안 丙은 甲에게 추인여부의 최고를 할 수 없다.
⑤ 乙이 甲을 단독상속한 경우, 丙 명의의 등기는 실체관계에 부합하여 유효가 된다.

**17. 무권대리에 관한 설명으로 틀린 것은?**
① 추인은 상대방, 무권대리인, 상대방의 승계인에 대해서도 할 수 있다.
② 상대방의 악의나 과실에 대해서는 무권대리인이 증명책임을 진다.
③ 본인이 상대방에게 추인을 한 경우에는 상대방은 무권대리행위를 철회할 수 없다.
④ 본인이 추인을 거절한 경우, 무권대리인은 자신의 선택에 따라 계약을 이행하거나 손해를 배상할 책임이 있다.
⑤ 상대방 없는 단독행위의 무권대리는 본인이 이를 추인하더라도 무효이다.

**18. 권한을 넘은 표현대리에 관한 설명으로 틀린 것은?**
① 특별한 사정이 없는 한 소멸한 대리권을 기본대리권으로 하는 권한을 넘은 표현대리는 성립할 수 없다.
② 복대리인 선임권이 없는 대리인에 의하여 선임된 복대리인의 권한도 기본대리권이 될 수 있다.
③ 甲의 X토지에 대한 담보권설정의 대리권을 수여받은 乙이 X토지를 자신 앞으로 소유권이전등기를 하고 丙에게 처분한 경우, 표현대리가 성립할 여지가 없다.
④ 기본대리권과 월권행위는 동종·유사할 필요가 없다.
⑤ 대리행위가 강행규정 위반으로 무효가 된 경우에는 표현대리가 성립할 여지가 없다.

**19. 표현대리에 관한 설명으로 옳은 것은?**
① 상대방의 유권대리의 주장에는 표현대리의 주장이 포함되어 있다.
② 대리권수여표시에 의한 표현대리에서 대리권수여표시는 대리권 또는 대리인이라는 표현을 사용한 경우에 한정된다.
③ 표현대리가 성립한 경우에도, 상대방은 대리행위를 철회할 수 있다.
④ 표현대리가 성립한 경우, 상대방에게 과실이 있으면 과실상계 규정을 준용하여 본인의 책임을 경감할 수 있다.
⑤ 대리권수여표시에 의한 표현대리가 성립하기 위해서는 본인과 무권대리인 사이에 기본적인 법률관계가 존재하여야 한다.

**20. 법률행위의 무효에 관한 설명으로 틀린 것은?**
① 비진의표시로 무효인 법률행위를 표의자가 무효임을 알고 추인한 때에는 처음부터 새로운 법률행위를 한 것으로 본다.
② 불법조건이 붙은 법률행위는 추인하여도 효력이 생기지 않는다.
③ 불공정한 법률행위로서 무효인 경우, 무효행위의 전환의 법리가 적용될 수 있다.
④ 폭리행위의 추인은 인정되지 않는다.
⑤ 묵시적 추인이 인정되기 위해서는 이전의 법률행위가 무효임을 알거나 적어도 의심하면서 후속행위를 하였음이 인정되어야 한다.

21. 법률행위의 무효에 관한 설명으로 틀린 것은?

① 강행규정 위반의 법률행위는 유효한 행위로 전환될 수 없다.
② 처음부터 토지거래허가를 배제하거나 잠탈하기 위한 계약은 허가구역지정이 해제되더라도 확정적 무효이다.
③ 이전의 법률행위가 유효함을 전제로 후속행위를 하였다고 하여 묵시적 추인을 하였다고 단정할 수 없다.
④ 법률행위가 불가분인 경우에는 일부무효의 법리가 적용될 여지가 없다.
⑤ 무효인 법률행위에 따른 법률효과를 침해하는 것처럼 보이는 위법행위나 채무불이행이 있다고 하여도 손해배상을 청구할 수 없다.

22. 취소할 수 있는 법률행위에 관한 설명으로 틀린 것은?

① 제한능력자는 취소할 수 있는 법률행위를 단독으로 취소할 수 있다.
② 임의대리인은 취소권에 대하여 따로 수권을 받지 않는 한 취소권을 행사할 수 없다.
③ 취소할 수 있는 법률행위의 상대방이 확정된 경우, 그 취소는 상대방에 대한 의사표시로 하여야 한다.
④ 법률행위의 취소를 당연한 전제로 한 소송상의 이행청구에는 취소의 의사표시가 포함되어 있다고 볼 수 있다.
⑤ 법률행위를 취소하면 그 법률행위는 취소한 때로부터 무효가 된다.

23. 취소할 수 있는 법률행위에 관한 설명으로 옳은 것은?

① 제한능력을 이유로 법률행위가 취소된 경우 악의의 제한능력자는 받은 이익에 이자를 붙여서 반환해야 한다.
② 미성년자 甲이 乙에게 매도한 부동산을 선의의 丙이 매수하여 이전등기를 한 후에 甲이 미성년자임을 이유로 매매계약을 취소한 경우에도 丙은 소유권을 취득한다.
③ 법정대리인의 추인은 취소의 원인이 소멸한 후에 하여야만 효력이 있다.
④ 추인 요건을 갖추면 취소로 무효가 된 법률행위의 추인도 허용된다.
⑤ 취소권자가 상대방으로부터 이행의 청구를 받는 경우에도 법정추인이 된다.

24. 법률행위의 조건과 기한에 관한 설명으로 틀린 것은?

① 정지조건이 불성취로 확정되면 그 법률행위는 무효이다.
② 해제조건부 법률행위는 조건이 성취되지 않으면 효력이 소멸하지 않는다.
③ 조건을 붙일 수 없는 법률행위에 조건을 붙인 경우, 조건 없는 법률행위가 된다.
④ 불능조건을 해제조건으로 한 법률행위는 조건 없는 법률행위가 된다.
⑤ 기한의 도래가 미정인 권리·의무는 일반 규정에 의하여 처분, 상속, 보존, 담보로 할 수 있다.

**25. 법률행위의 조건과 기한에 관한 설명으로 옳은 것은?**

① 형성권적 기한이익 상실특약이 있는 경우, 기한이익상실사유가 발생해도 채권자의 의사표시가 있어야 이행기가 도래한다.
② 불확정한 사실이 발생한 때를 이행기한으로 정한 경우, 그 사실의 발생이 불가능하게 되었다고 하여 이행기한이 도래한 것으로 볼 수는 없다.
③ 기한이익상실의 특약은 특별한 사정이 없는 한 정지조건부 기한이익상실의 특약으로 추정한다.
④ 조건을 붙일 수 없는 법률행위에 조건을 붙인 경우, 다른 정함이 없으면 조건만 분리하여 무효로 할 수 있다.
⑤ 정지조건부 법률행위에서 조건이 성취되면 법률행위가 성립한 때로부터 효력이 발생한다.

**26. 물권적 청구권에 관한 설명으로 옳은 것은?**

① 소유권에 기한 방해제거청구권은 현재 계속되고 있는 방해의 원인과 함께 방해결과의 제거를 내용으로 한다.
② 소유자는 물권적 청구권에 의하여 방해제거비용 또는 방해예방비용을 청구할 수 있다.
③ 유치권자가 점유를 침탈당한 경우, 유치권에 기한 반환청구권을 행사할 수 있다.
④ 저당권자는 저당권의 침해를 이유로 자신에게 저당목적물의 반환할 것을 청구할 수 있다.
⑤ 승역지의 점유가 침탈된 때에도 지역권자는 승역지의 반환을 청구할 수 없다.

**27. 甲의 X토지 위에 乙이 무단으로 Y건물을 신축하였다. 다음 설명 중 틀린 것은?**

① 甲은 乙에게 Y건물에서의 퇴거를 청구할 수 없다.
② 乙이 Y건물을 丙에게 매도하고 소유권이전등기를 경료한 경우, 甲은 乙에게 건물철거를 청구할 수 없다.
③ 乙이 보존등기 없이 Y건물을 丙에게 매도하고 丙이 Y건물을 점유하고 있는 경우, 甲은 丙에게 건물의 철거를 청구할 수 없다.
④ 乙이 Y건물을 丙에게 임대차하고 丙이 대항요건을 갖춘 경우에도 甲은 丙에게 Y건물에서의 퇴거를 청구할 수 있다.
⑤ 甲이 X토지를 丙에게 매도하고, 소유권이전등기를 경료한 경우, 甲은 乙에게 건물의 철거를 청구할 수 없다.

**28. 甲은 자신의 X토지를 乙에게 매도하고 매매대금을 수령하고 점유를 이전하였으나, 소유권이전등기는 경료하지 않았다. 다음 설명 중 틀린 것은?**

① X토지에서 발생하는 과실은 乙에게 귀속된다.
② 乙의 소유권이전등기청구권은 소멸시효에 걸리지 않는다.
③ 乙이 X토지를 丙에게 처분하고 점유를 이전해준 경우에는 乙의 소유권이전등기청구권은 소멸시효가 진행한다.
④ 甲은 丙에게 소유권에 기한 토지반환을 청구할 수 없다.
⑤ 丙은 甲에게 직접 소유권이전등기를 청구할 수 없다.

**29. 등기에 관한 설명으로 틀린 것은?**

① 甲의 X토지에 대한 등기가 불법말소된 경우, 甲이 회복기간 내에 회복등기를 하지 않으면 甲은 X토지에 대한 소유권을 상실한다.
② 甲 명의의 저당권등기가 불법말소된 후 후순위 저당권자 乙의 경매신청으로 X토지가 제3자에게 매각되면 甲은 저당권의 말소회복등기를 청구할 수 없다.
③ 물권에 관한 등기가 원인 없이 말소된 경우에도 그 물권의 효력에는 아무런 영향을 미치지 않는다.
④ 매매계약의 합의해제로 인한 매도인의 매수인에 대한 등기청구권은 물권적 청구권이다.
⑤ 기존 건물 멸실 후 건물이 신축된 경우, 기존 건물에 대한 등기는 신축건물에 대한 등기로서 효력이 없다.

**30. 乙은 甲 소유의 토지를 매수하여 다시 이를 丙에게 매도하였으며, 甲, 乙, 丙은 甲에게서 丙으로 이전등기를 해 주기로 합의하였다. 다음 중 틀린 것은?**

① 乙에 甲에 대한 소유권이전등기청구권은 소멸하지 않는다.
② 丙은 甲에게 직접 소유권이전등기청구권을 행사할 수 있다.
③ 甲은 乙이 매매대금을 지급하지 않았음을 이유로 丙의 소유권이전등기청구를 거절할 수 있다.
④ 甲·乙 사이의 매매계약이 합의해제된 경우, 甲은 丙 명의로의 소유권이전등기의무의 이행을 거절할 수 있다.
⑤ 만약 乙이 丙에게 소유권이전등기청구권을 양도하고 그 사실을 甲에게 통지한 경우, 丙은 甲에게 직접 소유권이전등기를 청구할 수 있다.

**31. 등기의 추정력에 관한 설명으로 틀린 것은?**

① 등기명의인이 등기원인행위의 태양이나 과정을 다소 다르게 주장한다고 하여 그러한 사실만으로 추정력이 깨어지는 것이 아니다.
② 甲의 토지가 乙에 의하여 丙 앞으로 소유권이전등기가 경료된 경우, 乙에게 甲을 대리할 대리권한이 있다고 추정되지 않는다.
③ 소유권이전등기가 된 경우, 등기명의인은 전소유자에 대하여도 적법한 등기원인에 의하여 소유권을 취득한 것으로 추정된다.
④ 건물 소유권 보존등기의 명의인이 건물을 신축하지 않은 것으로 밝혀진 경우 등기의 추정력이 깨어진다.
⑤ 소유권이전청구권 보전을 위한 가등기가 있다고 하여, 소유권이전등기를 청구할 어떠한 법률관계가 있다고 추정되지 않는다.

**32. 甲 소유의 토지에 乙 명의로 소유권이전청구권 보전을 위한 가등기가 경료되어 있다. 다음 설명 중 옳은 것은?**

① 乙이 가등기에 기한 본등기를 하면 乙은 가등기를 경료한 때부터 토지에 대한 소유권을 취득한다.
② 甲이 토지에 대한 소유권을 丙에게 이전한 경우, 乙은 丙에게 본등기를 청구하여야 한다.
③ 丙에게 소유권이전등기가 경료된 경우, 乙은 가등기 상태에서 甲에게 丙의 등기를 말소해 줄 것을 청구할 수 있다.
④ 乙은 가등기된 소유권이전등기청구권을 가등기에 대한 부기등기의 방법으로 타인에게 양도할 수 없다.
⑤ 丙 앞으로 소유권이전등기가 경료된 후 乙의 가등기가 불법말소된 경우, 乙은 丙을 상대로 말소회복등기를 청구하여야 한다.

**33. 등기가 있어야 부동산물권이 변동되는 경우는?**
① 존속기간 만료에 의한 지상권의 소멸
② 피담보채권의 소멸에 의한 저당권의 소멸
③ 법정지상권이 있는 건물이 매매된 경우, 매수인의 법정지상권 취득
④ 건물전세권이 법정갱신된 경우
⑤ 집합건물의 구분소유권을 취득하는 자의 공용부분에 대한 지분 취득

**34. 부동산물권변동에 관한 설명으로 틀린 것은?**
① 상속에 의하여 부동산물권을 취득하기 위해서는 등기가 필요 없다.
② 분묘기지권은 등기가 없더라도 시효취득을 할 수 있다.
③ 이행판결에 기한 부동산 물권의 변동시기는 판결확정시이다.
④ 등기된 입목에 대한 저당권취득은 등기가 필요하다.
⑤ 공유물분할의 소에서 협의로 조정이 성립한 경우 등기를 하여야 단독소유권을 취득한다.

**35. 혼동에 관한 설명으로 틀린 것은?**
① 甲의 토지에 乙이 지상권을 취득한 후, 그 토지에 저당권을 취득한 丙이 그 토지의 소유권을 취득하더라도 丙의 저당권은 소멸하지 않는다.
② 甲의 토지 위에 乙이 1번 저당권, 丙이 2번 저당권을 가지고 있다가 乙이 토지소유권을 취득하면 1번 저당권은 소멸하지 않는다.
③ 乙이 甲의 토지 위에 지상권을 설정 받고 丙이 그 지상권 위에 저당권을 취득한 후, 乙이 그 토지의 소유권을 취득한 경우, 乙의 지상권은 소멸하지 않는다.
④ 甲의 토지를 乙이 점유하다가 乙이 이 토지의 소유권을 취득하더라도 乙의 점유권은 소멸하지 않는다.
⑤ 가등기에 기한 본등기 절차에 의하지 않고 별도로 본등기를 경료받은 경우, 제3자 명의로 중간처분의 등기가 있어도 가등기에 기한 본등기 절차의 이행을 구할 수 있다.

**36. 점유에 관한 설명으로 틀린 것은?**
① 점유매개관계의 직접점유자는 타주점유이다.
② 점유매개관계를 발생시키는 법률행위가 무효라 하더라도 간접점유는 인정될 수 있다.
③ 甲이 乙로부터 임차한 건물을 乙의 동의 없이 丙에게 전대한 경우, 乙만이 간접점유자이다.
④ 점유물이 점유자의 책임 있는 사유로 멸실된 경우 소유의 의사가 없는 점유자는 선의라도 손해의 전부를 배상하여야 한다.
⑤ 선의의 점유자라도 본권에 관한 소에서 패소하면 소가 제기된 때로부터 악의의 점유자로 본다.

**37. 점유에 관한 설명으로 틀린 것은?**

① 점유자가 매매 등의 자주점유의 권원을 주장하였으나 이것이 인정되지 않는다는 이유만으로 자주점유의 추정이 깨어지는 것이 아니다.
② 점유자는 소유의 의사로 과실 없이 점유한 것으로 추정된다.
③ 악의의 점유자에게도 비용상환청구권이 인정된다.
④ 점유자의 유익비상환청구에 대하여 법원이 상당한 상환기간을 허여하면 유치권은 성립하지 않는다.
⑤ 점유자가 점유물에 대하여 행사하는 권리는 적법하게 보유한 것으로 추정된다.

**38. 점유자와 회복자에 관한 설명으로 틀린 것은?**

① 악의의 점유자가 과실 없이 과실을 수취하지 못한 경우에는 그 대가를 보상할 의무가 없다.
② 점유자가 과실을 수취한 경우에는 통상의 필요비는 청구하지 못한다.
③ 점유자는 필요비는 지출 즉시 그 상환을 청구할 수 있다.
④ 필요비상환청구에 대하여 회복자는 법원에 그 상환기간의 허여를 청구할 수 없다.
⑤ 유익비는 가액증가가 현존한 때에 한하여 회복자의 선택에 따라 그 상환을 청구할 수 있다.

**39. 주위토지통행권에 관한 설명으로 틀린 것은?**

① 주위토지통행권의 성립에는 등기가 필요 없다.
② 통행지 소유자가 주위토지통행권에 기한 통행에 방해가 되는 축조물을 설치한 경우, 통행지 소유자가 그 철거의무를 부담한다.
③ 주위토지통행권자는 통행에 필요한 통로를 개설한 경우 그 통로개설이나 유지비용을 부담해야 한다.
④ 주위토지통행권이 인정되면 통행 시기나 횟수, 통행방법 등을 제한할 수는 없다.
⑤ 토지분할로 무상주위토지통행권을 취득한 분할토지의 소유자가 그 토지를 양도한 경우, 양수인에게는 무상의 주위토지통행권이 인정되지 않는다.

**40. 甲의 X토지에 대하여 乙이 취득시효를 완성하였다. 다음 설명 중 틀린 것은?**

① 甲이 丙에게 X토지를 매도하고 소유권이전등기를 경료한 경우, 乙은 丙에게 취득시효완성을 주장할 수 없다.
② 甲이 시효완성 후 X토지에 대하여 丁에게 설정해 준 저당권의 피담보채무를 乙이 대위변제한 경우, 乙은 甲에게 구상권을 행사할 수 없다.
③ 乙이 점유를 상실하더라도 乙의 소유권이전등기청구권은 즉시 소멸하는 것은 아니다.
④ 乙이 甲에 대한 소유권이전등기청구권을 丁에게 양도하고 그 사실을 甲에게 통지한 경우에도 甲의 승낙이 없는 한 丁은 甲에게 직접 소유권이전등기를 청구할 수 없다.
⑤ 甲이 乙의 시효완성사실을 안 후 丙에게 X토지를 매도하고 소유권이전등기를 경료한 경우, 乙은 甲에게 채무불이행책임을 물을 수 없다.

**41. 부동산의 점유취득시효에 관한 설명으로 틀린 것은?**

① 취득시효완성 후 명의신탁해지를 원인으로 명의신탁자에게 소유권이전등기가 경료된 경우, 명의신탁자는 시효완성자에게 대항할 수 있다.
② 2차 시효취득 기간 중에 소유자가 변경된 경우에는 2차 시효취득을 주장할 수 없다.
③ 시효진행 중에 목적부동산이 전전양도된 후 시효가 완성된 경우, 시효완성자는 최종등기명의인 대하여 이전등기를 청구할 수 있다.
④ 시효완성으로 이전등기를 경료받은 자가 취득시효기간 중에 체결한 임대차에서 발생한 임료는 시효완성자에게 귀속된다.
⑤ 등기부상 소유자가 진정한 소유자가 아니면 원칙적으로 그를 상대로 취득시효완성을 원인으로 소유권이전등기를 청구할 수 없다.

**42. 부동산의 부합에 관한 설명으로 틀린 것은?**

① 지상권이 설정된 토지의 소유자로부터 토지의 사용을 허락받은 자는 제256조의 정당한 권원이 있다고 할 수 없다.
② 토지의 담보가치 하락을 막기 위하여 토지에 저당권과 함께 지상권을 설정한 토지소유자로부터 토지의 사용을 허락받은 자는 제256조의 정당한 권원이 있다고 할 수 없다.
③ 건물임차인이 권원에 기하여 증축한 부분이 건물의 구성부분이 되면 임차인은 그 부분에 대하여 소유권을 취득하지 못한다.
④ 부동산 간에도 부합이 인정될 수 있다.
⑤ 토지소유자의 승낙 없이 임차인의 승낙만을 받아 임차토지에 수목을 식재한 자는 토지소유자에 대하여 수목의 소유권을 주장할 수 없다.

**43. X토지를 甲이 3/5, 乙이 2/5 지분으로 공유하고 있다. 다음 설명 중 틀린 것은?**

① 甲이 乙과 협의 없이 X토지를 丙에게 임대하여 인도한 경우, 乙은 丙에게 X토지의 인도를 청구할 수 없다.
② ①의 경우, 乙은 丙에게 2/5 지분에 상응하는 차임 상당액을 부당이득으로 반환을 청구할 수 있다.
③ 乙은 X토지의 2/5 지분에 상응하는 특정부분을 배타적으로 사용·수익할 수 없다.
④ 甲이 乙의 동의 없이 X토지 전부를 丙에게 매도하고 소유권이전등기를 경료해 준 경우, 乙은 등기전부의 말소를 청구할 수 없다.
⑤ 甲은 乙의 동의 없이 X토지 위에 건물을 신축할 수 없다.

**44. 甲과 乙이 1/2 지분으로 X토지를 공유하고 있다. 다음 설명 중 틀린 것은?**

① 丙이 X토지를 불법점유하는 경우, 甲은 X토지 전부의 반환을 청구할 수 있다.
② 丙의 불법점유로 손해가 발생한 경우, 甲은 1/2 지분 범위 내에서만 손해배상을 청구할 수 있다.
③ 乙이 甲의 동의 없이 X토지 위에 건물을 신축하는 경우, 甲은 건물 전부의 철거를 청구할 수 있다.
④ ③의 경우, 甲은 토지의 인도를 청구할 수 있다.
⑤ 乙의 1/2 지분이 丙 앞으로 원인무효의 등기가 된 경우, 甲은 그 부분의 등기말소를 청구할 수 없다.

**45. 민법상 공동소유에 관한 설명으로 틀린 것은?**

① 과반수 공유지분권자는 단독으로 공유토지 위에 지상권을 설정할 수 있다.
② 공유지분권의 본질적 권리를 침해하는 공유물의 관리에 관한 특약은 특별한 사정이 없는 한 공유지분의 특정승계인에게 효력이 미치지 않는다.
③ 공유물을 공유자 1인의 단독명의로 등기를 한 경우에 그 공유자의 지분범위 내에서는 유효한 등기이다.
④ 합유자는 다른 합유자의 동의 없이 자신의 지분을 처분하지 못한다.
⑤ 합유자의 1인이 사망하면 특별한 사정이 없는 한 그의 상속인은 그 지분을 승계하지 못한다.

**46. 지상권에 관한 설명으로 틀린 것은?**

① 지상권설정의 목적이 된 건물이 전부 멸실하더라도 지상권은 소멸하지 않는다.
② 지상권자는 토지소유자의 의사에 반하여도 자유롭게 지상권을 양도할 수 있다.
③ 토지의 담보가치하락을 막기 위해 저당권과 함께 지상권을 설정한 경우, 피담보채권이 소멸하면 지상권도 소멸한다.
④ 지료를 등기하지 않는 한 지상권설정자는 지상권자의 지료연체를 이유로 지상권의 양수인에게 대항할 수 없다.
⑤ 분묘기지권을 시효취득한 경우, 분묘기지권자는 분묘기지권이 성립한 때로부터 지료를 지급할 의무가 있다.

**47. 甲의 X토지 위에 설정된 乙의 지상권에 관한 설명으로 옳은 것은?**

① X토지를 양수한 자는 지상권의 존속 중에 乙에게 그 토지의 인도를 청구할 수 없다.
② 乙은 그가 X토지 위에 신축한 Y건물의 소유권을 유보하여 지상권을 양도할 수 없다.
③ 甲의 토지를 양수한 丙은 乙의 甲에 대한 지료연체액을 합산하여 2년 이상의 지료가 연체되면 지상권의 소멸을 청구할 수 있다.
④ 지상권의 존속기간을 정하지 않은 경우, 甲은 언제든지 지상권의 소멸을 청구할 수 있다.
⑤ 乙이 丙에게 지상권을 목적으로 한 저당권을 설정한 경우, 지료연체를 이유로 하는 甲의 지상권소멸청구는 丙에게 통지하면 즉시 효력이 생긴다.

**48. 甲은 자신의 토지와 그 지상건물 중 건물만을 乙에게 소유권이전등기를 해 주었다. 乙은 이 건물을 다시 丙에게 매도하고 소유권이전등기를 마쳐주었다. 다음 설명 중 틀린 것은?**

① 반대특약이 없는 한 지상물의 양도는 관습상의 법정지상권의 양도도 포함한다.
② 만일 甲이 丁에게 토지를 매도한 경우, 乙은 丁에게 관습상의 법정지상권을 주장할 수 없다.
③ 甲은 丙에게 토지의 사용에 대한 부당이득반환을 청구할 수 있다.
④ 甲의 丙에 대한 건물철거 및 토지인도청구는 신의성실의 원칙상 허용될 수 없다.
⑤ 만약 丙이 경매에 의하여 건물의 소유권을 취득한 경우라면, 특별한 사정이 없는 한 丙은 등기 없이도 관습상의 법정지상권을 취득한다.

**49. 지역권에 관한 설명으로 틀린 것은?**
① 요역지의 지상권자는 자신의 용익권 범위 내에서 지역권을 행사할 수 있다.
② 지역권은 요역지와 분리하여 양도하거나 다른 권리의 목적으로 하지 못한다.
③ 토지공유자의 1인은 지분에 관하여 그 토지를 위한 지역권을 소멸하게 하지 못한다.
④ 요역지의 공유자 1인이 지역권을 취득한 때에는 다른 공유자도 이를 취득한다.
⑤ 통행지역권을 시효취득하였다면, 특별한 사정이 없는 한 요역지 소유자는 도로설치로 인하여 승역지 소유자가 입은 손실을 보상하지 않아도 된다.

**50. 지역권에 관한 설명으로 틀린 것은?**
① 토지의 불법점유자는 통행지역권을 시효취득할 수 없다.
② 승역지 공유자 중 1인은 자신의 지분만에 대해서 지역권을 소멸시킬 수 없다.
③ 계속되고 표현된 지역권은 등기가 없어도 시효취득을 할 수 있다.
④ 요역지가 수인의 공유인 경우에 그 1인에 의한 지역권소멸시효의 중단은 다른 공유자를 위하여 효력이 있다.
⑤ 지역권의 점유취득시효를 중단시키기 위해서는 모든 공유자에게 중단을 시켜야 한다.

**51. 전세권에 관한 설명으로 틀린 것은?**
① 기존의 채권으로 전세금의 지급에 갈음할 수 있다.
② 전세권존속기간이 시작되기 전에 마친 전세권설정등기는 원칙적으로 무효이다.
③ 주로 채권담보의 목적으로 전세권을 설정하고 그 설정과 동시에 목적물을 인도하지 않은 경우라도 장차 전세권자의 사용·수익을 완전히 배제하는 것이 아니라면 그 전세권은 유효하다.
④ 전세권이 성립한 후 전세목적물의 소유권이 이전되면, 전세금반환채무도 신소유자에게 이전된다.
⑤ 전세권자가 소유자의 동의 없이 전전세를 하여도 원전세권은 소멸하지 않는다.

**52. 甲은 그 소유의 X건물의 일부에 관하여 乙 명의의 전세권을 설정하였다. 다음 설명 중 옳은 것은?**
① 존속기간 만료시 乙이 전세금을 반환받지 못하면 乙은 전세권에 기하여 X건물의 경매를 신청할 수 있다.
② 乙의 전세권이 법정갱신되는 경우, 그 존속기간은 2년이다.
③ 존속기간 만료시 乙은 특별한 사정이 없는 한 전세금반환채권을 타인에게 양도할 수 없다.
④ X건물이 경락된 경우, 乙은 X건물 전부의 경락대금에 대해서 우선변제를 받을 수 있다.
⑤ 乙의 전세권 존속기간이 만료한 경우에도 등기를 말소하지 않으면 전세권의 용익물권적 성격은 소멸하지 않는다.

**53. 유치권에 관한 설명으로 틀린 것은?**
① 점유는 유치권의 성립요건이자 존속요건이다.
② 유치권포기특약이 있는 경우, 제3자도 특약의 효력을 주장할 수 있다.
③ 채무자를 직접점유자로 하여 채권자가 간접점유하는 경우에도 유치권은 성립할 수 있다.
④ 건축자재를 매도한 자는 그 자재로 건축된 건물에 대해 자신의 대금채권을 담보하기 위하여 유치권을 행사할 수 없다.
⑤ 임대차종료 후 법원이 임차인의 유익비상환청구에 유예기간을 인정한 경우, 임차인은 그 기간 내에는 유치권을 주장할 수 없다.

**54. 유치권에 관한 설명으로 옳은 것은?**
① 유치목적물이 경매가 된 경우, 유치권보다 선순위 저당권이 소멸하는 경우에는 유치권자는 경락인에게 대항할 수 없다.
② 물건이 압류가 된 후에는 유치권을 취득할 수 없다.
③ 유치권자가 유치물인 주택에 거주하며 이를 사용하는 경우, 특별한 사정이 없는 한 채무자는 유치권소멸을 청구할 수 있다.
④ 유치권자가 유치목적물을 적법하게 임대차 한 후 임대차가 종료하였는데 임차인이 목적물의 반환을 거절하면 특별한 사정이 없는 한 유치권은 소멸한다.
⑤ 경매개시결정의 기입등기 후 그 건물의 점유를 이전받은 공사대금채권자는 경매절차의 매수인에게 유치권으로 대항할 수 없다.

**55. 유치권에 관한 설명으로 틀린 것은?**
① 유치권자는 경락인에 대해서는 피담보채권의 변제를 청구할 수 없다.
② 목적물에 대한 점유를 취득한 뒤 그 목적물에 관하여 성립한 채권을 담보하기 위한 유치권도 성립한다.
③ 유치권의 성립을 배제하는 당사자의 특약은 유효하다.
④ 유치권자가 유치권을 주장하기 위해서는 자신의 점유가 불법행위로 인한 것이 아님을 증명하여야 한다.
⑤ 가압류등기가 설정된 부동산에 대하여 유치권을 취득한 자는 경매절차의 매수인에게 유치권으로 대항할 수 있다.

**56. 저당권에 관한 설명으로 틀린 것은?**
① 저당목적물에 지상권을 취득한 자가 필요비를 지출한 경우, 경매절차에서 저당권자에 우선하여 상환을 받을 수 없다.
② 저당권은 그 담보한 채권과 분리하여 타인에게 양도할 수 없다.
③ 저당권으로 담보한 채권이 소멸하면 저당권은 말소등기가 없어도 소멸한다.
④ 대위할 물건이 제3자에 의하여 압류된 경우에도 물상대위성이 인정된다.
⑤ 건물의 소유를 목적으로 한 토지임차인이 건물에 저당권을 설정한 경우, 저당권은 토지임차권에도 미친다.

**57. 저당권에 관한 설명으로 틀린 것은?**

① 저당물의 소유권을 취득한 제3자는 그 저당물의 경매에서 경매인이 될 수 있다.
② 나대지에 저당권이 설정된 후에 토지에 용익권을 취득한 자가 신축한 건물에 대해서는 일괄경매청구권이 인정되지 않는다.
③ 저당부동산에 대한 압류가 있으면 압류 이전의 저당권설정자의 저당부동산에 관한 차임채권에도 저당권의 효력이 미친다.
④ 일괄경매청구권이 인정되는 경우에도 저당권자는 건물의 경락대금에 대해서는 우선변제를 받을 수 없다.
⑤ 저당권의 효력은 저당권 설정 전에 목적부동산에 권원 없이 부합된 물건에 미친다.

**58. (관습상) 법정지상권에 관한 설명으로 틀린 것은?**

① 강제경매의 경우 관습상의 법정지상권이 성립하기 위해서는 매각대금완납시 토지와 건물이 동일인 소유이어야 한다.
② 저당권설정 당사자 간의 특약으로 저당목적물인 토지에 대하여 법정지상권을 배제하는 약정을 하더라도 그 약정은 무효이다.
③ 甲과 乙이 구분소유적 공유하는 토지 중, 甲이 구분소유적으로 공유하는 토지 위에 乙이 건물을 신축한 경우에는 법정지상권이 성립하지 않는다.
④ 나대지에 저당권을 설정할 당시 저당권자가 토지소유자의 건물 신축에 동의한 경우에도 법정지상권은 성립하지 않는다.
⑤ 토지에 저당권을 설정할 당시 건물이 건축 중인 경우에도 법정지상권이 성립할 수 있다.

**59. 저당권에 관한 설명으로 틀린 것은?**

① 저당권의 목적인 건물에 증축되어 독립적 효용이 없는 부분에 대해서는 저당권의 효력이 미친다.
② 공동근저당권자는 공동근저당권의 각 목적부동산에 대하여 채권최고액만큼 반복적, 누적적으로 배당을 받을 수 있다.
③ 채무자 소유의 부동산과 물상보증인 소유의 부동산에 공동저당이 설정된 후 함께 경매되는 경우에는 안분배당의 규정이 적용되지 않는다.
④ 채무자 소유의 부동산의 후순위 저당권자는 물상보증인 소유부동산에 대하여 대위할 수 없다.
⑤ 저당목적물이 경매되는 경우, 용익권이 소멸하는지는 그 부동산 위의 최선순위 저당권과의 우열관계에 의한다.

**60. 근저당권에 관한 설명으로 틀린 것은?**

① 실제채무액이 채권최고액을 초과하는 경우, 물상보증인은 채권최고액만 변제하고 근저당권등기의 말소를 청구할 수 있다.
② 근저당권자가 경매를 신청하면 경매신청시에 근저당권의 피담보채권이 확정된다.
③ 후순위권리자가 경매를 신청하면 선순위근저당권의 피담보채권은 매각대금완납시에 확정된다.
④ 공동근저당의 경우, 하나의 부동산에 대하여 피담보채권이 확정되면 나머지 부동산에 대한 피담보채권도 확정된다.
⑤ 피담보채권이 확정되면 그 이후에 발생하는 채권은 더 이상 근저당권에 의해 담보되지 않는다.

**61. 계약에 관한 설명으로 틀린 것은?**

① 모든 쌍무계약은 유상계약이다.
② 증여계약과 사용대차계약은 편무·무상계약이다.
③ 일방예약은 언제나 채권계약이다.
④ 현상광고는 요물계약이다.
⑤ 계약의 본질적 내용에 대하여 무의식적 불합의가 있는 경우, 계약을 취소할 수 있다.

**62. 계약의 성립에 관한 설명으로 틀린 것은?**

① 청약의 상대방은 불특정 다수라도 무방하다.
② 승낙은 청약자에 대하여 하여야 하고, 불특정 다수인에 대한 승낙은 허용되지 않는다.
③ 당사자 사이에 동일한 내용의 청약이 서로 교차된 경우, 양 청약이 상대방에게 도달한 때에 계약은 성립한다.
④ 계약의 합의해제의 청약에 대하여 상대방이 조건을 붙여 승낙한 때에는 그 청약은 효력을 잃는다.
⑤ 청약자가 '일정한 기간 내에 회답이 없으면 승낙한 것으로 본다.'고 표시한 경우, 특별한 사정이 없으면 상대방은 이에 구속된다.

**63. 계약에 관한 설명으로 틀린 것은?**

① 계약의 청약은 이를 철회하지 못한다.
② 승낙기간을 정하지 않은 청약에 대하여 연착된 승낙은 청약자가 이를 새로운 청약으로 볼 수 있다.
③ 격지자 간의 계약에서 청약은 그 통지가 상대방에게 도달한 때에 효력이 생긴다.
④ 승낙기간을 정하여 청약을 하였으나 청약자가 승낙의 통지를 그 기간 내에 받지 못한 경우, 원칙적으로 청약은 효력을 상실한다.
⑤ 의사의 불합치로 계약이 성립하지 않은 경우 그 사실을 알았거나 알 수 있었을 상대방에 대하여 계약체결상의 과실책임 규정을 유추적용하여 손해배상을 청구할 수 있다.

**64. 동시이행의 항변권에 관한 설명으로 틀린 것은?**

① 동시이행의 관계에 있는 쌍방의 채무 중 어느 한 채무가 이행불능이 되어 손해배상채무로 바뀌는 경우, 동시이행의 항변권은 소멸한다.
② 동시이행의 항변권은 당사자의 원용이 없으면 법원이 직권으로 고려할 수 없다.
③ 동시이행의 관계에 있는 어느 일방의 채권이 양도되더라도 그 동일성이 인정되는 한 동시이행관계는 존속한다.
④ 선이행의무자가 이행을 지체하는 동안에 상대방의 채무의 변제기가 도래한 경우, 특별한 사정이 없는 한 쌍방의 의무는 동시이행관계가 된다.
⑤ 일방의 이행제공으로 수령지체에 빠진 상대방은 그 후 그 일방이 이행제공 없이 이행을 청구하는 경우에는 동시이행의 항변권을 주장할 수 있다.

**65. 동시이행의 항변권이 인정되지 않는 경우는?**

① 계약해제로 인한 당사자 쌍방의 원상회복의무
② 구분소유적 공유관계를 해소하기 위한 공유지분권자 상호간의 지분이전등기의무
③ 가등기담보에 있어 채권자의 청산금지급의무와 채무자의 목적부동산에 대한 본등기 및 인도의무
④ 임대차 종료시 임차목적물의 반환과 연체차임 등을 공제한 보증금 반환
⑤ 임차인의 임차목적물 반환의무와 임대인의 권리금회수 방해로 인한 손해배상의무

**66. 甲과 乙이 甲 소유의 주택에 대한 매매계약을 체결하고 계약금을 수령하였는데, 주택이 매매계약 체결 후 소유권이전 및 인도 전에 소실되었다. 다음 설명 중 틀린 것은?**

① 甲과 乙의 책임 없는 사유로 주택이 소실된 경우, 甲은 乙에게 매매대금의 지급을 청구할 수 없다.
② 乙은 甲에게 계약금을 부당이득으로 반환을 청구할 수 있다.
③ 乙의 과실로 주택이 소실된 경우, 甲은 乙에게 매매대금의 지급을 청구할 수 있다.
④ 乙의 수령지체 중에 쌍방의 책임 없는 사유로 주택이 소실된 경우, 甲은 乙에게 매매대금의 지급을 청구할 수 있다.
⑤ ④의 경우, 乙의 수령지체 중에 이행이 불가능하게 되었으므로 甲은 자기의 채무를 면함으로써 얻은 이익을 乙에게 반환할 의무가 없다.

**67. 甲은 자신이 토지를 乙에게 매도하고 중도금까지 수령하였으나, 그 토지가 공용(재결)수용되는 바람에 乙에게 소유권을 이전할 수 없게 되었다. 다음 설명 중 옳은 것은?**

① 乙은 이행불능을 이유로 계약을 해제하고 손해배상을 청구할 수 있다.
② 乙은 계약체결상의 과실책임을 이유로 신뢰이익의 배상을 청구할 수 있다.
③ 乙이 매매대금 전부를 지급하면 甲의 수용보상금청구권 자체가 乙에게 귀속된다.
④ 甲은 乙에게 중도금을 부당이득으로 반환할 의무는 없다.
⑤ 乙이 대상청구권을 행사하여 甲에게 수용보상금을 청구하기 위해서는 자기 채무의 이행을 제공하여야 한다.

**68. 제3자를 위한 계약에 관한 설명으로 옳은 것은?**

① 낙약자의 채무불이행이 있으면 제3자는 요약자와 낙약자의 계약을 해제할 수 있다.
② 낙약자의 최고에 대하여 수익자가 확답을 하지 않은 경우, 제3자가 수익의 의사를 표시한 것으로 본다.
③ 제3자의 권리가 발생한 후에 요약자와 낙약자가 제3자를 위한 계약을 합의해제한 경우에도 제3자에게는 효력이 없다.
④ 요약자와 낙약자의 계약이 통정허위표시인 경우, 수익의 의사표시를 한 선의의 수익자에게 대항하지 못한다.
⑤ 제3자가 하는 수익의 의사표시의 상대방은 요약자이다.

**69.** 甲(요약자)과 乙(낙약자)은 丙을 수익자로 하는 제3자를 위한 계약을 체결하였다. 다음 설명 중 **틀린** 것은?

① 乙은 甲과의 계약에 기한 항변으로 丙에게 대항할 수 있다.
② 甲은 대가관계의 부존재를 이유로 자신이 기본관계에 기하여 乙에게 부담하는 채무의 이행을 거부할 수 있다.
③ 丙의 수익의 의사표시 후, 乙의 채무불이행이 있으면 甲은 丙의 동의 없이 계약을 해제할 수 있다.
④ 수익의 의사표시를 한 丙은 乙에게 직접 권리를 취득한다.
⑤ 乙이 丙에게 급부를 한 후에 계약이 해제된 경우, 乙은 丙을 상대로 원상회복을 청구할 수 없다.

**70.** 계약해제에 관한 설명으로 **틀린** 것은?

① 이행의 최고는 반드시 미리 일정한 기간을 명시하여 최고하여야 하는 것은 아니다.
② 이행불능을 이유로 계약을 해제하기 위해서는 자기채무의 이행제공이 필요 없다.
③ 합의해제의 경우에는 매도인은 받은 날로부터 이자를 가산할 의무가 없다.
④ 당사자 일방이 정기행위를 일정한 시기에 이행하지 않으면 상대방은 이행의 최고 없이 계약을 해제할 수 있다.
⑤ 매수인으로부터 미등기·무허가 건물을 매수하여 무허가건축물대장에 소유자로 등재한 자는 해제의 경우 보호되는 제3자에 해당한다.

**71.** 계약해제에 관한 설명으로 **틀린** 것은?

① 계약이 합의해제된 경우, 다른 사정이 없으면 채무불이행으로 인한 손해배상을 청구할 수 없다.
② 계약의 상대방이 여럿인 경우, 해제권자는 그 전원에 대하여 해제권을 행사하여야 한다.
③ 매수인과 매매예약을 체결하고 그에 기한 소유권이전청구권보전을 위한 가등기를 마친 자는 해제의 경우 보호되는 제3자에 포함되지 않는다.
④ 계약을 합의해제한 경우에도 민법상 해제의 효과에 따른 제3자 보호규정이 적용된다.
⑤ 중도금을 지급한 부동산매수인도 약정해제사유가 발생하면 계약을 해제할 수 있다.

**72.** 계약해제에 관한 설명으로 **틀린** 것은?

① 토지매수인으로부터 그 토지 위에 신축된 건물을 매수한 자는 토지매매계약의 해제로 인하여 보호되는 제3자에 해당하지 않는다.
② 계약이 해제된 경우, 선의의 수익자는 현존이익만 반환하면 되나, 악의의 수익자는 전손해를 반환하여야 한다.
③ 주택의 임대권한을 부여받은 매수인으로부터 매매계약이 해제되기 전에 주택을 임차한 후 대항요건을 갖춘 임차인은 해제의 경우 보호되는 제3자에 포함된다.
④ 계약의 해제는 손해배상청구에 영향을 미치지 않는다.
⑤ 해제대상 매매계약에 의하여 채무자 명의로 이전등기된 부동산을 가압류 집행한 가압류채권자는 해제의 경우 보호되는 제3자에 포함된다.

**73. 매매에 관한 설명으로 틀린 것은?**
① 매매예약완결권의 제척기간이 도과하였는지의 여부는 법원의 직권조사사항이다.
② 당사자 사이에 약정이 없는 경우, 예약완결권은 그 예약이 성립한 때로부터 10년 내에 행사하여야 한다.
③ 지상권은 매매의 대상이 될 수 없다.
④ 예약완결권의 존속기간이 지난 때에는 설사 예약목적물인 부동산을 인도받은 경우라도 예약완결권은 소멸한다.
⑤ 매매의 일방예약은 상대방이 매매를 완결할 의사를 표시하는 때에 매매의 효력이 생긴다.

**74. 계약금에 관한 설명으로 틀린 것은?**
① 甲과 乙 사이의 매매계약이 무효이거나 취소되더라도 계약금계약의 효력은 소멸하지 않는다.
② 계약금계약은 매매 기타의 주된 계약에 부수하여 행해지는 종된 계약이다.
③ 매수인 乙이 계약금의 전부를 지급하지 않으면, 계약금계약은 성립하지 않는다.
④ 계약금은 언제나 증약금으로서의 성질이 있다.
⑤ 매도인이 계약금의 배액을 상환하여 계약을 해제하는 경우, 그 이행의 제공을 하면 족하고 매수인이 이를 수령하지 아니한다 하여 이를 공탁까지 할 필요는 없다.

**75. 계약금에 관한 설명으로 틀린 것은?**
① 매도인은 실제 받은 일부금액의 배액을 상환하고 매매계약을 해제할 수 있다.
② 계약금은 다른 약정이 없는 한 해약금으로 추정한다.
③ 매수인이 중도금을 지급한 경우, 매도인은 계약금의 배액을 상환하고 계약금해제를 할 수 없다.
④ 이행행위 착수 전에 매수인 乙이 해약금 해제를 한 경우, 매도인 甲은 해제에 따른 손해배상청구권을 행사할 수 없다.
⑤ 매수인 乙이 계약금을 전부 지급하였더라도 정당한 사유 없이 잔금 지급을 지체한 때에는 매도인 甲은 손해배상을 청구할 수 있다.

**76. 매매에 관한 설명으로 틀린 것은?**
① 매매의 당사자 일방에 대한 의무이행의 기한이 있는 때에는 상대방의 의무이행에 대하여도 동일한 기한이 있는 것으로 추정한다.
② 매매목적물의 인도와 동시에 대금에 지급할 경우에는 특별한 사정이 없으면 그 인도장소에서 이를 지급하여야 한다.
③ X토지가 인도되지 않았다면 乙이 대금을 완제하더라도 특별한 사정이 없는 한 X토지에서 발생하는 과실은 매도인 甲에게 귀속된다.
④ 매수인 乙이 대금지급을 거절할 정당한 사유가 있는 경우, X토지를 미리 인도받았더라도 그 대금에 대한 이자를 지급할 의무는 없다.
⑤ 매매계약에 관한 비용은 특별한 사정이 없는 한 당사자가 균분하여 부담한다.

**77. 매도인의 담보책임에 관한 설명으로 틀린 것은?**

① 매수인이 매매 목적인 권리의 전부가 제3자에게 속한 사실을 알고 있었더라도 매도인이 이를 취득하여 이전할 수 없는 때에는 매매계약을 해제할 수 있다.
② 권리의 일부가 타인에게 속하여 매도인이 그 권리를 취득하여 이전할 수 없는 경우 대금감액청구권은 악의의 매수인도 행사할 수 있다.
③ 권리의 일부가 타인에게 속한 경우, 선의의 매수인이 갖는 손해배상청구권은 계약한 날로부터 1년 내에 행사되어야 한다.
④ 수량을 지정한 토지매매계약에서 실제면적이 계약면적에 미달하는 경우에는 계약체결상의 과실책임이 문제될 수 없다.
⑤ 저당권이 설정된 부동산의 매수인이 저당권의 행사로 그 소유권을 취득할 수 없는 경우, 악의의 매수인은 특별한 사정이 없는 한 계약을 해제하고 손해배상을 청구할 수 있다.

**78. 매도인의 담보책임에 관한 설명으로 옳은 것은?**

① 매매목적인 권리의 전부가 타인에게 속하여 권리의 전부를 이전할 수 없게 된 경우, 매도인은 선의의 매수인에게 신뢰이익을 배상하여야 한다.
② 수량을 지정한 매매에서 계약 당시 매매목적물의 수량부족을 안 매수인은 대금감액을 청구할 수 없다.
③ 토지 위에 설정된 지상권으로 인하여 계약의 목적을 달성할 수 없는 경우, 악의의 매수인도 계약을 해제할 수 있다.
④ 매도인의 담보책임은 무과실책임이므로 하자의 발생 및 그 확대에 가공한 매수인의 잘못을 참작하여 손해배상범위를 정할 수 없다.
⑤ 매수인 乙이 토지가 오염되어 있다는 사실을 계약체결시에 알고 있었더라도 매도인 甲에게 하자담보책임을 물을 수 있다.

**79. 채무자 甲의 X건물에 설정된 채권자 乙의 저당권이 실행되어 丙이 경락을 받았다. 다음 설명 중 틀린 것은?**

① X건물 자체에 하자가 있는 경우, 丙은 담보책임을 물을 수 없다.
② 경매절차가 무효인 경우, 丙은 배당을 받은 乙에게 손해배상을 청구할 수 있다.
③ 담보책임이 인정되는 경우, 丙은 甲이 무자력인 경우에 한하여 乙에게 담보책임을 물을 수 있다.
④ 채무자 甲이 권리의 하자를 알고 고지하지 않은 경우에는 丙은 甲에게 손해배상을 청구할 수 있다.
⑤ 乙보다 선순위 저당권자 丁의 등기가 불법말소된 경우에도 담보책임의 문제는 발생하지 않는다.

**80. 환매에 관한 설명으로 틀린 것은?**

① 환매특약은 매매계약과 동시에 하여야 한다.
② 환매기간을 정한 때에는 다시 이를 연장하지 못한다.
③ 특별한 약정이 없는 한 환매대금에는 매수인이 부담한 매매비용이 포함된다.
④ 부동산에 관한 환매는 환매권 특약의 등기가 없어도 제3자에 대해 효력이 있다.
⑤ 부동산의 매수인은 전득자인 제3자에 대하여 환매특약의 등기사실만으로 제3자의 소유권이전등기청구를 거절할 수 없다.

**81.** 甲은 자신의 X건물과 乙의 Y토지를 교환하기로 하면서 乙에게 보충금 1억원을 지급받기로 하였다. 다음 설명 중 틀린 것은?

① 乙이 보충금을 지급하지 않으면 甲은 교환계약을 해제할 수 있다.
② 교환계약체결 후 X건물이 지진으로 붕괴된 경우, 甲은 乙에게 Y토지의 인도와 보충금지급을 청구하지 못한다.
③ 乙의 과실로 X건물이 소실된 경우, 甲은 乙에게 Y토지의 인도와 보충금지급을 청구할 수 있다.
④ X건물에 설정된 저당권의 실행으로 乙이 X건물의 소유권을 취득하지 못한 경우, 악의의 乙은 손해배상을 청구할 수는 없다.
⑤ 甲과 乙은 서로 하자담보책임을 진다.

**82.** 임대차에 관한 설명으로 틀린 것은?

① 임차물에 필요비를 지출한 임차인은 임대차 종료시 그 가액증가가 현존한 때에 한하여 그 상환을 청구할 수 있다.
② 일시사용을 위한 임대차의 임차인에게도 비용상환청구권은 인정된다.
③ 건물임대차에서 임차인이 증축부분에 대한 원상회복의무를 면하는 대신 유익비상환청구권을 포기하기로 하는 약정은 특별한 사정이 없는 한 유효하다.
④ 토지임대차가 묵시적으로 갱신된 경우, 임대인과 임차인은 언제든지 임차권의 해지를 통고할 수 있다.
⑤ 임차인이 지상물의 소유권을 타인에게 이전한 경우, 임차인은 지상물매수청구권을 행사할 수 없다.

**83.** 임대차에 관한 설명으로 틀린 것은?

① 임대인의 동의를 얻어 임차인으로부터 토지임차권과 미등기건물을 매수한 임차인도 지상물매수청구를 할 수 있다.
② 임대차기간을 영구로 정한 경우, 임차인이 언제든지 임대차계약의 해지통고를 할 수 있는 것은 아니다.
③ 임대인의 해지통고로 기간의 정함이 없는 토지임차권이 소멸한 경우, 임차인은 지상물의 매수를 청구할 수 있다.
④ 임차목적물의 구성부분은 부속물매수청구권의 객체가 될 수 없다.
⑤ 일시사용을 위한 임대차임이 명백한 경우에는 부속물매수청구권이 인정되지 않는다.

**84.** 임대차에 관한 설명으로 틀린 것은?

① 대항력을 갖춘 甲의 임차권이 기간만료로 소멸한 후 임대인 乙이 X토지를 丙에게 양도한 경우, 甲은 丙을 상대로 지상물매수청구권을 행사할 수 있다.
② 적법한 건물전차인은 임차인의 동의를 얻어 부속한 물건에 대하여 매수를 청구할 수 있다.
③ 동의 있는 전대차의 경우, 임대인과 임차인이 합의로 임차권을 종료한 경우에도 전차권은 소멸하지 않는다.
④ 임차인의 지위와 분리하여 부속물매수청구권만을 양도할 수 없다.
⑤ 임대차계약이 임차인의 채무불이행으로 해지된 경우, 부속물매수청구권은 인정되지 않는다.

**85.** 甲 소유의 건물을 임차하고 있던 乙이 甲의 동의 없이 이를 다시 丙에게 전대하였다. 다음 설명 중 틀린 것은?

① 乙과 丙의 전대차 계약은 유효하다.
② 乙은 丙에게 임대인 甲의 동의를 받아 줄 의무가 있다.
③ 甲은 임대차계약이 존속하는 한도 내에서는 전차인 丙에게 불법점유를 이유로 한 차임상당의 손해배상청구를 할 수 없다.
④ 甲은 乙과의 임대차계약이 존속하는 동안에는 전차인 丙에게 불법점유를 이유로 부당이득반환을 청구할 수 없다.
⑤ 丙은 乙에 대한 차임지급으로 甲에게 대항하지 못하므로 甲의 차임지급청구를 거절할 수 없다.

**86.** 주택임대차보호법에 관한 설명으로 틀린 것은?

① 일시사용을 위한 임대차임이 명백한 경우에는 주택임대차보호법이 적용되지 않는다.
② 미등기주택에 대해서도 주택임대차보호법이 적용된다.
③ 저당권이 설정된 주택을 임차하여 대항요건을 갖춘 이상, 후순위저당권이 실행되더라도 매수인이 된 자에게 대항할 수 있다.
④ 주민등록의 신고는 행정청에 도달한 때가 아니라, 행정청이 수리한 때 효력이 발생한다.
⑤ 임대차기간이 끝난 경우, 대항력이 있는 임차인이 보증금을 반환받지 못하였다면 임대차관계는 종료하지 않는다.

**87.** 주택임대차보호법에 관한 설명으로 틀린 것은?

① 임차인이 대항요건과 확정일자를 갖춘 때 보증금의 일부만을 지급하고 나머지 보증금을 나중에 지급하였다고 하더라도 특별한 사정이 없는 한 대항요건과 확정일자를 갖춘 때를 기준으로 보증금 전액에 대하여 우선변제를 받을 수 있다.
② 주택임차인이 전세권설정등기를 한 후, 대항요건을 상실하더라도 주택임대차보호법상 대항력 및 우선변제권을 상실하지 않는다.
③ 임차인의 우선변제권은 대지의 환가대금에도 미친다.
④ 주택임대차계약이 묵시적으로 갱신되면 그 임대차의 존속기간은 2년으로 본다.
⑤ ④의 경우, 임차인은 언제든지 임대인에게 계약해지를 통지할 수 있다.

**88.** 주택임대차보호법에 관한 설명으로 틀린 것은?

① 임차권보다 선순위의 저당권이 존재하는 주택이 경매로 매각된 경우, 경매의 매수인은 임대인의 지위를 승계한다.
② 임대차 성립시에 임차주택과 그 대지가 임대인의 소유인 경우, 대항력과 확정일자를 갖춘 임차인은 대지만 경매되더라도 그 매각대금으로부터 우선변제를 받을 수 있다.
③ 대항요건 및 확정일자를 갖춘 주택임차인은 임대차 성립 당시 임대인 소유였던 대지가 타인에게 양도되어 임차주택과 대지 소유자가 달라지더라도, 대지의 환가대금에 대해 우선변제권을 행사할 수 있다.
④ 주택의 소유자는 아니지만 적법한 임대권한을 가진 자와 임대차계약을 체결한 경우에도 주택임대차보호법이 적용된다.
⑤ 사무실로 사용되던 건물이 주거용 건물로 용도변경된 경우에도 주택임대차보호법이 적용된다.

**89. 주택임대차보호법에 관한 설명으로 틀린 것은?**

① 임차인이 2기의 차임액에 해당하는 금액에 이르도록 차임을 연체한 사실이 있는 경우, 임대인은 임차인의 계약갱신요구를 거절할 수 있다.
② 임대인(임대인의 직계존속·직계비속을 포함한다)이 주택에 실제 거주하려는 경우 임대인은 임차인의 계약갱신요구를 거절할 수 있다.
③ 계약갱신요구권 행사에 의하여 갱신되는 임대차의 존속기간은 2년으로 본다.
④ 임차인의 계약갱신요구권은 최초임대차 기간을 포함하여 10년 범위 내에서만 행사할 수 있다.
⑤ 특별시, 광역시, 특별자치시·도, 및 특별자치도는 5%의 범위 내에서 차임의 증액청구의 상한을 조례로 달리 정할 수 있다.

**90. 상가건물 임대차보호법에 관한 설명으로 틀린 것은?**

① 임대차기간이 10년을 초과하여 계약갱신을 요구할 수 없는 임차인은 권리금보호규정에 의하여 보호받을 수 없다.
② 보증금 9억원을 초과하는 임차인도 집합 제한 또는 금지조치를 받음으로써 폐업한 경우에는 임대차계약을 해지할 수 있다.
③ 임차인이 3기의 차임을 연체한 경우에는 임대인은 임차인이 권리금을 받는 것을 방해할 수 있다.
④ 권리금회수기회를 방해한 임대인의 손해배상액은 신규임차인이 임차인에게 지급하기로 한 권리금과 임대차 종료 당시의 권리금 중 낮은 금액을 넘지 못한다.
⑤ 임차인이 상가를 인도받고 사업자등록을 신청하면 신청한 다음날부터 대항력이 인정된다.

**91. 상가건물 임대차보호법에 관한 설명으로 틀린 것은?**

① 보증금 9억을 초과하는 임차인이 계약갱신을 요구하는 경우, 임대인은 5%의 제한을 받지 않고 보증금의 증액을 청구할 수 있다.
② 권리금회수방해를 원인으로 하는 손해배상청구권은 방해행위가 있은 날로부터 3년 내에 행사하여야 한다.
③ 보증금 9억을 초과하는 임차인은 임차권등기명령을 신청할 수 없다.
④ 보증금 9억을 초과하는 임차인과 임대인이 임대차존속기간을 6개월로 정한 경우, 임대인도 6개월의 기간이 유효함을 주장할 수 있다.
⑤ 보증금 9억을 초과하는 임차인은 상가건물의 경매절차에서 일반채권자보다 우선변제를 받을 수 없다.

**92. 집합건물의 소유 및 관리에 관한 법률에 관한 설명으로 틀린 것은?**

① 집합건축물대장에 등록되지 않거나 구분건물로 등기되지 않은 경우에도 구분소유권이 성립할 수 있다.
② 구분소유자 중 일부가 복도, 계단과 같은 공용부분을 아무런 권원 없이 배타적으로 점유·사용하는 경우, 특별한 사정이 없는 한 다른 구분소유자들은 임료 상당의 부당이득반환을 청구할 수 없다.
③ 구분소유건물의 공용부분에 관한 물권의 득실변경은 등기가 필요하지 않다.
④ 관리인은 구분소유자일 필요가 없다.
⑤ 일부의 구분소유자만이 공용하도록 제공되는 것임이 명백한 공용부분은 그들 구분소유자의 공유에 속한다.

**93. 집합건물의 소유 및 관리에 관한 법률에 관한 설명으로 틀린 것은?**

① 관리인은 매년 회계연도 종료 후 3개월 이내에 정기 관리단집회를 소집하여야 한다.
② 집합건물을 재건축하려면, 구분소유자 및 의결권의 각 5분의 4 이상의 다수에 의한 결의가 있어야 한다.
③ 재건축 결의 후 재건축 참가 여부를 서면으로 촉구받은 재건축반대자가 법정기간 내에 회답하지 않으면 재건축에 참가하겠다는 회답을 한 것으로 본다.
④ 관리단집회는 구분소유자 전원이 동의하면 소집절차를 거치지 않고 소집할 수 있다.
⑤ 구분소유자 전원의 동의로 소집된 관리단집회는 소집절차에서 통지되지 않은 사항에 대해서도 결의할 수 있다.

**94. 가등기담보 등에 관한 법률에 관한 설명으로 틀린 것은?**

① 공사대금채권을 담보하기 위한 가등기에는 가등기담보법이 적용되지 않는다.
② 소비대차에 기한 대물변제약정을 한 경우에는 그에 따른 가등기나 소유권이전등기를 경료하지 않은 경우에도 사적실행에 의한 처분정산은 허용되지 않는다.
③ 1억원을 차용하면서 3천만원 상당의 부동산을 양도담보로 제공한 경우에는 가등기담보법이 적용되지 않으므로 청산금의 통지를 할 여지가 없다.
④ 가등기담보권이 설정된 경우, 설정자는 담보권자에 대하여 그 목적물의 소유권을 자유롭게 행사할 수 있다.
⑤ 가등기담보권자는 담보목적물의 경매를 청구할 수 있다.

**95. 가등기담보 등에 관한 법률에 관한 설명으로 틀린 것은?**

① 채권자가 채무자에게 담보권실행을 통지하고 난 후부터는 담보목적물에 대한 과실수취권은 채권자에게 귀속한다.
② 가등기담보권 실행통지는 채무자, 물상보증인 및 담보가등기 후 소유권을 취득한 제3자 모두에게 하여야 한다.
③ 가등기담보권자 甲이 담보계약에 따른 담보권을 실행하여 X토지의 소유권을 취득하기 위해서는 청산절차를 거쳐야 한다.
④ 가등기담보법에서 정한 청산절차를 거치지 않은 담보가등기에 기한 본등기는 원칙적으로 무효이다.
⑤ 청산금을 계산함에 있어서는 선순위담보권자의 피담보채권액도 고려한다.

**96. 가등기담보 등에 관한 법률에 관한 설명으로 틀린 것은?**

① 귀속청산의 경우, 채권자는 담보권실행의 통지절차에 따라 통지한 청산금의 금액에 대해서는 다툴 수 없다.
② 후순위권리자는 청산기간 내에 한하여 그 피담보채권의 변제기가 되기 전이라도 목적부동산의 경매를 청구할 수 있다.
③ 채무자 乙이 청산기간이 지나기 전에 한 청산금에 관한 권리의 양도는 이로써 후순위 저당권자 丙에게 대항할 수 없다.
④ 양도담보권자 甲이 채무자 乙에게 청산금을 지급함으로써 소유권을 취득하면 甲의 양도담보권은 혼동으로 소멸한다.
⑤ 제3자가 경매로 담보목적물의 소유권을 취득한 경우, 선순위 가등기담보권은 소멸하지 않는다.

**97. 명의신탁에 관한 설명으로 옳은 것은?**

① 소유권 이외의 부동산 물권의 명의신탁은 부동산실명법의 적용을 받지 않는다.
② 甲과 乙이 명의신탁약정을 하고 乙이 丙으로부터 건물을 매수하면서 乙 명의로 소유권이전등기청구권 보전을 위한 가등기를 한 경우에도 부동산실명법이 적용된다.
③ 법령회피 등의 목적이 없다면 사실혼 배우자 간의 명의신탁도 유효하다.
④ 채무변제를 담보하기 위해 채권자가 부동산 소유권을 이전받기로 하는 약정은 부동산실명법상의 명의신탁약정에 해당한다.
⑤ 유효한 명의신탁에서 제3자가 명의신탁된 토지를 불법점유하는 경우, 명의신탁자 甲은 소유권에 기하여 직접 방해배제를 청구할 수 있다.

**98. A(a부분)와 B(b부분)가 X토지를 구분소유적 공유하고 있다. 다음 설명 중 틀린 것은?**

① A가 a부분을 C에게 매도하고 지분이전등기를 경료하면 B와 C가 X토지를 구분소유적 공유한다.
② A의 지분이 경매가 되어 C가 경락을 받으면 구분소유적 공유는 종료되고 보통의 공유가 된다.
③ A와 B는 각 당사자에 대하여 언제든지 공유물의 분할을 청구할 수 있다.
④ A의 토지 위에 B의 건물이 신축된 경우, 관습상의 법정지상권이 성립할 여지가 없다.
⑤ A의 a부분 점유는 자주점유이다.

**99. 甲이 乙과 명의신탁약정을 하고 丙 소유의 X부동산을 매수하면서 丙에게 부탁하여 乙 명의로 소유권이전등기를 하였다. 다음 설명 중 옳은 것은?**

① 丙은 더 이상 甲에게 소유권이전등기의무를 부담하지 않는다.
② 甲은 丙에게 매매대금을 부당이득으로 반환청구할 수 있다.
③ 甲은 명의신탁의 해지를 원인으로 乙에게 소유권이전등기를 청구할 수 있다.
④ 甲은 부당이득반환을 원인으로 乙에게 소유권이전등기를 청구할 수 있다.
⑤ 丙은 乙에게 진정명의회복을 위한 소유권이전등기를 청구할 수 있다.

**100. 丙의 토지를 구입하고자 하는 甲은 乙과 명의신탁약정을 맺고 매수자금을 제공하였고 乙은 명의신탁약정에 따라 丙의 토지를 구입하여 자신 명의로 소유권이전등기를 경료하였다. 다음 설명 중 틀린 것은?**

① 丙이 선의인 경우, 丙은 乙 명의의 등기말소를 청구할 수 없다.
② 丙이 악의인 경우, 丙은 乙 명의의 등기말소를 청구할 수 있다.
③ 丙이 선의라도 甲과 丙 사이의 명의신탁약정은 무효이다.
④ 丙이 선의인 경우, 乙은 甲에게 매매대금상당의 부당이득반환책임을 진다.
⑤ 만약 乙이 경매를 통하여 이전등기를 경료한 경우, 乙은 丙이 악의라면 소유권을 취득하지 못한다.

## 정답

| 1 | 2 | 3 | 4 | 5 | 6 | 7 | 8 | 9 | 10 |
|---|---|---|---|---|---|---|---|---|---|
| ③ | ④ | ① | ③ | ② | ③ | ⑤ | ③ | ⑤ | ④ |
| 11 | 12 | 13 | 14 | 15 | 16 | 17 | 18 | 19 | 20 |
| ① | ② | ④ | ② | ③ | ⑤ | ④ | ① | ③ | ① |
| 21 | 22 | 23 | 24 | 25 | 26 | 27 | 28 | 29 | 30 |
| ① | ⑤ | ④ | ③ | ① | ⑤ | ③ | ③ | ① | ⑤ |
| 31 | 32 | 33 | 34 | 35 | 36 | 37 | 38 | 39 | 40 |
| ② | ⑤ | ③ | ③ | ① | ③ | ② | ③ | ④ | ④ |
| 41 | 42 | 43 | 44 | 45 | 46 | 47 | 48 | 49 | 50 |
| ② | ② | ② | ④ | ① | ⑤ | ① | ② | ⑤ | ③ |
| 51 | 52 | 53 | 54 | 55 | 56 | 57 | 58 | 59 | 60 |
| ② | ④ | ③ | ⑤ | ④ | ① | ③ | ① | ② | ④ |
| 61 | 62 | 63 | 64 | 65 | 66 | 67 | 68 | 69 | 70 |
| ⑤ | ⑤ | ⑤ | ① | ⑤ | ⑤ | ⑤ | ③ | ② | ⑤ |
| 71 | 72 | 73 | 74 | 75 | 76 | 77 | 78 | 79 | 80 |
| ③ | ② | ③ | ① | ① | ③ | ③ | ② | ② | ④ |
| 81 | 82 | 83 | 84 | 85 | 86 | 87 | 88 | 89 | 90 |
| ④ | ① | ② | ② | ⑤ | ③ | ② | ① | ④ | ① |
| 91 | 92 | 93 | 94 | 95 | 96 | 97 | 98 | 99 | 100 |
| ② | ② | ③ | ② | ① | ⑤ | ② | ③ | ⑤ | ⑤ |

제36회 공인중개사 시험대비 **전면개정**

# 2025 박문각 공인중개사
## 김민권 파이널 패스 100선 **1차** 민법·민사특별법

**초판인쇄** | 2025. 8. 5.　**초판발행** | 2025. 8. 10.　**편저** | 김민권 편저
**발행인** | 박 용　**발행처** | (주)박문각출판　**등록** | 2015년 4월 29일 제2019-000137호
**주소** | 06654 서울시 서초구 효령로 283 서경 B/D 4층　**팩스** | (02)584-2927
**전화** | 교재 주문 (02)6466-7202, 동영상문의 (02)6466-7201

저자와의
협의하에
인지생략

이 책의 무단 전재 또는 복제 행위는 저작권법 제136조에 의거, 5년 이하의 징역 또는 5,000만원 이하의 벌금에 처하거나 이를 병과할 수 있습니다.

정가 19,000원
ISBN 979-11-7519-036-8